Die Geheimnisse erfolgreicher Verhandlungsführung

Marc O. Opresnik

Die Geheimnisse erfolgreicher Verhandlungsführung

Besser verhandeln – in jeder Beziehung

2., überarbeitete und erweiterte Auflage

 Springer Gabler

Marc O. Opresnik
Department of Public Corporation
Luebeck University of Applied Sciences
Luebeck, Deutschland

ISBN 978-3-662-44108-4   ISBN 978-3-662-44109-1 (eBook)
DOI 10.1007/978-3-662-44109-1

Die Deutsche Nationalbibliothek verzeichnet diese Publikation in der Deutschen Nationalbibliografie; detaillierte bibliografische Daten sind im Internet über http://dnb.d-nb.de abrufbar.

Springer Gabler
© Springer-Verlag Berlin Heidelberg 2013, 2014

Lektorat: Michael Bursik, Assistenz: Janina Sobolewski

Gedruckt auf säurefreiem und chlorfrei gebleichtem Papier

Springer Gabler ist eine Marke von Springer DE. Springer DE ist Teil der Fachverlagsgruppe Springer Science+Business Media.
www.springer-gabler.de

Für meine Familie

Inhalt

Einleitung – Sie müssen immer und überall verhandeln

Es gibt viele Bücher, die Ihnen die Geheimnisse der Verhandlung verraten wollen. Herkömmliche Bücher zur Verhandlungsführung sind meist auf Strategien und Techniken beschränkt, lassen aber die entscheidende kommunikative und vor allem emotionale Intelligenz außer Acht, zu der u. a. auch die non-verbale Kommunikation und Empathie zählen, welche für erfolgreiches Verhandeln unerlässlich sind. Zugegeben: Dies sind diffuse und schillernde Begriffe. Es ist nicht leicht, die damit einhergehenden Phänomene klar und eindeutig zu formulieren. Eben dies ist das vorrangige *Ziel* des vorliegenden Ratgebers.

Dieses Buch stellt daher zum einen die essentiellen Techniken und Strategien im Rahmen der Verhandlungsführung dar, berücksichtigt aber in gleichem Maße die sog. „soft skills", ohne die Verhandlungen nicht nachhaltig erfolgreich sein können.

Ob Sie in der freien Wirtschaft, als Selbständiger oder bei einer Behörde arbeiten, ob Sie einem Verband angehören oder in vollkommen anderen Bereichen tätig sind: Jeden Tag führen Sie Verhandlungen, ob im privaten oder im beruflichen Leben. Nicht selten nehmen sie einen unbefriedigenden Verlauf: Weil Sie gestresst sind, weil Sie mit aggressivem oder unfairem Verhalten konfrontiert sind oder weil Sie die Situation schlicht überfordert. Ohne Kenntnis von ausgesuchten Strategien, einer zielgerichteten Taktik *und* ohne Gespür, wie Sie Kommunikations- und Verhandlungssituationen erfolgreich gestalten, erreichen Sie Ihre Ziele nicht. Gleich, ob Sie in beruflichen oder privaten Situationen erfolgreich verhandeln wollen: Sie müssen einfach wissen,

- was eine Verhandlung charakterisiert und welche Phasen sie durchläuft,
- welche Techniken und Werkzeuge eingesetzt werden können,
- wie das Spannungsfeld zwischen Kooperation und Kampf gestaltet werden kann,
- welche Argumentationsschemata es gibt und wie sie genutzt werden,
- wie Sie schwierige Situationen meistern,
- welche „Kniffe" und „Tricks" es gibt.

Dieser Ratgeber wird Sie dabei unterstützen, Verhandlungen in allen Situationen besser zu verstehen und zu gestalten. Sie lernen nachweislich erfolgreiche

Verhandlungstechniken kennen und erfahren, wie Sie Verhandlungspartner und deren Motive gründlich analysieren, Gruppenprozesse deuten und für sich nutzen, wie Sie in schwierigen Situationen einen kühlen Kopf behalten und Verhandlungspsychologie kompetent umsetzen können.

Das ist aber noch nicht alles. Dieses Buch ähnelt einem Reiseführer durch die Höhen und Tiefen der Verhandlung. Alle Sehenswürdigkeiten werden natürlich erläutert, aber Sie erfahren auch, wie Sie zu diesen gelangen. Hier lesen Sie also beispielsweise nicht nur, *dass* Sie Vertrauen und eine positive Gesprächsbasis brauchen, um erfolgreich zu verhandeln, sondern Sie lernen auch, *wie* Sie Vertrauen und eine gute Verhandlungsbasis schaffen und diese aufrechterhalten – präzise und leicht nachvollziehbar geschrieben. Darüber hinaus erhalten Sie anhand zahlreicher Praxisbeispiele und Ratschläge von prominenten Persönlichkeiten, wie der Fernsehjournalistin und TV-Moderatorin *Dr. Sandra Maria Gronewald*, dem ehemaligen Vorsitzenden der Wirtschaftsweisen *Professor Dr. Bert Rürup* und dem Vorstandsvorsitzenden der Drägerwerk Verwaltungs-AG *Stefan Dräger* und vielen anderen Experten, die exklusiv für dieses Buch befragt worden sind, wertvolle Hinweise, wie Sie Verhandlungen und Kommunikation erfolgreicher gestalten können.

Dieser Ratgeber verfolgt somit zwei Ziele: Sie erhalten das Rüstzeug, mit dem Sie Ihre Verhandlungssituation hinsichtlich Ihrer Ziele und der spezifischen Widerstände, mit denen Sie konfrontiert werden, *theoretisch* durchdringen und *praktisch* Ihre Verhandlungsergebnisse verbessern.

Die Erfahrung lehrt, dass bei vielen Verhandlungen mit harten Bandagen gekämpft wird, teilweise an der Grenze des moralisch Vertretbaren. Dieser Ratgeber informiert über derartige Methoden, um Ihnen entsprechende Abwehrstrategien an die Hand zu geben.

Der *Aufbau* des Buchs entspricht den Phasen einer Verhandlung. In Kapitel 1 wird beschrieben, was eine Verhandlung eigentlich ist, wodurch sie sich auszeichnet, und wie der Erfolg einer Verhandlung gemessen werden kann. In den Kapiteln 2 und 3 erfahren Sie, wie Sie eine Verhandlung optimal vorbereiten, wie Sie eine optimale Atmosphäre schaffen und wie Sie durch Eigenmotivation zur erfolgversprechenden Einstellung kommen. Wie Sie Vertrauen und eine positive Gesprächsbasis schaffen sowie die Zielsetzung Ihres Gesprächspartners herausfinden, wird in den Kapiteln 4 und 5 dargestellt. Kapitel 6 behandelt die wichtigsten Überzeugungstechniken und zeigt Ihnen, wie Sie die Kraft der Sprache nutzen und mit Körpersprache und Stimme gewinnen. In Kapitel 7 erfahren Sie, wie Sie auf Einwände reagieren. Nach der Darstellung der Besonderheiten im Rahmen von Preisverhandlungen in Kapitel 8 wird in Kapitel 9 erläutert, wie Sie zu einem guten Abschluss gelangen. Das letzte Kapitel behandelt die umfassende Nachbereitung als Voraussetzung für Ihre Entwicklung zum Verhandlungsprofi.

Bevor es losgeht noch zwei grundlegende Bemerkungen: Die deutsche Sprache unterscheidet zwischen »ihm« und »ihr«. Wenn im Folgenden dennoch ausschließlich von »ihm« die Rede ist, ist »sie« immer mit gemeint. Es sind selbstredend stets beide Geschlechter angesprochen, im Interesse einer besseren Lesbarkeit wurde aber auf die Anwendung beider Schreibweisen verzichtet.

Die Ratschläge, die dieses Buch Ihnen nahe bringt, sind nicht nur im Rahmen von Verhandlungen von großer Bedeutung, sondern grundsätzlich auf jede Situation übertragbar, in der Sie Vertrauen aufbauen, Argumente benennen, Einwänden begegnen und konsequent auf ein von Ihnen gestecktes Ziel hinarbeiten. Dieses Buch wendet sich damit – unabhängig von Ausbildung, Beruf, Alter und Geschlecht – an alle Personen, die in beruflichen und privaten Situationen erfolgreich verhandeln bzw. kommunizieren möchten und müssen. Für jeden einzelnen Leser gilt natürlich, die zur eigenen Persönlichkeit am besten passenden Strategien und Techniken herauszufinden. In einigen Bereichen werden Sie möglicherweise auf Ihre bisher erworbene Verhandlungskompetenz- und Erfahrung aufbauen können, in anderen Bereichen wiederum wird Ihnen dieser Ratgeber die nötigen „Aha"-Effekte vermitteln.

Dieses Buch kann ein echter Wegweiser sein. Wenden Sie die entsprechenden Konzepte und Ratschläge praktisch an! Trainieren Sie Ihre Fähigkeiten! Überall finden sich Gelegenheiten zum Verhandeln: im Geschäft, im Büro, am Telefon, am Küchentisch, mit Freunden, Vorgesetzen, Kollegen, Kunden, Partnern. Als der irisch-britische Dramatiker und Literaturnobelpreisträger *George Bernard Shaw* (1856-1950) gefragt wurde, wie er gelernt habe, so überzeugend und einnehmend zu reden, antwortete er: „Ich habe es auf die gleiche Weise gelernt, wie ich das Schlittschuhlaufen gelernt habe – indem ich mich mit Ausdauer zum Narren machte, bis ich es konnte."

Holen Sie sich durch intensive Lektüre und das Arbeiten mit diesem Buch das Rüstzeug für erfolgreiche Verhandlungen, wenden Sie es in Ihrem Alltag an, und werden Sie ein Verhandlungsprofi!

1. Wie Sie lernen, erfolgreicher zu verhandeln

Worum geht es beim Verhandeln grundsätzlich?

Wann haben Sie das letzte Mal verhandelt? Heute früh mit Ihrem Lebenspartner bei der Planung eines gemeinsamen Kurzurlaubes? Mit Ihren Kindern, die der Meinung sind, sie bräuchten mehr Taschengeld? Mit Ihren Kollegen, welche zur gleichen Zeit Urlaub nehmen möchten wie Sie? Mit Ihrem Vorgesetzten über eine Gehaltserhöhung, welche Sie Ihrer Meinung nach schon längst verdient haben? Mit einem schwierigen Kunden, welcher anspruchsvoll ist und dessen Forderungen nach günstigeren Konditionen immer ausufernder werden?

Jeder Deutsche, vom Schulkind bis zum Pensionär, führt statistisch gesehen pro Tag im Durchschnitt 3-5 Verhandlungen außerhalb der Familie. Verhandeln ist unser tägliches Geschäft. Sie tun es tagein, tagaus. Verhandeln ist so selbstverständlich für uns, dass wir es als Teil unserer Kommunikation betrachten müssen und zwar als eine besondere Form der Kommunikation. Das wirklich Bemerkenswerte daran ist: Oft sind wir uns dessen gar nicht bewusst, dass wir eigentlich verhandeln. Wenn Sie besser verhandeln wollen, besteht der erste Schritt in der Erkenntnis, dass Sie im täglichen Leben ständig verhandeln. Verhandelt wird grundsätzlich in drei Bereichen:

- *Konflikte*: bereinigen von Streitigkeiten, Lösen von Problemen und Meinungsverschiedenheiten
- *Beziehung*: herstellen, verstärken und absichern von Beziehungen
- *Transaktionen*: abwickeln von Geschäften und Projekten, Verkauf und jede andere Form von Transaktionen

In diesem Zusammenhang sind zunächst ein paar grundlegende Begriffe zu klären: Wann sprechen wir überhaupt von einer Verhandlung? Ist jedes Gespräch, jede Diskussion, jede Besprechung automatisch und immer gleich eine Verhandlung? Wie lässt sich der Erfolg einer Verhandlung messen, was sind die schlimmsten Fehler, die beim Verhandeln auftauchen können und welche Verhandlungsstile können unterschieden werden?

> Wir sprechen im klassischen Sinne von „Verhandeln", wenn Personen bzw. Parteien unterschiedliche Interessen verfolgen und miteinander kommunizieren, um zu einer Einigung zu gelangen.

Dazu müssen bestimmte Bedingungen erfüllt sein:

- beteiligt sind mindestens zwei Parteien bzw. Personen, manchmal mehr
- eine gewisse gegenseitige Abhängigkeit
- ein etwa ausgewogenes Machtverhältnis
- Interessenkonflikt
- wechselseitige Bereitschaft für Zugeständnisse
- eine Übereinkunft wird als Ziel der Verhandlung gesehen

Das Ziel muss es sein, eine gemeinsame Vereinbarung zu erreichen. Wenn eine Partei die anderen nicht braucht, um ihre Ziele zu erreichen, wird es keine Verhandlungen geben.

Wie kann man den Erfolg einer Verhandlung messen?

Jede Verhandlungsweise sollte am besten anhand von drei Kriterien bewertet werden:

- *Effektivität = Qualität des Resultats*: Die Verhandlung soll eine vernünftige Übereinkunft zu Stande bringen. Dabei werden die legitimen Interessen jeder Seite in höchstmöglichem Maße erfüllt.
- *Effizienz = Zeit- und Nutzenökonomie*: Die Verhandlung sollte effizient sein, d. h. der Aufwand steht in einem adäquaten Verhältnis zum Nutzen.
- *Verhandlungsklima = Qualität der Beziehung*: Schließlich sollte die Verhandlung das Verhältnis zwischen den Parteien verbessern oder zumindest nicht zerstören.

Dabei ist ein gutes Verhandlungsergebnis eindeutig in der Auslegung, realisierbar, fair, nützlich für die beteiligten Parteien und nachhaltig. Laut *Jörg Wienke*, Vice President Downstream Operational Excellence beim Mineralölkonzern Shell International Petroleum Company Limited, sind die Hauptmerkmale einer erfolgreichen Verhandlung das Verhandlungsergebnis und dessen Nachhaltigkeit. Dazu ist es erforderlich, dass *beide* Verhandlungspartner mit dem Ergebnis leben können, betont der Top-Manager.

Die Voraussetzung für einen erfolgreichen Verhandlungsabschluss bildet die sogenannte *Verhandlungszone*.

Die *Zone der Übereinkunft* wird in der Verhandlungsführung als *ZOPA* bezeichnet (*Zone of possible Agreement*). Sie definiert die Bandbreite einer möglichen, beidseitigen Übereinstimmung zwischen zwei Parteien in einer Verhandlung.

Innerhalb dieser Zone ist ein positiver Verhandlungsabschluss möglich, außerhalb dieser Zone wird keine noch so ausgefeilte Verhandlungstaktik zu einem positiven Ergebnis führen. Die Verhandlungszone schafft damit die Grundlage für die weitere Verhandlung.

Beispiel

Stellen Sie sich vor, Sie haben bei einem Preisausschreiben ein Cabriolet gewonnen. Da Sie aber bereits über ein schönes Auto verfügen und dieses aus Kostengründen weiterfahren möchten, planen Sie den Verkauf des Cabriolets. Der durchschnittliche Preis für ein Auto dieser Klasse liegt bei 80.000 €. Die Eckpfeiler für Ihre Verhandlungsrunde werden durch folgende Überlegungen festgelegt:

- Sie werden das Auto für 75.000 € auf jeden Fall sofort an einen Interessenten verkaufen können.
- Wenn Sie mehr als 85.000 € verlangen, werden potenzielle Käufer attraktivere Angebote auf dem Markt finden.
- Ihre Verhandlungszone liegt demnach zwischen 75.000 € und 85.000 €.

Die Festlegung der Eckpfeiler einer Verhandlungszone im Sinne eines Limits schützt viele Verhandelnde. Wenn Sie Ihre Verhandlungszone kennen, werden Sie dem Druck und der Versuchung eher widerstehen, eine Entscheidung zu treffen, welche Sie später bereuen würden.

Wenn Sie im Team verhandeln, verhindert die Verhandlungszone außerdem, dass ein einzelnes Teammitglied Vereinbarungen trifft, welche mit den anderen nicht abgesprochen sind. Ein weiterer Vorteil besteht darin, dass, wenn Sie die Verhandlungsführung delegieren, beispielsweise an einen Agenten, dessen Verfügungsmacht dadurch eingeschränkt wird.

Je kleiner die Verhandlungszone ist, umso schwieriger wird es für die Beteiligten, diese zu finden. Wenn Sie Probleme haben, die Verhandlungszone zu identifizieren, versuchen Sie, mit Fragen die Eckpunkte der Zone Ihres Verhandlungspartners herauszufinden. Mögliche Fragestellungen im Rahmen einer Verhandlung wären zum Beispiel:

- Was wäre für Sie absolut nicht akzeptabel?
- Was wäre nötig, um in Richtung einer Einigung zu kommen?
- Wie können wir vermeiden, dass eine Übereinkunft scheitert?

Allerdings bringt der Selbstschutz mithilfe eines Verhandlungslimits auch einen gravierenden Nachteil mit sich: Es schränkt nämlich Ihre Flexibilität ein. Zwar kann die Festsetzung eines Limits Sie vor dem Abschluss eines schlechten Übereinkommens bewahren, es kann Sie gleichzeitig aber auch von der Entwicklung und Annahme eines Abkommens abhalten, welches Sie vielleicht besser hätten annehmen sollen. Eine willkürlich festgelegte Verhandlungszone ist kein Maßstab für das, was Sie akzeptieren können oder sollten.

Haben Sie bei Verhandlungen eine Alternative? Viele Menschen gehen in Verhandlungen, ohne genau zu wissen, was sie tun werden, wenn sie ihr Verhandlungsziel nicht erreichen weil entweder die Konditionen nicht stimmen, die Forderungen zu hoch sind oder der Preis so niedrig ist, dass sie auf das Geschäft nicht eingehen können.

Vor diesem Hintergrund sollten Sie sich bei jeder Verhandlung stets darüber im Klaren sein, dass es immer auch jenseits der Verhandlungen eine alternative Lösung gibt. Wenn Sie beispielsweise über den Verkaufspreis für Ihre Immobilie entscheiden, wäre die richtige Frage nicht, was Sie bekommen müssen, sondern was Sie tun, wenn Sie das Objekt nicht innerhalb einer bestimmten Zeit verkauft haben. Wie lange wollen Sie das Objekt weiter anbieten? Haben Sie die Option, es andernfalls sofort zu vermieten, abzureißen und anderweitig zu verwerten, oder sonstige Wahlmöglichkeiten? Sie müssen sich dabei immer fragen, welche dieser Wahlmöglichkeiten unter Berücksichtigung aller Faktoren die beste ist.

Der Grund dafür, dass sie über etwas verhandeln, liegt prinzipiell darin, dass für sie etwas Besseres dabei herauskommen soll, als wenn sie nicht verhandelt hätten. Welche Ergebnisse sind das denn? Und welches sind die entsprechenden Alternativen? Daher sollten Sie sich stets fragen, was die für Sie *„Beste Alternative zur Verhandlungsübereinkunft"* ist. Dies ist das Kriterium, an dem Sie jede vorgeschlagene Übereinkunft messen sollten. Ein Verhandlungsergebnis ist dann für den Verhandelnden ein Erfolg, wenn es besser als diese vorhandene Alternative ist. Diese wird von *Roger Fisher* und *William Ury* in ihrem Buch „Das Harvard-Konzept" als *BATNA* bezeichnet (BATNA = *Best Alternative to Negotiated Agreement*) und stellt die beste Alternative im Vergleich mit dem zu erreichenden Verhandlungsergebnis dar. Wenn eine solche

Alternative vorhanden ist, wird das Gefühl der Abhängigkeit vom Verhandlungspartner reduziert. Grundsätzlich ist immer die Partei im Nachteil, welche keine oder eine schlechte Alternative hat. Damit geht automatisch eine schwächere Verhandlungsposition einher.

> Für die Beurteilung des Erfolgs einer Verhandlung ist es notwendig, die eigene beste realistische Alternative (BATNA) zu kennen und natürlich auch über die der anderen Partei Bescheid zu wissen.

Beispiel

Stellen Sie sich vor, Sie sind auf einem Flohmarkt und wollen einen alten Kassettenrecorder verkaufen. Ihr Wunschpreis beträgt 50 €. Nach einer Weile kommt ein Interessent und bietet Ihnen 30 € mit dem Hinweis, an einem anderen Stand hätte er ein ähnliches Gerät für 40 € gesehen. Wahrscheinlich werden sie sich auf einen Preis zwischen 35 € und 45 € einigen. Als Verhandlungsprofi haben Sie sich jedoch im Vorfeld überlegt, was Sie tun werden, sollte niemand an dem Kassettenrecorder interessiert sein. Sie wollen ihn dann Ihrer Mutter zum Geburtstag schenken, da sie früher einen ähnlichen hatte und sich bei Ihnen sehr für das Gerät interessiert hat. Die 40 € für Theaterkarten, welche Sie ihr sonst geschenkt hätten, können Sie sich dann sparen. Da Sie Ihre beste Alternative kennen, werden Sie auf keinen Fall unter 40 € gehen.

Manchmal sind Alternativen nur schwer mit einem bestimmten Wert zu beziffern, doch wenn sie eine gangbare Alternative zu einem Verhandlungsergebnis darstellen, können Sie diese als Ihre BATNA oder auch „Plan B" bezeichnen. Und genau damit setzen Sie auch den Wert einer möglichen Übereinkunft fest bzw. jenen Punkt, an dem Sie diese gerade noch akzeptieren würden. Wenn Sie zum Zeitpunkt der Verhandlungen eine BATNA bzw. „Plan B" haben, fällt es Ihnen wesentlich leichter zu verhandeln.

> Ihre BATNA ist die beste Alternative zu Ihrem erzielbaren Verhandlungsergebnis oder zum Abbruch. Akzeptieren Sie niemals ein schlechteres Ergebnis als Ihre vorbereitete BATNA.

Die beste Alternative ist damit das *einzige* Kriterium, welches Sie sowohl vor der Annahme allzu ungünstiger Bedingungen wie auch vor der Ablehnung von Konditionen bewahren kann, welche Sie in Ihrem Interesse hätten akzeptieren sollen. Damit ist Ihre beste Alternative nicht nur ein geeigneter Maßstab, sondern hat zudem den Vorteil, Ihnen ausreichend Flexibilität einzuräumen: Statt jede Lösung unterhalb Ihres Limits auszuschließen, können Sie jeden Vorschlag mit Ihrer besten Alternative vergleichen und analysieren, was Ihren Interessen letztendlich mehr entgegenkommt.

Wie entwickeln Sie Ihre beste Alternative? In der Praxis hat sich folgende Vorgehensweise bewährt:

- Erstellen Sie eine Liste Ihrer Alternativen und Aktionen, welche Sie möglicherweise durchführen, wenn es zu keiner Übereinkunft kommt.
- Seien Sie kreativ und nutzen Sie entsprechende Techniken wie Brainstorming u. a.
- Überdenken Sie jede Alternative, ob diese realistisch und es wert ist, weiter verfolgt zu werden.
- Wählen Sie Ihre BATNA.
- Überlegen Sie, welche BATNA Ihr Verhandlungspartner hat!

Ihre beste Alternative kann dabei sowohl als Alternative nach dem Ausstieg als auch als Werkzeug im Rahmen der Verhandlung verwendet werden. Wenn Sie eine gute BATNA haben, zeigen Sie der Gegenseite Ihre Alternative. Wenn Sie vermuten, dass die Gegenseite eine schlechte BATNA hat, dann versuchen Sie, sie dazu zu bringen, darüber zu sprechen. Sie werden zusätzliches Selbstvertrauen in den Verhandlungsprozess einbringen, wenn Sie genau wissen, was im Falle des Scheiterns der Verhandlungen zu tun ist. Je stärker Ihre Bereitschaft ist, Verhandlungen auch scheitern zu lassen, umso machtvoller können Sie Ihre Interessen und die für Sie akzeptable Grundlage für eine Übereinkunft kommunizieren. Achten Sie darauf, dem Verhandlungspartner nicht mit der eigenen BATNA zu drohen, sondern teilen Sie diese allenfalls als eigenes Entscheidungsproblem mit.

Die größten Fehler, die Sie beim Verhandeln begehen können

In der Praxis gibt es typische Merkmale, welche die Verhandlungssituationen häufig zum Scheitern bringen. Sicherlich haben Sie schon die eine oder andere Situation erlebt, in der Verhandlungen aufgrund der folgenden Faktoren gescheitert sind:

- *Druck ausüben*: Solange einer der Partner dem anderen überlegen ist, neigt er mitunter dazu, das bewusst oder unbewusst auszunutzen. Druck erzeugt immer Gegendruck, was wiederum häufig zu einer Eskalation führt, aus der die Verhandelnden oft nicht mehr herauskommen.

- *Fehlende Flexibilität*: Ändert sich die Situation, sind die Beteiligten manchmal nur schwer in der Lage, sich diesen neuen Gegebenheiten anzupassen.
- *Aggressivität*: Je mehr ein Verhandlungspartner darauf angewiesen ist, sein Ziel zu erreichen, desto eher wird er unbedacht reagieren und desto größer ist das Potenzial für aggressive Reaktionen, welche letztlich eine von beiden getragene Übereinkunft verhindern.
- *Nachgiebigkeit*: Aus Angst vor Konflikten sind Verhandlungspartner oft zu defensiv und gefügig; sie machen Zugeständnisse ohne etwas dafür zu erhalten. Wie bereits erläutert kann auch das Fehlen einer besten Alternative zu diesem Verhalten führen.
- *Unangemessene Vorbereitung*: In vielen Verhandlungssituationen verhindert eine im Verhältnis zum Wert des Ziels unangemessene Vorbereitung oft eine für beide Seiten akzeptable Übereinkunft. So erfolgt beispielsweise keine adäquate Analyse der eigenen Situation und derjenigen der Gesprächspartner. Außerdem werden keine entsprechenden Ziele definiert, kein Verhandlungsspielraum festgelegt, und die Alternativen werden nicht überdacht.

Die Ratschläge und Techniken dieses Ratgebers, welche in den folgenden Kapiteln dargestellt werden, werden Ihnen dabei helfen, die oben genannten Fehler zu vermeiden und dauerhaft bessere Verhandlungsergebnisse zu erzielen.

Ihr persönlicher Verhandlungsstil – kompetitives versus kooperatives Verhandeln

In der Literatur ist von unzähligen Verhandlungstypen und deren Verhaltensmustern die Rede. In der Praxis allerdings sind es aber grundlegend nur zwei Hauptausprägungen, welche wirklich einen Unterschied machen: der kompetitive – harte – Verhandlungsstil und der kooperative – weiche – Verhandlungsstil.

Um es gleich vorweg zu nehmen: Keiner der beiden Stile ist „richtig" oder „falsch". Abhängig von der Situation kann jeweils der eine oder auch der andere Stil effektiver und wirkungsvoller sein.

Kompetitives Verhandeln ist die Art des Verhandelns, welche man landläufig als „hartes" Verhandeln bezeichnet. Kompetitive Verhandlungen haben eines gemeinsam: Der andere wird nicht als Partner, sondern vielmehr als Gegner gesehen – und diesen Gegner gilt es zu besiegen. Der Einzelne will dabei seine Interessen um jeden Preis durchsetzen, unter Umständen auch auf Kosten des Gegners. Vor diesem Hintergrund zeigt der kompetitive Verhandlungsstil seine Stärken vor allem dann, wenn es um einmalige Transaktionen geht und weniger eine längerfristige Kooperation im Vordergrund steht.

Demgegenüber betont der weiche Verhandlungsstil die Wichtigkeit des Aufbaus und der Pflege von Beziehungen zwischen den Parteien. Der andere wird dabei nicht als Gegner sondern als Partner gesehen und eine langfristig für beide Seiten akzeptable Übereinkunft in den Vordergrund gestellt. Der kooperative Verhandlungsstil ist daher eher geeignet, langfristig zufrieden stellende Verhandlungsergebnisse zu erreichen. Kooperatives Verhandeln birgt die Gefahr, wichtige eigene Standpunkte aufzugeben oder zu Gunsten der Beziehung zu große Zugeständnisse zu machen.

Die Antwort auf die Frage ob Sie lieber weich oder lieber hart verhandeln sollten lautet: weder das eine noch das andere. Die oben bereits erwähnten Wissenschaftler *Roger Fisher* und *William Ury* haben mit anderen Kollegen der berühmten Harvard Universität im Rahmen des sogenannten „Harvard Negotiation Project" eine Verhandlungsmethode entwickelt, welche mit effizienten und gütlichen Verfahrensweisen ausdrücklich auf vernünftige Ergebnisse abzielt. Dieses *sachbezogene Verhandeln* oder *Verhandeln nach Sachlage* ermöglicht eine unter allen denkbaren Umständen anwendbare, offene und ehrliche Verhandlungsmethode. Diese beruht im Wesentlichen auf vier Grundaspekten:

- *Menschen*
  Menschen und Probleme getrennt voneinander behandeln!
- *Interessen*
  Nicht Positionen, sondern Interessen in den Mittelpunkt stellen!
- *Möglichkeiten*
  Vor der Entscheidung verschiedene Wahlmöglichkeiten entwickeln!
- *Kriterien*
  Das Ergebnis auf objektiven Entscheidungsprinzipien aufbauen!

Der Fokus dieser Methode liegt auf dem Erzielen einer konstruktiven Einigung in jeglicher Art von Konflikt- oder Verhandlungssituation. Das angestrebte Ergebnis einer derartigen Verhandlung geht dabei über eine einseitige Interessenwahrung der Beteiligten hinaus und zeigt mit Offenheit für den Prozess neue Perspektiven auf. Dabei steht der größtmögliche gemeinsame Nutzen im Vordergrund, denn es handelt sich um eine echte Win-Win-Strategie. Neben einer sachlichen Übereinkunft und einem sowohl langfristig tragfähigen als auch qualitativ hoch stehenden Ergebnis steuert diese Verhandlungsweise auch eine konstruktive persönliche Beziehungsebene für alle an der Verhandlung Beteiligten an. *Pit Gottschalk*, Journalist und Medienmanager bei der Axel Springer AG, sieht in Verhandlungen niemals nur die eigenen Vorteile, sondern versucht immer, die Gegenposition als Partnerschaft zu verstehen und daraus gemeinsamen Nutzen abzuleiten. Der ehemalige Chefredakteur von „Sport Bild" und Büroleiter des Vorstandsvorsitzenden verantwortet heute den Bereich Content Management und ist davon überzeugt, dass eine derartige Verhandlungsstrategie die Chancen steigert, dass das Verhandlungsergebnis nachhaltig ist.

Das erste Prinzip des Harvard-Konzeptes besagt, dass die Beziehung zum Verhandlungspartner vom Verhandlungsgegenstand getrennt werden soll. In diesem Sinne ist der Aufbau guter Beziehungen ein eigenständiger Teil der Verhandlungsführung. Seien Sie weich zur Person und hart in der Sache. Die Vermischung von Sachproblemen mit Beziehungsproblemen schadet der Beziehung und lähmt den Fortschritt in der Sache. Persönliche Beziehungen beeinflussen immer auch die Sachebene in einer Verhandlung. Eine funktionierende Beziehung ist dabei Voraussetzung für eine effiziente Bearbeitung von Problemen.

Betrachten Sie Menschen und Probleme oder Themen getrennt voneinander. Seien Sie „hart" in der Sache und „weich" gegenüber den beteiligten Personen (SOHOP-Prinzip: *Soft on people, hard on points*).

Tipps für Ihren Erfolg

- Erkennen Sie Beziehungsprobleme und behandeln Sie diese von den Sachproblemen getrennt.
- Überprüfen Sie Ihre Beziehung zum Verhandlungspartner auf wechselseitiges Vertrauen, wechselseitige Akzeptanz und funktionierende Kommunikation.
- Bearbeiten Sie zuerst die Beziehungsprobleme, bevor Sie mit den Sachproblemen beginnen.
- Bauen Sie wechselseitiges Vertrauen auf, indem Sie sich selbst immer unabhängig vom Verhalten des Verhandlungspartners vertrauenswürdig verhalten.

Das zweite Prinzip des Harvard-Konzeptes soll die Beeinträchtigungen beseitigen, welche durch Konzentration auf Positionen entstehen, damit bei der Verhandlung die jeweils dahinterstehenden Interessen befriedigt werden können. Konzentrieren Sie sich auf Interessen nicht auf Positionen. Hinter jeder

Position verbirgt sich ein Interesse, ein „weil" (Motiv, Beweggrund, Bedürfnis). Unterschiedliche Interessen lassen sich meist durch mehrere Möglichkeiten befriedigen. Interessengeleitetes Verhandeln ist deshalb im Gegensatz zum positionellen Verhandeln offen, was das Resultat betrifft, und schafft gerade dadurch neue Lösungsmöglichkeiten.

Die meisten Verhandler glauben, der Verhandlungsgegenstand sei limitiert. Diese Haltung bezeichnen wir als *distributive Verhandlung*: Ein Kuchen wird in gleich große Stücke aufgeteilt. In einer solchen distributiven Verhandlung dreht sich alles nur um einen Aspekt, zum Beispiel um den Preis. Die Parteien handeln, als würden sie einen Kuchen unter sich aufteilen. Dieser hat in den Augen der Verhandlungspartner eine gewisse Größe, welche nicht veränderbar ist. Dies würde bedeuten, dass das Stück, welches der eine bekommt, nicht auch der andere bekommen kann und dass der Gewinn einer Seite immer auf Kosten einer anderen Seite geht. In der Praxis sieht man dagegen häufig, dass die Interessen, welche hinter Forderungen oder Positionen stecken, oft die gleichen sind, parallel laufen oder zumindest untereinander kompatibel sind. Eine schöne Metapher hierfür liefert die Geschichte vom Streit um die Orange von *Roger Fisher* und *William Ury*: Zwei Parteien streiten sich um eine Orange, und sie können zu keinem anderen Ergebnis kommen, als die Orange am Ende in der Mitte durchzuschneiden und jedem eine Hälfte zu geben. Damit ist zwar keine Partei zufrieden, aber zumindest gibt es ein Verhandlungsergebnis, wenn auch in Form eines Kompromisses. Dieser Kompromiss bringt aber beiden wenig. In Wirklichkeit hätte nämlich die eine Seite nur die Schale der Orange benötigt, um daraus Marmelade zu machen, und die andere Seite hätte das Fruchtfleisch benötigt, um daraus Orangensaft zu pressen.

Hätten sich die beiden Parteien über ihre zugrunde liegenden Interessen ausgetauscht, hätten sie auf dieser Grundlage zu dem Ergebnis kommen können, dass die eine das Fruchtfleisch der ganzen Orange erhält und die andere die Schale. In einem Fall wie diesem kann die Verhandlung dazu führen das aus 100 % des Verhandlungsgegenstandes, hier eine Orange, plötzlich 200 % werden. Denn jeder erhält das gleiche Ergebnis, als hätte er für sich selbst eine ganze Orange bekommen. Der Kuchen, der in diesem Fall eine Orange ist, wurde damit vergrößert und der Anteil jedes einzelnen ebenfalls. Während die reinen Positionen zu einem Konflikt führen, lassen sich die Interessen wunderbar vereinen und es findet sich eine Lösung, in der es zwei Gewinner gibt.

Es ist Ihre Aufgabe, in der Verhandlung durch geschicktes Betrachten des Themas, durch das Offenlegen der Interessen, die hinter Forderungen und Positionen stecken, herauszufinden, was wirklich wichtig ist, und dadurch den Kuchen für beide Parteien zu vergrößern.

Lösen Sie sich in einer inneren Verhandlung von Ihren Positionen und werden Sie sich Ihrer eigenen Interessen dahinter bewusst. Um diese herauszufinden, sollten Sie sich unter anderen die folgenden Fragen stellen: Was bedeutet Ihnen der Verhandlungsgegenstand? Welche Interessen sollen durch die Verhandlung befriedigt werden? Identifizieren Sie möglichst viele Interessen hinter den Positionen und beschränken Sie sich nicht nur auf den oft im Vordergrund stehenden Verhandlungsgegenstand. Je mehr Interessen Sie dabei formulieren können, desto größer ist im Rahmen der Verhandlungen die Möglichkeit, gemeinsam mit Ihrem Verhandlungspartner zu einem Ergebnis zu gelangen, welches beiderlei Interessen befriedigt. Die Verhandlung hat zum Ziel, das ganze Spektrum möglicher Interessen beider Verhandlungspartner optimal zufriedenzustellen. Dabei verhält es sich mit den Interessen und Positionen wie bei einem Eisberg: Nur ein kleiner Teil, die Positionen, liegen über der Wasseroberfläche und sind damit sichtbar. Der weitaus größere Teil, die eigentlichen Interessen, liegen zumeist unterhalb der Wasseroberfläche.

Viele sachgerecht und effizient geführte Verhandlungen führen durch die Erforschung der Interessen zu neuen und überraschenden Sichtweisen, welche sich nicht ergeben hätten, wäre man auf den gegenseitigen Positionen verharrt und hätte nur um diese verhandelt.

Stellen Sie Interessen anstatt Positionen in den Mittelpunkt. Formulieren Sie dabei so viele Interessen wie möglich und streben Sie stets ein Verhandlungsergebnis an, welches die Interessen aller Beteiligten befriedigt.

Tipps für Ihren Erfolg

- Verschaffen Sie sich Klarheit über Ihre eigenen Interessen, und legen Sie diese offen dar, ohne Position zu beziehen.
- Hinterfragen Sie die Positionen der Gegenseite auf die dahinter liegenden Interessen.
- Konzentrieren Sie sich auf gemeinsame Interessen, lassen Sie Interessenkonflikte vorerst ruhen.

Das dritte Prinzip des Harvard-Konzeptes bezieht sich auf Möglichkeiten, eine optimale Problemlösung, die den Interessen aller Beteiligten bestmöglich gerecht wird, zu erzielen. Entwickeln Sie hierzu mit allen Beteiligten möglichst viele Optionen, bewerten und entscheiden Sie später. Im Gegensatz zu der Annahme, dass eigene Interessen zwangsläufig mit den Interessen der Gegenparteien in Konflikt geraten, zielt dieses dritte Prinzip auf die noch unbekannten Potenziale sachgerechten Verhandelns ab. Widerstreitende Vorstellungen zu verstehen, die Interessen, Wünsche, Hoffnungen und Befürchtungen Ihres Verhandlungspartners zu kennen, helfen Ihnen, in Verhandlungen besser zu reagieren. Damit sich Kreativität besonders gut entwickeln kann, sollten Sie ein vorschnelles Urteil und somit die Gefahr der Einnahme fester Position vermeiden. Suchen Sie stattdessen nach mehr als der *einen* richtigen Lösung. Lösen Sie sich von einer distributiven Verhandlung und der Vorstellung, dass der Kuchen begrenzt ist.

> Entwickeln Sie mit allen Beteiligten möglichst viele Optionen zum allseitigen Vorteil. Streben Sie stets eine Problemlösung an, die den Interessen aller Beteiligten bestmöglich gerecht wird.

Tipps für Ihren Erfolg

- Formulieren Sie offene Fragen nach Lösungsmöglichkeiten.
- Geben Sie sich nicht mit der erstbesten Lösung zufrieden, sondern suchen Sie nach weiteren Möglichkeiten, Modellen und Varianten mittels Kreativitätstechniken wie zum Beispiel Brainstorming.
- Suchen Sie stets nach Lösungsmöglichkeiten, welche die Interessen beider Parteien berücksichtigen.

Das vierte Prinzip des Harvard-Konzeptes beinhaltet die Anwendung von fairen Standards und Verfahren. Beispiele für objektive Kriterien sind Expertenwissen in Form von wissenschaftlichen Studien, Gutachten, gesetzliche Regelungen, vergleichbare Fälle oder soziale und ethische Normen, wie Fairness, Gerechtigkeit usw. Sie werden in Ihren Verhandlungen vernünftige und faire Resultate erzielen, wenn der Weg der Entscheidungsfindung für alle Beteiligten nachvollziehbar ist. Sind Kriterien und Verfahrensweisen transparent und werden von beiden Seiten akzeptiert, so hat keine der Parteien das Gefühl von Willkür.

> Ziehen Sie objektive Kriterien für mögliche Lösungen heran. Hierzu sollten Sie gemeinsam einen transparenten und nachvollziehbaren Standard zur Bewertung der verschiedenen Optionen entwickeln, auf dessen Einhaltung sich alle beteiligten Parteien explizit verpflichten.

Dieser Ratgeber zeigt Ihnen im Folgenden konkret und anhand zahlreicher Praxisbeispiele, wie Sie die oben genannten grundlegenden Prinzipien berücksichtigen und zu nachhaltig besseren Verhandlungsergebnissen gelangen.

Verhandeln als Prozess verstehen

Verhandeln ist kein punktuelles Ereignis sondern ein Prozess. Die oben genannten Grundvoraussetzungen sachbezogenen Verhandelns sind während aller Prozess-Stufen relevant.

Die einzelnen Phasen einer Verhandlung im Überblick:

- die Vorbereitung
- die Eigenmotivation
- die Begrüßung
- die Bedarfsanalyse
- die Präsentation
- die Einwandbehandlung
- der Abschluss
- die Nachbereitung

Eine Verhandlung ist deswegen stets ein Prozess, weil sie nicht erst beginnt, wenn Ihr Verhandlungspartner auf Sie zugeht, Ihnen Fragen stellt und Sie sich in der eigentlichen Verhandlungssituation befinden, sondern schon viel früher.

Nachhaltiger Erfolg in Verhandlungen ist Ihnen nur dann sicher, wenn Sie sich dieser Prozesshaftigkeit bewusst sind und ihr Rechnung tragen, und zwar von der effektiven Vorbereitung bis hin zur gewissenhaften Nachbereitung.

Dieses Buch ist entsprechend der oben genannten Phasen einer Verhandlung gegliedert und zeigt Ihnen im Rahmen der folgenden Abschnitte, was Sie in welche Phase berücksichtigen und tun müssen, um in jeder Beziehung erfolgreicher zu verhandeln.

Das Wichtigste in Kürze

- Verhandeln ist Ihr tägliches Geschäft. Sie tun es tagein, tagaus.
- Wenn Sie besser verhandeln wollen, besteht der erste Schritt in der Erkenntnis, dass Sie im täglichen Leben ständig verhandeln.
- Verhandelt wird grundsätzlich in drei Bereichen: Konflikte, Beziehung, Transaktionen.
- Wir sprechen im klassischen Sinne von „Verhandeln", wenn Personen bzw. Parteien unterschiedliche Interessen verfolgen und miteinander kommunizieren, um zu einer Einigung zu gelangen.

- Die Zone der Übereinkunft wird in der Verhandlungsführung als ZOPA bezeichnet (Zone of possible Agreement). Sie definiert die Bandbreite einer möglichen, beidseitigen Übereinstimmung zwischen zwei Parteien in einer Verhandlung
- Für die Beurteilung des Erfolgs einer Verhandlung ist es notwendig, die eigene beste realistische Alternative (BATNA) zu kennen und natürlich auch über die der anderen Partei Bescheid zu wissen.
- Ihre BATNA ist die beste Alternative zu Ihrem erzielbaren Verhandlungsergebnis oder zum Abbruch. Akzeptieren Sie niemals ein schlechteres Ergebnis als Ihre vorbereitete BATNA.
- Die größten Fehler, die Sie beim Verhandeln begehen können sind: Druck ausüben, Fehlende Flexibilität, Aggressivität, Nachgiebigkeit und unangemessene Vorbereitung.
- Das sachgerechte Verhandeln nach der Harvard-Methode basiert auf vier Prinzipien: Menschen und Probleme getrennt voneinander behandeln; nicht Positionen, sondern Interessen in den Mittelpunkt stellen; vor der Entscheidung verschiedene Wahlmöglichkeiten entwickeln; das Ergebnis auf objektiven Entscheidungsprinzipien aufbauen.
- Betrachten Sie Menschen und Probleme oder Themen getrennt voneinander. Seien Sie „hart" in der Sache und „weich" gegenüber den beteiligten Personen (SOHOP-Prinzip: Soft on people, hard on points).
- Stellen Sie Interessen anstatt Positionen in den Mittelpunkt. Formulieren Sie dabei so viele Interessen wie möglich und streben Sie stets ein Verhandlungsergebnis an, welches die Interessen aller Beteiligten befriedigt.
- Entwickeln Sie mit allen Beteiligten möglichst viele Optionen zum allseitigen Vorteil. Streben Sie stets eine Problemlösung an, die den Interessen aller Beteiligten bestmöglich gerecht wird.
- Ziehen Sie objektive Kriterien für mögliche Lösungen heran. Hierzu sollten Sie gemeinsam einen transparenten und nachvollziehbareren Standard zur Bewertung der verschiedenen Optionen entwickeln, auf dessen Einhaltung sich alle beteiligten Parteien explizit verpflichten.
- Nachhaltiger Erfolg ist Ihnen nur dann sicher, wenn Sie sich der Prozesshaftigkeit von Verhandlungen bewusst sind und ihr Rechnung tragen, und zwar von der effektiven Vorbereitung bis hin zur gewissenhaften Nachbereitung.

2. Bereiten Sie die Verhandlung optimal vor

Die Vorbereitung ist bei der Verhandlung – wie auch in anderen Lebensbereichen – ein entscheidender Erfolgsfaktor. Ungeachtet dessen, lassen viele diesen Punkt unter den Tisch fallen. Die Begründungen hierfür sind vielfältig und reichen von „keine Zeit" über „das habe ich noch nie gemacht" bis hin zu „ich weiß aus Erfahrung, was meine Verhandlungspartner von mir wollen und erwarten." Wenn Sie aber zu wenige Fakten kennen und sich zu wenig Gedanken über Ihre eigenen Ziele und über die Ihres Gegenübers gemacht haben, gehen Sie mit entsprechenden Annahmen in die Verhandlung und improvisieren dann im Rahmen des Gespräches, mit mehr oder weniger guten Ergebnissen.

Die Vorbereitung ist beim Verhandlungsgespräch das A und O. Durch eine adäquate Vorbereitung können Sie nicht zufällig, sondern sehr gezielt viel erfolgreicher werden und bessere Ergebnisse erzielen.

Mit Verhandlung ist es wie mit Sport: Jeder Erfolg beruht auf Training und entsprechender Vorbereitung. Dieses kostet Zeit, Überwindung und Mühe. Letztendlich werden Sie aber durch bessere Ergebnisse und eine Verbesserung Ihrer Fähigkeiten belohnt. *Benjamin Franklin* (1706-1790), einer der Gründerväter der Vereinigten Staaten von Amerika fasste es wie folgt zusammen: „Indem Du Dich nicht vorbereitest, bereitest Du Dein Scheitern vor." Wie Sie in Verhandlungen abschneiden, wird vor allem dadurch bestimmt, wie Sie vorbereitet sind. Die Bedeutung einer adäquaten Vorbereitung für den Verhandlungserfolg wird auch von *Carsten Cramer*, Direktor für Marketing, Vertrieb und Business Development sowie Geschäftsführer mehrerer Tochtergesellschaften der Borussia Dortmund GmbH & Co. KGaA unterstrichen: Auf wichtige Gespräche, Verhandlungen und Auftritte bereitet er sich stets mittels intensiver Recherchen zu seinem Gesprächspartner und dessen Unternehmen vor. Dabei stellt er sich immer wieder die Frage, welchen Nutzen er im Rahmen der Verhandlung wird vermitteln können.

Im Rahmen einer gekonnten Vorbereitung blicken Sie in die Zukunft und kreieren ein möglichst realistisches Szenario der potenziellen Verhandlung. Je mehr Energie Sie dabei in die Vorbereitung gesteckt haben, desto selbstbewusster und entspannter werden Sie in der Verhandlung auftreten. Gehen Sie daher zukünftig vor *jeder* Verhandlung für Sich die in der folgenden Checkliste aufgeführten Fragen durch und beantworten Sie diese systematisch so detailliert und spezifisch wie möglich.

1. Welche Ziele verfolgen Sie?
   a. Welche Ziele verfolgen Sie auf der inhaltlichen und auf der persönlichen Ebene?
   b. Was ist das Minimum, welches Sie erreichen wollen?
   c. Was ist Ihr maximales Ziel?
   d. Sind Ihre Ziele SMART, d. h. spezifisch, messbar, attraktiv, realistisch und terminiert?
   e. Welches ist Ihre beste realistische Alternative (BATNA)?
   f. Wie sieht Ihr Eröffnungsangebot aus?
2. Wo steht Ihr Verhandlungspartner?
   a. Was wissen Sie über Ihren Verhandlungspartner (Name, Positionen, Hobbys, Vorlieben, Charakter u. a.)?
   b. Was wissen Sie gegebenenfalls über das Umfeld der Gegenseite (zum Beispiel bei einem Unternehmen: Größe, Umsatz, Firmenentwicklung, Geschichte, Ziele, Marktstellung, Image, Philosophie, Kundenstruktur u. a.)?
   c. Wer ist an dem Entscheidungsprozess beteiligt?
   d. Welche Interessen und Bedürfnisse hat Ihr Verhandlungspartner?
   e. Wie viel Kenntnisse hat die Gegenseite über die Sache?
   f. Gibt es gemeinsame Interessen?
   g. Welche Meinung wird Ihr Verhandlungspartner mit welchen Argumenten vermutlich vertreten?
   h. Was will er erreichen oder vermeiden?
   i. Was ist nötig, damit die Gegenseite die Verhandlung als Erfolg ansieht?
3. Welche Gesprächsstrategie und Taktik verfolgen Sie?
   a. Wie gehen Sie vor?
   b. Wie strukturieren Sie die Verhandlung?
   c. Welche Informationen wollen Sie wie erfragen?
   d. Welche Kern- und Zusatznutzen bieten Sie?
   e. Was sind die Hauptpunkte eines Verhandlungspaketes?
   f. An welcher Stelle sind Sie bereit Konzessionen anzubieten?
   g. Welche Konzessionen können Sie von der Gegenseite erwarten?
   h. Welche Einwände könnte der Verhandlungspartner vorbringen? Wie können Sie diesen überzeugend begegnen?

4. Welche organisatorischen Maßnahmen sind zu ergreifen?
   a. Werden Sie telefonisch, schriftlich oder im persönlichen Gespräch verhandeln?
   b. Wo werden Sie sich treffen?
   c. Wie schaffen Sie eine optimale Gesprächsatmosphäre?
   d. Werden Sie alleine oder im Team verhandeln?
   e. Wer wird welche Rolle im Team übernehmen?
   f. Gibt es einen Zeitrahmen?
5. Wie sind Sie persönlich vorbereitet und eingestellt?
   a. Wie sicher fühlen Sie sich beim Verhandeln?
   b. Wie können Sie den Verhandlungsstress abbauen?

Ohne Ziele geht es nicht

Zu einer effektiven Vorbereitung einer Verhandlung gehört zunächst die Definition von Zielen. Nach dem angestrebten Ziel richtet sich die Strategie.

Die herausragende Bedeutung von Zielen im Rahmen der Vorbereitung betont die Soziologin *Nicola Harder,* welche seit mehr als zehn Jahren erfolgreich als Beraterin für Kommunikation und Moderation arbeitet. Sie ist davon überzeugt, dass mit der Definition von entsprechenden Zielen der Grundstein einer erfolgreichen Verhandlung gelegt wird. Schon der französische Humanist *Michel Eyquem de Montaigne* (1533-1592) sagte: „Kein Wind ist demjenigen günstig, der nicht weiß, wohin er segeln will."

Wie sollten Sie im Rahmen der Zieldefinition konkret vorgehen? Es ist nicht immer leicht, Klarheit über die Ziele, welche Sie verfolgen, zu erreichen. In der Praxis ist es häufig so, dass viele Verhandler sich ein Hauptziel setzen und einzig und allein darauf zusteuern. Dabei wird zumeist vergessen, dass es auch weitere Ziele und Alternativen zur Verhandlung gibt, welche sich ebenfalls lohnen, verfolgt zu werden. Je mehr Optionen Sie sich offen halten, desto wahrscheinlicher wird ein für Sie erfolgreicher Verhandlungsabschluss sein. Um zu einem breiten Spektrum von Zielen und Alternativen zu gelangen, bietet sich der Einsatz von Kreativitätstechniken, wie zum Beispiel Brainstorming bzw. Brainwriting, Mindmapping oder Synektik, an.

Berücksichtigen Sie schon bei der Sammlung von Zielen auch die Gesprächsziele des anderen. Überlegen Sie sich, welche Interessen Ihr Gegenüber in dieser Sache haben könnte. Es sollte Ihnen nicht allein um das Durchsetzen Ihrer eigenen Ziele gehen, Sie sollten die optimale Lösung für beide Parteien im Auge behalten.

Nachdem Sie sich Ihre Ziele bewusst gemacht haben, sollten Sie diese klar und eindeutig formulieren und unscharfe Zielbeschreibungen wie die folgenden vermeiden: „möglichst günstiger Einkaufspreis", „frühzeitige Ersatzteillieferung", „große Kostenbeteiligung". Sämtliche Ziele müssen gut und verständlich formuliert werden. Die Kriterien für klare Zielformulierungen sind im Modell der sogenannten *SMART*en Ziele definiert. Bei diesem Modell stehen die einzelnen Buchstaben für Eigenschaften, die eine klare Zielformulierung ausmachen:

- S = spezifisch (der Zielinhalt ist eindeutig): Das Ziel muss klar und eindeutig formuliert sein. Hierbei sollten Sie darauf achten, allgemeine, relativierbare Begriffe wie „schnell", „umfassend" oder Ähnliches zu vermeiden. Ziele beschreiben Sie am besten mit klaren Anforderungen an den Endzustand – so als wären diese Ziele bereits erreicht.
- M = messbar (der Zielerreichungsgrad ist messbar): Ein Ziel muss präzise definiert werden, damit Sie objektiv bestimmen können, ob und wann Sie es erreicht haben. Definieren Sie daher alle Ihre Ziele mit bewertbaren Größen.
- A = anspruchsvoll bzw. attraktiv (das Ziel ist erstrebenswert): Ihr Ziel muss für Sie attraktiv, also motivierend sein. Ist das Verhandlungsziel zu einfach zu erreichen, wirkt es nicht motivierend. Nur Ziele, welche realistisch, aber gleichzeitig auch nicht einfach zu erreichen sind, sind attraktive Ziele.
- R = realistisch (das Ziel ist erreichbar): Ihre Ziele müssen realistisch und in der Verhandlung erreichbar sein. Wenn Sie sich Ziele setzen, welche illusorisch sind, demotivieren Sie sich, weil Sie zum Scheitern verurteilt sind.
- T = terminiert (das Ziel muss innerhalb einer vorgegebenen Zeit erreicht sein): Jedes Ziel hat einen definierten Erledigungszeitpunkt.

Mit der Frage, welcher Einfluss von der Ambitioniertheit bzw. vom Anspruchsniveau vorgegebener Verhandlungsziele ausgeht, haben sich diverse Untersuchungen beschäftigt. So haben zum Beispiel die Stanford-Professorin *Margaret A. Neale* sowie die an der University of Washington lehrende Professorin *Vandra Huber* im Rahmen einer experimentellen Studie den Teilnehmern eines Verhandlungsexperiments die Rollen von Käufern oder Verkäufern zugewiesen. In einer einmaligen Verhandlungssituation war dabei über Lieferpreis, Lieferzeitpunkt und Finanzierungsbedingungen zu verhandeln. Während dem Verkäufer dabei jeweils nur das Ziel vorgegeben wurde, so viel wie möglich „herauszuholen", wurden die Käufer in vier Gruppen mit jeweils unterschiedlichen Verhandlungszielen eingeteilt:

- Gruppe 1 wurde ein unspezifisches Ziel vorgegeben. Auch diese Teilnehmer wurden animiert, so viel wie möglich für ihre Partei „rauszuholen".
- Gruppe 2 wurde ein moderates Verhandlungsziel vorgegeben. Diese Gruppe sollte bei der anstehenden Verhandlung einen Mindestgewinn von 4.000 US-Dollar erzielen.
- Gruppe 3 wurde ein mittel-schweres Ziel vorgegeben. Diese Käufer sollten mindestens einen Gewinn von 4.600 US-Dollar erzielen.
- Gruppe 4 schließlich wurde ein sehr ambitioniertes, schweres Verhandlungsziel auf den Weg gegeben. Käufer dieser Gruppe sollten einen Mindestgewinn von 4.500 US-Dollar erreichen.

Die Käufer der verschiedenen Gruppen erreichten dabei unterschiedliche Ergebnisse: Während der durchschnittliche Käufergewinn in der Käufergruppe ohne spezifisches Verhandlungsziel (Gruppe 1) mit 4.729 US-Dollar am geringsten war, stieg dieser mit Zunahme des vorgegebenen Verhandlungsziels bis zu Gruppe 4 an, welche mit 5.530 US-Dollar den höchsten durchschnittlichen Verhandlungsgewinn erzielte.

> Das Modell der SMARTen Ziele unterstützt den Verhandelnden wirkungsvoll bei der Formulierung eines klaren, realistischen und ehrgeizigen Ziels.

Machen Sie sich als nächstes eine Liste über alle Punkte, welche Sie verhandeln können und wollen, um Ihre Ziele zu erreichen, zum Beispiel Preis, Zahlungsbedingungen, Skonti, Garantie etc.

Im Anschluss daran legen Sie für jeden einzelnen Verhandlungsaspekt, welchen Sie definiert haben, drei unterschiedliche Ziele fest:

- Ihr *optimales* Ergebnis (*Nice-to-have, Idealziel*): Dieses beschreibt die optimistische Variante Ihrer Zieldefinition, welche aber trotzdem noch erreichbar sein muss.
- Ihr *realistisches* Ergebnis (*Want-to-have, Kernziel*): Diese Zielkategorie beschreibt das, was Sie erreichen möchten.
- Ihre *Stopplinie* (*Must-have, Rückzugsziel*): Diese bildet ihr absolutes Mindestziel. Dieses Ziel müssen Sie erreichen. Alles, was in der Verhandlung unter diesem Ziel liegt, würde zu einem Verhandlungsabbruch führen.

In der Praxis hat sich das Definieren dieser unterschiedlichen Zielkategorien bewährt, weil sie Ihnen von vornherein eine gewisse Bandbreite geben und Sie dazu ermutigen, sich darüber Gedanken zu machen, was Sie alles gern *hätten*, statt nur darauf abzustellen was Sie unbedingt *brauchen*. Auf diese Weise geben

Sie Ihrem Handeln nicht nur eine Richtung sondern Sie werden auch automatisch ambitionierter verhandeln.

Dr. jur. Arne Wieben, ehemaliger Staatsanwalt und heute leitender Regierungsdirektor, unterstreicht die herausragende Bedeutung von Zielen im Rahmen der Verhandlungsführung: Überzeugen kann in Verhandlungen demnach nur, wer seine Ziele und die zu diesen führenden Standpunkte klar und frühzeitig deutlich macht. Die Kunst besteht nach *Dr. Wieben*, der als Oberstleutnant d. R. in Afghanistan diverse internationale Verhandlungen geführt und afghanische Sicherheitskräfte ausgebildet hat, darin, die Argumente des Verhandlungspartners und seine Ziele zu hören, zu akzeptieren, einzuarbeiten und einen Kompromiss zu finden, der den eigenen Weg und das eigene Ziel so wenig wie möglich verlässt.

Die Ziele in Verhandlungen zu bestimmen hat deshalb eine so große Bedeutung für den Verhandlungserfolg, weil Zielvorstellungen durch die eigene intensive Vorbereitung, gedankliches Vorwegnehmen von Reaktionen Ihres Gegenübers und die Beschäftigung mit den eigenen Minimalzielen im Kopf schon sehr konkrete Lösungswege vorzeichnen.

Nutzen Sie im Rahmen der Zielfindung eine Checkliste mit folgenden Leitfragen:

1. Was sind Ihre persönlichen Motive für dieses Gespräch (Sachanliegen/Gefühle)?
2. Was sind Ihre Ziele in diesem Gespräch (SMARTe Ziele)?
3. Wo liegen Ihre Interessen in diesem Gespräch?
4. Welche Motive und Interessen hat Ihr Verhandlungspartner?
5. Welche möglichen Konflikte sehen Sie?
6. Welche möglichen Übereinkünfte sehen Sie?
7. Welche Themen möchten Sie ansprechen?
8. Was ist für Sie bei einer Lösung wesentlich?

Schließlich ist in Bezug auf die Verhandlungsziele in einem weiteren Schritt ein Vergleich der verhandlungsgegenstandsbezogenen Verhandlungsziele vorzunehmen. Dies ist deshalb sinnvoll, da bei allen Verhandlungsgegenständen, die im Rahmen der Zielfestlegung ermittelten Idealziele realisiert werden können. Stattdessen ist vielmehr davon auszugehen, dass die Zielerreichung bei den verschiedenen Verhandlungsgegenständen sehr unterschiedlich sein wird. Während beispielsweise Ihr Verhandlungspartner bei einigen Verhandlungsgegenständen zu einem stärkeren Entgegenkommen bereit sein wird, weil ihm diese Verhandlungsgegenstände möglicherweise nicht so wichtig sind, wird er bei anderen, ihm wichtigeren Verhandlungsgegenständen wesentlich weniger nachgiebig verhandeln und zu keinem derartig umfassenden Entgegenkommen bereit sein. Daher müssen Sie sich im Vorfeld von Verhandlungen zusätzlich fragen, wie wichtig Ihnen die Verhandlungsgegenstände im Vergleich miteinander sind. Idealtypisch sollte die Bestimmung der Wichtigkeit der Verhandlungsziele dabei dazu führen, dass im Anschluss ausgedrückt werden kann, wie stark die zusätzliche Zielerreichung bei einem Verhandlungsziel A sein muss, um eine geringfügige Verschlechterung der Zielerreichung bei einem Verhandlungsgegenstand B zu kompensieren (vgl. Sie bitte hierzu auch den späteren Abschnitt „Schaffen Sie Alternativen, und erstellen Sie eine Konzessionsliste").

Solche Vergleiche von Verhandlungszielen sind dabei vor allem dann erforderlich, wenn die bestehenden Verhandlungsziele nicht in einheitlichen quantitativen Größen vorliegen. Wenn Sie beispielsweise bei einer Einkaufsverhandlung parallel über den Preis sowie die Garantie einer technischen Anlage verhandeln, so besteht für Sie als Einkäufer das Problem darin, dass Sie Preiszugeständnisse nicht ohne weiteres mit damit verbundenen Garantieeinschränkungen vergleichen können. Deshalb werden Sie zunächst versuchen müssen, den Wert zusätzlicher Garantieleistungen bei der Anlage ökonomisch zu bewerten. Da dies nicht immer ohne weiteres möglich ist, sollten Sie die entsprechenden Verhandlungsgegenstände zunächst auf einer einheitlichen abstrakten Skala beurteilen, um sie dadurch auf einem höheren aggregierten Niveau miteinander vergleichbar zu machen.

Vor diesem Hintergrund sollten Sie alle denkbaren Lösungen bei Verhandlungsgegenständen einer Verhandlung mit Bewertungen auf einer übergeordneten Nutzenskala (von 0 = „kein Nutzen" bis 100 = „sehr hoher Nutzen") versehen (vgl. Abbildung 1). Liegen derartige Nutzenbewertungen für alle Lösungen der Verhandlungsgegenstände vor, lassen sich alternative Angebote von Ihrem Verhandlungspartner sehr einfach miteinander vergleichen. So zeigt sich beispielsweise bei Vergleich der in der nachstehenden Abbildung 1 dargestellten drei Angebote, welche ein Anlagenbauzulieferer einem Einkäufer nacheinander gemacht hat, dass diese für den im Beispiel betrachteten Einkäufer zunächst attraktiver werden. Anschließend werden die Angebote (Angebot 3) jedoch wieder unattraktiver. Angebot 3 fällt so hinter das Niveau von Angebot 2 zurück.

Vielversprechend ist der Einsatz einer derartigen Analyse vor allem deshalb, da sie nicht nur für die Ermittlung eigener Nutzenvorstellungen, sondern auch für die Analyse der Verhandlungsziele Ihres Verhandlungspartners eingesetzt werden kann. Da Ihr Verhandlungspartner allerdings in der Regel kaum bereit sein dürfte, im Vorfeld einer Verhandlung die entsprechenden Einschätzungen preiszugeben, sollte die Beurteilung der fiktiven Vertragsangebote stellvertretend von Ihnen – idealerweise in Zusammenarbeit mit einem Team – vorgenommen werden.

Verhandlungsziele	Mögliche Lösungen	Nutzenwert auf einer Skala von 0 bis 100	Angebot 1	Angebot 2	Angebot 3
Preis	50.000 EUR	100			
	54.000 EUR	80			
	58.000 EUR	60			×
	62.000 EUR	40		×	
	66.000 EUR	20	×		
	70.000 EUR	0			
Zahlungsziel	Zahlung bei Lieferung	0			×
	1 Monat	3			
	3 Monate	9	×		
	12 Monate	25		×	
Wartung	kostenfrei	40	×	×	
	nach Aufwand	0			×
Technische Leistungsfähigkeit	100 ppm	10	×	×	
	110 ppm	30			×
	120 ppm	50			
Entsorgung der Altmaschine	durch Zulieferer kostenfrei	10			
	durch Zulieferer gegen Aufwandsberechnung	5			
	durch Kunde	0	×	×	×
Garantie	3 Jahr	10	×	×	
	5 Jahre	20			×
	7 Jahre	30			
Montage / Installation	inklusive	50	×	×	×
	exklusive	0			
Einführung / Schulung	ja	10			
	nein	0	×	×	×
	Angebotsbewertung		139	175	160

Quelle: in Anlehnung an Voeth und Herbst, 2009

Abbildung 1: Beispiel einer Nutzenbewertung von Verhandlungsangeboten

Wo steht der andere?

Professor Dr. Dr. h.c. Bert Rürup, ehemaliger Vorsitzender der „Wirtschaftsweisen" und Berater mehrerer Bundesregierungen, des Deutschen Bundestages, der EU sowie diverser ausländischer Regierungen versetzt sich vor jedem Gespräch und in der Verhandlung in die Rolle der verschiedenen Teilnehmer und überlegt sich, wie er argumentieren würde, wäre er in der Rolle des Gegenübers. Nur auf diese Weise sei es möglich, den Raum für Kompromisse abzuschätzen.

Ebenso wie Sie die eigenen Interessen möglichst detailliert analysieren, sollten Sie sich auch Gedanken darüber machen, welche Interessen Ihr Verhandlungspartner hat. Sie müssen weder sich noch Ihren Verhandlungspartner davon überzeugen, dass Ihre Ziele für *Sie* erstrebenswert sind. Es kommt nunmehr darauf an, dass Ihr Verhandlungspartner erkennt, wo die Vorteile für ihn liegen, wenn die Verhandlungsziele erreicht werden. Versetzen Sie sich also in die Situation Ihres Verhandlungspartners und überlegen Sie sich, wo dessen Ziele liegen und welche seiner Bedürfnisse durch die Erreichung Ihrer Ziele befriedigt werden können. Versuchen Sie, alle relevanten Interessen hinter den Positionen zu antizipieren, um in der eigentlichen Verhandlung bestens darauf vorbereitet zu sein. Auf diese Weise haben Sie die Möglichkeit, die jeweiligen Interessen – und damit auch die Personen – zu würdigen und in der Verhandlung einen Interessenausgleich herbeizuführen. Wie bereits im Rahmen der Erläuterungen zum Harvard-Konzept dargestellt, können Sie auf diese Weise unter Umständen auch solche Interessen des Verhandlungspartners identifizieren, welche dieser für sich selbst gar nicht erkannt hatte. Wenn Sie diese dann in der Verhandlung an geeigneter Stelle einbringen, führt dies zu einer Erweiterung der Sichtweisen. Mehrere Lösungen werden sichtbar und ein für beide Seiten akzeptables Ergebnis wird wahrscheinlicher.

Grundsätzlich können Interessen in Verhandlungen auf unterschiedlichen Ebenen lokalisiert werden. Neben der offensichtlichen und häufig alleine in den Vordergrund gestellten *Sachebene* ist vor allem die *Beziehungsebene* von entscheidender Bedeutung. Es ist entscheidend, dass Sie sich diesen Umstand bereits im Rahmen der Vorbereitung auf die Verhandlung klarmachen. Nur so können Sie die Gesprächsführung wirkungsvoll planen!

> Trennen Sie in Verhandlungen stets die Person von der Sache. Verhandeln Sie effizient und sachgerecht, indem Sie das Problem formulieren und den Verhandlungspartner in die Problemlösung einbeziehen, statt ihn als Person zu kritisieren.

Die Sachebene stellt die Frage nach den Forderungen in den Mittelpunkt: Was fordern Sie in der Verhandlung? So ist beispielsweise der angestrebte Preis ein Interesse auf der Sachebene. In dem oben bereits dargestellten Beispiel mit der Orange ist der Erhalt derselben das verfolgte Sachinteresse.

Eine ebenso wichtige Rolle, wenn nicht *die* entscheidende, spielt die Beziehungsebene in der Verhandlung. In jeder Verhandlung stehen sich Menschen mit Gefühlen und unterschiedlichen Bedürfnissen, wie zum Beispiel dem Bedürfnis nach Anerkennung, gegenüber. Eine Beziehung zwischen den Parteien hat auch deshalb eine so große Bedeutung, weil die meisten Verhandlungen eben nicht nur einmal geführt werden. In diesem Sinne ist das Wissen, dass man in der Regel mindestens noch einmal, eher sogar öfter aufeinander trifft, *Professor Rürup* zufolge eine Basis des Verhandlungserfolges. Ganz im Sinne des Harvard-Konzeptes ist es daher wesentlich, jede Verhandlung so zu führen, dass die künftigen Beziehungen und Verhandlungen gefördert und nicht negativ beeinträchtigt werden.

Machen Sie sich daher im Rahmen der Interessenanalyse Ihres Verhandlungspartners immer bewusst, dass dieser niemals nur rational verhandelt, sondern immer auch von Emotionen beeinflusst wird. Diesbezüglich ist das sogenannte „*Eisberg-Modell der Kommunikation*" des Psychologen *Paul Watzlawick* (1921-2007) von großer Bedeutung: Ein charakteristisches Merkmal des Eisberges ist es, dass nur ein kleiner Teil oberhalb der Wasseroberfläche befindet und damit sichtbar ist, während der größte Teil des Eisberges unterhalb der Wasseroberfläche und damit unsichtbar ist. Genauso verhält es sich bei der Kommunikation. Ein kleiner Teil ist sichtbar: Das, was Sie sehen, hören, lesen oder sonst wie begreifen können – in Verhandlungen also das Gesagte, Angebote, Informationen, Zahlen, Daten, Fakten. Der unsichtbare, größte Teil der Kommunikation betrifft die Beziehungsseite – in Verhandlungen also Motive, Beweggründe und Interessen, was eng mit Emotion verbunden ist. Im Rahmen von Verhandlungen erleben Sie Sympathien und Antipathien, Freude und Ärger, Überraschungen und Wut, Zufriedenheit und Aggression. Wenn Verhandlungen festgefahren sind oder gar scheitern, dann mag dies zum Teil an unüberbrückbaren Differenzen auf der Sachebene liegen. Zum allergrößten Teil jedoch sind Störungen auf der Beziehungsebene daran schuld.

Daher sollten Sie sich auch auf diesen Teil der Verhandlung vorbereiten, um in schwierigen Situationen einen kühlen Kopf zu behalten und nicht ohne Nachzudenken allein emotional zu reagieren. Sie können diesbezüglich grundsätzlich davon ausgehen, dass die Interessen der Gegenseite nicht sofort auf den Tisch kommen, sondern oft gut hinter entsprechenden Positionen versteckt sind. Gerade hier liegt aber Ihre Chance: Mithilfe einer ausgefeilten Fragetechnik und der Fähigkeit des Zuhörens sind Sie in der Lage, die tatsächlichen Interessen Ihres Verhandlungspartners herauszufinden (mehr dazu im Kapitel 5: Finden Sie die Zielsetzung Ihres Gesprächspartners heraus). Die Interessen bzw. Bedürfnisse Ihres Verhandlungspartners sind wie der Eisberg zu einem Großteil unter der Oberfläche verborgen. Sie sehen nur die herausragenden 20 %, also die Position Ihres Verhandlungspartners, und müssen die verborgenen 80 % ans Tageslicht holen.

Stefan Dräger, Vorstandvorsitzender der Drägerwerk Verwaltungs-AG, eines der weltweit führenden Unternehmen im Bereich Medizin-, Sicherheits- und Tauchtechnik, betrachtet das Einlassen auf die jeweils andere Perspektive der Verhandlungspartner und das Verstehen der hinter den jeweils vertretenen Verhandlungspositionen liegenden Interessen als Basis erfolgreicher Verhandlungen. In diesem Zusammenhang sollten Sie sich immer fragen, welche wahren Interessen Ihr Gesprächspartner verfolgt. Es ist wichtig, so *Dräger*, der 2011 mit dem Titel „Stratege des Jahres" und 2012 mit dem Titel „Entrepreneur des Jahres" ausgezeichnet wurde, immer klar, unmissverständlich und bezogen auf die Zielgruppe zu kommunizieren.

Wenn Sie sich mit Ihren Verhandlungspartnern befassen, stellen Sie sich u. a. folgende Fragen:

- Welche Einstellung haben Ihre Verhandlungspartner zu Ihnen und gegebenenfalls zu Ihrem Unternehmen?
- Was sind die Ziele Ihrer Verhandlungspartner? Was sind deren „beste Alternativen" bzw. BATNAs?
- Wie abhängig ist die Gegenseite von der Zielerreichung?
- An welche Fristen ist die Gegenseite gebunden?
- Welche Argumente der Gegenseite sind besonders stark und wie wollen Sie diese behandeln?
- Mit welchen Einwänden müssen Sie rechnen?
- Wurden bei früheren Verhandlungen Zugeständnisse gemacht und wenn ja aus welchen Gründen?
- Welche Bedürfnisse hat die Gegenseite, und stehen diese im Einklang mit der Position, welche sie in der Verhandlung vertreten wird?
- Ist der Verhandlungspartner befugt, Abschlüsse zu tätigen, und wenn nicht, warum nicht?
- Wer ist eigentlich Entscheider?

Sammeln Sie so frühzeitig so viele Informationen wie möglich über Ihren Verhandlungspartner, das Unternehmen und die Entscheidungsträger. *Dr. Dietmar Otti*, seit 2010 Managing Director Marketing von Axel Springer Media

Impact, der zentralen Vermarktungseinheit der Axel Springer AG, betont, dass es von zentraler Bedeutung ist, den vorhandenen Spielraum einschätzen zu lernen. Das richtige Maß an Vorbereitung und Gelassenheit ist nach *Dr. Otti*, der vor seiner Zeit bei Axel Springer herausragende Positionen, u. a. als Prokurist und Geschäftsführer bei diversen Unternehmen bekleidet hat, ergebnisentscheidend und erhöht das Vertrauen in die eigenen Stärken. Gerade in Situationen, in denen eine schnelle Entscheidung erforderlich ist, sollte man strikt die emotionale von der sachlichen Ebene trennen.

Tipps für Ihren Erfolg

- Bedienen Sie sich aller Informationsquellen, welche Ihnen zur Verfügung stehen: Fragen Sie Mitarbeiter, Kollegen, Freunde oder Bekannte, ob sie schon einmal mit dieser Firma oder dieser Person zu tun hatten.
- Prüfen Sie, ob Sie Zugang zu Personen aus der Umgebung Ihres Verhandlungspartners haben.
- Sammeln Sie alle Informationen, welche bereits publiziert sind, zum Beispiel in Fachmagazinen, Zeitschriften oder Büchern.
- Nutzen Sie das Internet als Informationsquelle: Googeln Sie Namen, Unternehmen, Produkte und überprüfen Sie, ob es zu Ihrem Verhandlungsthema Informationen in Foren, auf Bewertungs-Plattformen oder in Online-Netzwerken gibt.

Viele Verhandlungen scheitern nicht an fehlender Verhandlungstechnik oder mangelnden Lösungsvorschlägen, sondern am Widerstand wichtiger Beteiligter im Verhandlungsumfeld.

Personen mit Einfluss auf die Absprache einer Verhandlungslösung werden als *Interessengruppen* bzw. *Stakeholder* bezeichnet. Diese Personen sind für das Verhandlungsergebnis von großer Bedeutung, weil sie Verhandlungslösungen absichern, blockieren oder verhindern können.

Deshalb sind *alle* Stakeholder mit ihren jeweiligen Interessen, Zielen und Befürchtungen bedeutsam für die Steuerung des Verhandlungserfolges. Interessengruppen können dabei Eigentümer, Manager, Mitarbeiter, Gewerkschaften, Investoren oder sogar der Staat sein.

Vor diesem Hintergrund ist es wichtig, dass Sie sich einen Überblick über alle Interessengruppen bereits vor der Verhandlung verschaffen. Ziel des sogenannten *Stakeholdermanagements* ist es, bereits in der Vorbereitungsphase alle

Interessen und Bedürfnisse sämtlicher Beteiligten zu erfassen und eine hohe Übereinstimmung mit den Verhandlungszielen zu sichern.

Im Rahmen des Stakeholdermanagements sollten Sie wie folgt vorgehen:

- Identifizieren Sie alle wichtigen Stakeholder mit direktem oder indirektem Einfluss auf den Verhandlungsablauf und das mögliche Ergebnis.
- Erstellen Sie eine Liste der entsprechenden Interessengruppen.
- Analysieren Sie die Interessen der Beteiligten: Was sind ihre wahrscheinlichen Interessen und welche Bedeutung haben sie für die Verhandlung?
- Entwickeln Sie Maßnahmen, um auf jeden Stakeholder individuell einwirken zu können. Wie bereits oben dargestellt sollten Sie in diesem Zusammenhang überlegen, welche Bedürfnisse der jeweiligen Stakeholder durch die Erreichung Ihrer Ziele befriedigt werden können. Auf diese Weise können Sie Behinderungen abbauen und sich Unterstützung sichern.

Die folgende Abbildung gibt ein Beispiel zum Stakeholdermanagement (vgl. Abbildung 2).

Name	Einfluss auf Ergebnis	Interesse an Lösung	Stakeholder-Typ	Einfluss als	Maßnahmen zur Einbindung
Frau A.F.	9	8	Führungskraft oder Entscheidungsträger	Entscheider kaufmännisch	zur Messe einladen
Herr P.S.	6	1	Blockierer oder Unterstützer	Bewerter fachlich	Produktzertifikate zusenden
Herrn Dr. P.D.	4	8	Mitläufer	Anwender	Referenz-Anwenderkontakt nennen
Frau Z.A.	6	9	Führugskraft oder Entscheidungsträger	rechtlicher Genehmiger	Produktzertifikate zusenden
Frau Dr. T.J.	3	8	Blockierer oder Unterstützer	Multiplikator	Referenz-Anwenderkontakt nennen

Quelle: in Anlehnung an Wilkening, 2010

Abbildung 2: Beispiel zum Stakeholder-Management

- Nachdem Sie die Liste der wichtigsten Stakeholder angefertigt haben, stellt sich die Frage nach Interesse und Einfluss der Beteiligten auf die Verhandlung: Wer hat einen großen, wer eher einen geringen Einfluss oder Interesse an einer bestimmten Lösung? Legen Sie deshalb für jede Interessengruppe fest, wie groß der Einfluss auf das Ergebnis und das Interesse an einer möglichen Lösung ist.
- Ordnen Sie die verschiedenen Stakeholder einem der vier Quadranten in nachstehender Abbildung zu (vgl. Abbildung 3).

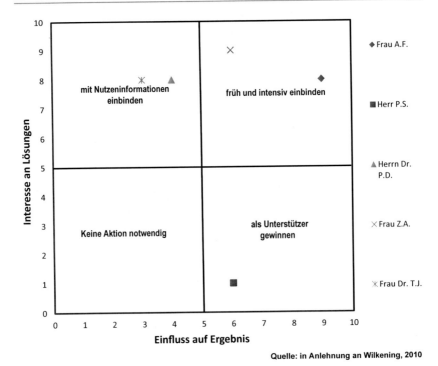

Quelle: in Anlehnung an Wilkening, 2010

Abbildung 3: Beispiel einer Stakeholder-Matrix

Die Stakeholder-Matrix stellt ein systematisches System mit direkt abgeleiteten Maßnahmen für einzelne Interessengruppen dar. Ziel ist es dabei immer, übersehene Möglichkeit zu nutzen, nicht bedachte Risiken einzudämmen und das Verhandlungsergebnis nachhaltig zu beeinflussen.

> Legen Sie bei komplexen Verhandlungen Wert auf ein systematisches und strukturiertes Stakeholdermanagement, um alle Lösungsoptionen zu identifizieren, entsprechende Risiken zu antizipieren und somit erfolgreicher zu verhandeln.

Eine derartige Vorgehensweise ist zwar aufwändig, hat sich aber in der Praxis bei komplexen Verhandlungen mit mehreren Interessengruppen als ungemein hilfreich erwiesen: *Professor Bert Rürup*, der in der Vergangenheit als Vorsitzender der Wirtschaftsweisen fungierte, wird auch heute noch häufig als Schlichter in Tarifkonflikten herangezogen. In dieser Funktion betreibt er ein effektives und systematisches Stakeholdermanagement und versetzt sich in die Lage aller beteiligten Interessengruppen und betrachtet deren unterschiedliche Standpunkte.

Erfolgreiche Verhandler nehmen die Verhandlung immer von der Warte ihrer Verhandlungspartner ins Visier: Der Manager und Journalist *Christoph Keese* bereitet sich auf wichtige Gespräche und Auftritte mittels eines akribischen Aktenstudiums vor. Von zentraler Bedeutung in diesem Zusammenhang ist nach *Keese*, der nach seiner Tätigkeit als Chefredakteur der „Financial Times Deutschland", der „Welt am Sonntag" und von „Welt online" Konzerngeschäftsführer Public Affairs der Axel Springer AG wurde, neben einer adäquaten Vorbereitung das Eingehen auf den Verhandlungspartner. Im Gespräch selber kommt es danach neben der Vermittlung des eigenen Standpunktes vor allem darauf an, die Sichtweise des Gesprächspartners zu verstehen. Je besser man zuhört, desto leichter findet man den Punkt, an dem eine Einigung zu beidseitigem Vorteil möglich ist.

> Versuchen Sie nicht, die Verhandlung zu gewinnen und nur mit Ihren eigenen Argumenten zu arbeiten, sondern fragen Sie sich stets, was Ihr Verhandlungspartner möchte und zeigen Sie ihm Wege auf, diese Bedürfnisse zu erfüllen. Helfen Sie ihm, seine Bedürfnisse zu befriedigen, und seine Probleme zu lösen.

Welche Emotionen und Bedürfnisse spielen im Rahmen von Verhandlungen nun eine zentrale Rolle? Intensiv mit diesem Thema haben sich die beiden Autoren *Roger Fisher* und *Daniel Shapiro* beschäftigt. In ihrem Buch *„Beyond Reason"* (Jenseits der Vernunft) analysieren die beiden Harvard-Wissenschaftler die Rolle von Emotionen in Verhandlungen und identifizieren fünf Grundbedürfnisse als Triebfeder menschlichen Handelns. Werden diese Grundbedürfnisse verletzt, entstehen automatisch negative Emotionen, welche dann wiederum dazu führen, dass die Beteiligten nicht mehr rational sondern überwiegend emotional und damit unbewusst reagieren. Diese fünf Grundbedürfnisse sind:

- *Wunsch nach Wertschätzung*
  Jeder Mensch möchte für das, was er tut, Anerkennung erfahren. Die Achtung durch andere erhöht die Selbstachtung.
- *Wunsch nach Zugehörigkeit*
  Vergleichbar dem Wunsch nach Wertschätzung ist auch der Wunsch nach Zugehörigkeit ein Grundbedürfnis. Jeder Mensch möchte Teil des Ganzen sein. Ausgrenzungen erleben Menschen als schmerzhaft. Gerade

die Zugehörigkeit zu einer Gruppe ist ein wichtiges Motiv dass alle Menschen – bewusst oder unbewusst – verfolgen.

- *Wunsch nach Eigenständigkeit*
  Das dritte Grundbedürfnis ist das Bedürfnis nach Eigenständigkeit. Als Menschen wollen wir selbst Entscheidungen treffen dürfen. Wir fühlen uns in unserer Autonomie eingeschränkt, wenn andere über unseren Kopf hinweg für uns Entscheidungen treffen, ohne uns einzubeziehen.
- *Wunsch nach Anerkennung des Status*
  Das vierte Grundbedürfnis ist das nach Anerkennung des Status. Wir leben in Gesellschaften, welche hierarchisch strukturiert sind. Der Mensch fühlt sich verletzt, wenn seinem Status nicht genügend Anerkennung entgegengebracht wird.
- *Wunsch nach Anerkennung der Rollen*
  Das letzte Grundbedürfnis ist das nach Anerkennung der verschiedenen Rollen, die man innehat, zum Beispiel die Rolle als pflichtbewusste Mitarbeiter, kundenorientierter Dienstleister oder aufmerksamer Lebenspartner.

Beispiel

Stellen Sie sich vor, einer Ihrer Mitarbeiter fordert von Ihnen eine Gehaltserhöhung von 10 %. Nun liegt es an Ihnen, die hinter dieser Position zu Grunde liegenden Motive Ihres Mitarbeiters zu analysieren. Versetzen Sie sich dazu gedanklich in die Lage Ihres Mitarbeiters. Ist er bei einer Beförderung eventuell übergangen worden? Wird ihm zu wenig Verantwortung übertragen? Braucht er zusätzliches Geld, weil er zum Beispiel gerade umgezogen ist? Jedes dieser Motive können Sie auf unterschiedliche Weise befriedigen. Braucht der Mitarbeiter zum Beispiel mehr Geld für die Krankenversicherung seiner Kinder, kann das Anbieten einer firmeninternen Versicherung sein Motiv ebenso befriedigen wie eine Gehaltserhöhung. Wenn Ihr Mitarbeiter eine Gehaltserhöhung fordert, weil er diese als Anerkennung für seine Arbeit sieht, dann wären sichtbare Zeichen der Anerkennung wie zum Beispiel ein Büro oder ein Dienstwagen unter Umständen besser geeignet. Vielleicht setzt der Mitarbeiter auch eine Gehaltserhöhung mit dem Vertrauen in seine Person gleich. Dieses Vertrauen können Sie ihm auch dadurch zeigen, indem Sie ihm mehr Verantwortung übertragen und ihm so die Möglichkeit zur Selbstverwirklichung im Unternehmen geben. Sie sehen, dass die gleiche Ausgangslage unterschiedlichen Reaktionen in Abhängigkeit der hinter der Position stehenden Interessen bzw. Motive bedingt.

Mit einer optimalen Vorbereitung, aufmerksamer Beobachtung und geschickten Fragen vor und während der Verhandlung werden diese Bedürfnisse und Motive ermittelt.

Analysieren und berücksichtigen Sie die Motive und Interessen hinter den Positionen Ihrer Verhandlungspartner und gehen Sie dadurch von einer rein distributiven zu einer gegenseitig vorteilhaften sachgerechten Verhandlung über.

Der persönliche Stil: Erkennen Sie sich und andere

Beim Verhandeln begehen viele den Fehler, ihrem Gegenüber die gleichen oder doch sehr ähnliche Verhaltensmuster und Motive zu unterstellen, wie sie sie von sich selber her kennen. Wenn Sie erfolgreich verhandeln wollen, müssen Sie Ihre Argumentation – wie aufgezeigt – auf Ihren Verhandlungspartner ausrichten. Hierfür müssen Sie Ihren Verhandlungspartner und seine Bedürfnisse, Motive und Interessen verstehen und sich in seine Situation hineinversetzen.

Ein sehr gutes Instrument, um sich selber und Ihren Verhandlungspartner besser zu verstehen, ist eine sogenannte *Persönlichkeitsprofilanalyse*, häufig auch *Persönlichkeitstest* genannt.

Es ist wichtig zu betonen, dass derartige Analysen keine Tests im eigentlichen Sinne darstellen, denn das würde voraussetzen, dass ein bestimmtes Verhalten entweder gut oder schlecht, richtig oder falsch ist. Dem ist aber nicht so: Es hängt von der jeweiligen Situation und vom Kontext ab, ob sich eine Eigenschaft als förderlich oder hinderlich erweist. Außerdem sollten Sie bedenken, dass alle Typisierungen von Menschen immer nur grobe Vereinfachungen sein können. Der Mensch ist ein viel zu komplexes Wesen, um ihn in Schablonen zu pressen und so sein Verhalten vorhersagbar machen zu können. Es besteht immer die Gefahr, dass Sie sich zu sehr auf das Einschätzen, das Rastern des Kunden konzentrieren und dabei nicht mehr authentisch wirken im Bemühen, seine emotionalen oder rationalen Erwartungen zu erfüllen. Dennoch sind Persönlichkeitsanalysen ein empfehlenswertes Werkzeug zur Unterstützung Ihrer eigenen Persönlichkeitsentwicklung und als Anreiz, sich überhaupt mit den verschiedensten Ausprägungen menschlichen Verhaltens in Verhandlungen zu beschäftigen und sich darauf einzustellen. Sich selbst zu kennen bedeutet aber nicht einfach, in sich hineinzuschauen. Für ausgezeichnete Verhandler bedeutet es, auch die eigene Wirkung auf andere einschätzen zu können. Diese

Kenntnisse sind wichtig für eine wirkungsvolle und nachhaltige Einflussnahme und Verhandlungsführung.

Aus der Vielzahl von Systemen zur Bestimmung Ihres Stils und Ihrer Wirkung auf Menschen wird im Folgenden mit dem *Meyers-Briggs-Typenindikator (MBTI)* das weltweit bekannteste und am weitesten verbreitete Modell vorgestellt: Der MBTI liefert eine Reihe von spezifischen Typencharakterisierungen. Mit ausgefeilten Testmethoden lässt sich ermitteln, zu welchem Typ Sie gehören.

Der Begründer der analytischen Psychologie, *Carl Gustav Jung* (1875-1961), bemerkte bei seiner täglichen Arbeit mit Patienten, dass der Umgang einiger Menschen mit der Welt schlicht anders war als sein eigener. Er notierte diese Beobachtungen und deren charakteristische Merkmale, benannte sie und machte sich die Kenntnis der Temperamenteinschätzung für seine Arbeit zunutze. Grundlegend für das Modell ist die Einschätzung des Temperaments in vier Funktionen – Denken/Fühlen und Sensorik/Intuition –, welche jeweils mit den Attributen introvertiert/extrovertiert und rational/irrational belegt werden. Dadurch entstehen acht Dimensionen. Die MBTI-Notation löst die Attribute von den Funktionen und erstellt daraus die Dimensionen I/E, N/S, F/T, J/P, welche jeweils die dominierende Richtung kennzeichnen:

- *I/E – Introversion/Extraversion*
  Dies beschreibt die Motivation zur Sinneserfahrung. Diese Unterscheidung ist weit geläufig. Ein nach außen orientierter Mensch ist kontaktfreudiger und handlungsbereiter, ein innenorientierter eher konzentrierter. Man spricht in diesem Zusammenhang auch von der Tendenz zur Weite (E) bis Tiefe (I) der Sinneserfahrung.

- *N/S – Intuition/Sensing*
  Dies beschreibt die Verarbeitung der jeweiligen Sinneseindrücke; der sensorische Geist gewichtet die unmittelbaren Eindrücke am höchsten, der intuitive Geist verlässt sich stärker auf seinen „sechsten Sinn", also auf seine Eingebungen und Vermutungen. Der sensorische Geist ist eher detailorientiert und gewandter im exakten verarbeiten von konkreten Informationen sowie im Einschätzen der Realität. Demgegenüber achtet der intuitive Geist eher auf das Ganze und ist gewandter im Erkennen von Gesetzmäßigkeiten, Relationen und Möglichkeiten.

- *F/T – Feeling/Thinking*
  Dies beschreibt die Art und Weise, wie Entscheidungen getroffen werden. Der Denker (Thinking) betrachtet die ihm vorliegenden Informationen eher von einem rationalen Standpunkt aus und versucht, mittels Logik zu objektiven Erkenntnissen und Entscheidungen zu gelangen. Da er die Klarheit liebt, kategorisiert er die Sinneseindrücke sehr stark. Der Füh-

lende (Feeling) stellt seine Emotionen in den Mittelpunkt. Er urteilt subjektiv nach seinen Gefühlen und berücksichtigt dabei vorwiegend Werte, Ideale oder zwischenmenschliche Aspekte.

- *J/P – Judging/Perceiving*
Dies beschreibt die Sicherheit, mit der man Entscheidungen trifft und zu ihnen steht. Entweder man ist eher offen für neue Eindrücke und zeigt sich bereit, seine Entscheidungen und Pläne zugunsten neuerer Informationen zu überdenken. Dies bedeutet gleichermaßen, dass man spontan handelt und sich flexibler unregelmäßigen Umständen anpassen kann (Perceiving). Im Gegensatz dazu steht die Entschiedenheit. Der Urteilende (Judging) entscheidet bereits, bevor ihm alle Informationen vorliegen, und hält an einmal getroffenen Entscheidungen und eingeschlagenen Wegen – mitunter auch unter widrigen Umständen – fest. Er handelt bevorzugt systematisch und planmäßig. Falls erforderlich, werden Pläne angepasst, jedoch werden diese ungern vollkommen verworfen. Der Urteilende hat außerdem eine stärkere Neigung zum Dominieren und Kontrollieren in Verhandlungssituation. Er zeigt im Handeln weniger Spontanität, dafür jedoch mehr Disziplin und Konsistenz.

Theoretisch ergeben sich durch Kombination insgesamt 16 Persönlichkeitstypen. Da dies jedoch schnell unübersichtlich wird, ist es ratsam, sich auf die sogenannten Kerntypen zu konzentrieren. Diese ergeben sich aus der Kombination der Ausprägungen der beiden mittleren Dimensionen Intuition/Sensing (N/S) und Feeling/Thinking (F/T): SF, ST, NF und NT. Diese Dimensionen beschreiben, wie ein Mensch Informationen aufnimmt und daraufhin Entscheidungen fällt. Einen Überblick über die Kategorien gibt die nachstehende Abbildung (vgl. Abbildung 4).

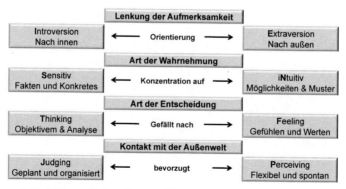

Abbildung 4: Der Meyers-Briggs-Typenindikator (MBTI)

Im Internet gibt es zahlreiche Seiten, auf welchen Sie einen derartigen Persönlichkeitstest kostenfrei durchführen können. Obgleich es für Sie persönlich sehr empfehlenswert ist, einen derartigen Test zu absolvieren, können Sie natürlich nicht jeden, mit dem Sie verhandeln, einem derartigen Test unterziehen. Sie sollten aber zukünftig überlegen, welchem grundlegenden Typus Ihre Verhandlungspartner zuzuordnen sind, um Ihr Gegenüber und seine Motivlage besser einordnen und zielorientierter beeinflussen zu können. Hierbei kommt es auf folgende Überlegungen an:

- Wie denkt und verhält sich die Person, auf die Sie Einfluss nehmen wollen?
- Wie denken und verhalten Sie sich hinsichtlich derselben Kriterien?
- Was müssen Sie tun, damit Ihre Interaktion erfolgreich verläuft?

Mit dem sogenannten *Stilkompass* lässt sich einfach und schnell einschätzen, auf welche Weise Sie am besten auf eine Person Einfluss nehmen können. Denken Sie an eine Person, welche Sie gerne beeinflussen möchten, und versuchen Sie, deren Eigenschaften in den Kompass einzuzeichnen, wie beispielhaft in Abbildung 5 gezeigt (vgl. Abbildung 5).

Die Anwendung des MBTI und des Stilkompasses sollen im Folgenden kurz an einem Beispiel dargestellt werden.

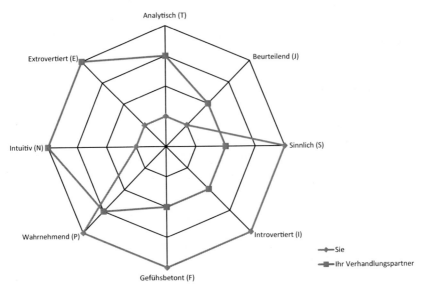

Abbildung 5: Der Stilkompass

Beispiel

Stellen Sie sich vor, Sie verhandeln mit einem potenziellen Kunden. Jeder Verhandlungspartner hat seinen eigenen Stil, welchen Sie sich bewusst machen sollten. Für Sie als ausgezeichneten Verhandler ergeben sich in Abhängigkeit des Persönlichkeitstyps Ihres Verhandlungspartners die folgenden Konstellationen und Implikationen:

- *Ihr Verhandlungspartner ist ST*
  Auf hochfliegende Ideen und Konzepte reagiert dieser Typ eher abweisend. Dies ist ihm zu wenig konkret. Achten Sie deshalb bei Erklärungen, Antworten, Präsentationen und Reports auf Vollständigkeit. Ihr Gegenüber ist an Details interessiert. Nutzen Sie zum Verkauf Ihrer Konzepte für Ihre Argumentation Aspekte wie „realistisch", „machbar", „vernünftig". Ihre Argumente werden von Ihrem Verhandlungspartner zumeist hinterfragt und er neigt dazu, Angaben zu quantifizieren. Dieser Typ ist offen für rationale Argumente und ruhiges sowie bedächtiges Vorgehen. Einmal getroffene Entscheidungen trägt er mit. Er schätzt eine nüchterne Verhandlungsführung und eine analytische Herangehensweise. Stellen Sie im Rahmen der Verhandlungen stets die Logik Ihrer Ausführungen in den Vordergrund und gehen Sie streng methodisch vor.
- *Ihr Verhandlungspartner ist SF*
  Auch bei dem SF-Typen spielt das Machbare und die Erfahrung eine große Rolle. SF-Verhandlungspartner sind an Harmonie interessiert. Vermeiden Sie daher alles, was für Sie dynamisches Vorgehen ist, er aber für Konfrontation hält. Argumentieren Sie daher vorwiegend emotional.
- *Ihr Verhandlungspartner ist NT*
  Diesem Typus sollten Sie im Gegensatz zum ST-Verhandlungspartner nicht mit zu vielen Detailinformationen kommen. Ihm genügen die großen Zusammenhänge. Er hat das Bedürfnis, den Überblick zu behalten. Wenn Sie etwas durchsetzen wollen, zeigen Sie auf, wie hierdurch bestimmte Prozesse steuerbar werden. Stellen Sie Ihre Kompetenz unter Beweis und bestätigen Sie die seine. Achten Sie im Rahmen Ihrer Argumentation auf eine logische Verknüpfung und benutzen Sie Ausdrücke wie „intelligente Lösung", „logische Schlussfolgerung" und „neuartiger Ansatz".
- *Ihr Verhandlungspartner ist NF*
  Auch bei dem NF-Typus müssen Sie sich in Ihrer Darstellung auf das Wesentliche konzentrieren. Zeigen Sie Ihrem Gegenüber die Zusammenhänge auf. Ein NF-Verhandlungspartner ist begeisterungsfähig für neue Ideen und Innovationen. Er schätzt kreative Lösungen und setzt sich aktiv mit

neuen Vorschlägen auseinander. Er lässt sich weniger von Sachzwängen be-
eindrucken und geht offen auf neue Verhandlungspartner zu. Dieser Typus
hat Schwierigkeiten mit Routineaufgaben und Standardlösungen und trifft
Entscheidungen oft aus dem Bauch heraus. Um ihn zu gewinnen, müssen
Sie neue Ideen und Anforderungen als Herausforderungen verkaufen. Da
diesem Typus die Harmonie sehr wichtig ist, starten Sie in Ihrer Argumentation am besten bei vorhandenen Gemeinsamkeiten.

Obgleich eine derartige Typisierung von Verhandlungspartnern – wie weiter
oben bereits betont – nur eine grobe Vereinfachung darstellt, haben Sie mit
dem MBTI sowie dem Stilkompass zwei mächtige Werkzeuge in der Hand: Sie
helfen Ihnen dabei, Einteilungen strukturiert vorzunehmen und erlauben es,
die bevorzugte Vorgehensweise des jeweiligen Verhandlungspartners schneller
und besser zu beurteilen und Ihre Argumentation adäquater sowie zielgrup-
penorientierter auszurichten.

> Benutzen Sie den Meyers-Briggs-Typenindikator (MBTI) zusammen mit
> dem Stilkompass als Richtschnur, um sich auf Verhandlungen einzustim-
> men, Argumente individuell und adäquat auf die entsprechenden Interes-
> sengruppen zuzuschneiden und um möglichen Einwänden effektiver be-
> gegnen zu können.

Ein weiteres empfehlenswertes Modell, welches sich in den letzten Jahren
wachsender Beliebtheit erfreut, ist das *Spiral Dynamics Modell*. Basierend auf
den Forschungen des amerikanischen Psychologie-Professors *Clare W. Gra-*
ves (1914-1986) wurde es von den US-amerikanischen Management-Beratern
Don Beck und *Chris Cowan* entwickelt. Im Gegensatz zu den anderen Modellen
handelt es sich hier nicht um eine Typologie sondern um ein Entwicklungs-
modell, in dem es vor allem darum geht zu erkennen, wo Menschen in ihrer
Bewusstseins-Entwicklung stehen und was die Werte sind, welche ihr Denken
und Handeln maßgeblich, oft auch automatisch und unbewusst, bestimmen.
Diese Kenntnis kann Ihnen helfen, Ihren Verhandlungspartner besser zu verstehen, sich besser in ihn hineinzuversetzen und dementsprechend besser mit
ihm kommunizieren und verhandeln zu können.

Bei genauer Betrachtungsweise dieses Modells fallen Ihnen sicherlich Parallelen zur Bedürfnis-Pyramide von *Maslow* auf (vgl. Kapitel 6). Das ist nicht
weiter verwunderlich, da *Graves* im engen Kontakt und kollegialem Austausch
mit ihm stand. *Graves'* Studien zur Bedürfnispyramide von *Maslow* bestätigten

diese jedoch nur zum Teil und waren Anlass für *Graves*, die Unstimmigkeiten weiter zu erforschen. Graves war der Meinung, dass die menschliche Entwicklung kontinuierlich und nie beendet sei. In der Originaltheorie benutzte *Graves* ein Doppelhelix-Modell, um die Wechselbeziehungen zwischen dem individuellen Erkenntnisvermögen bezüglich der Lebensbedingungen und dem für diese Ebene der psychischen Existenz bestimmenden gedanklichen Werte-Systeme der Individuen zu zeigen.

Beck und *Cowan* – beides Schüler von Graves – entwickelten daraus ein Werte-Modell der biologischen, sozialen und psychologischen Evolution, das heute unter dem Begriff *Spiral Dynamics* bekannt ist. Die Doppelhelix für die zwei interagierenden Kräfte ist dabei ebenfalls wie bei *Graves* als Spirale dargestellt (vgl. Abbildung 6).

9   KORALLE: noch neue unbekannte Ebene
    taucht erst langsam auf

8   TÜRKIS: globale, integrale, holistische Sichtweise
    Aufmerksamkeit für die Dynamik der gesamten Erde und
    Handeln auf Makroebene

7   GELB: Flexibilität und wechselndes Fließen
    Flexible Anpassung an Veränderungen mittels vernetzter,
    umfassender Perspektiven

6   GRÜN: Beziehungen
    Wohlbefinden und Konsensbildung haben oberste Priorität,
    Erforschung des eigenen Inneren

5   ORANGE: Erfolgsstreben
    Möglichkeiten erfassen, um das eigene Leben zu verbessern

4   BLAU: richtig/falsch
    absoluter Glaube an einen richtigen Weg, Gehorsam
    gegenüber Autorität. Ordnung schaffen

3   ROT: machtvolle Götter
    Macht über sich selbst, andere und die Natur mittels
    ausbeuterischer Unabhängigkeit

2   PURPUR: Ahnengeister
    Stammesordnung und Mystizismus in einer magischen,
    beängstigenden Welt

1   BEIGE: Überlebenswille
    Mit Hilfe der angeborenen Sinnesausstattung am Leben
    bleiben

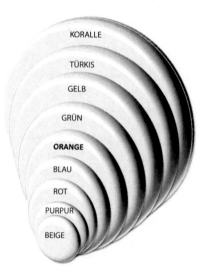

Quelle: in Anlehnung an Beck und Cowan, 2008

Abbildung 6: Die Macht der Einstellung

Das Modell von *Beck* und *Cowan* war ursprünglich für ein Manager-Publikum konzipiert, fand aber wegen der griffigen Beschreibung von Kultur und Psyche des Menschen auch viele andere Anhänger.

Spiral Dynamics stellt die Entwicklung von Individuen und Gruppen als eine Art evolutionäres Stufenmodell dar, wobei die höheren Stufen alle vorangegangen niedrigeren Stufen beinhalten. Höher heißt nicht notwendigerweise besser, aber in jedem Fall komplexer. Das Modell basiert auf der Annahme, dass der Mensch über eine komplexe, anpassungsfähige und kontextabhängige Intelligenz verfügt. Die menschliche Entwicklung läuft nach diesem Modell über neun Stufen, die sich auf Persönlichkeit, Gesellschaft und Organisationen beziehen. Die Stufen zeigen Wertesysteme und Bewusstheitszustände. Die Spirale ist nach oben hin offen und zeigt somit die stetige Weiterentwicklung des Wertesystems und der Bewusstseinsentwicklung an. Zentraler Gedanke ist, dass jeder Mensch, jede Gruppe, jede Organisation oder Gesellschaft alle Stufen nacheinander durchläuft und nur schwerlich eine Stufe übergangen werden kann.

Der Einfachheit halber haben *Beck* und *Cowan* für ihr Modell einen Farbcode eingeführt, welcher für jede Bewusstseinsebene eine eigene, für die Ebene typische Farbe vorsieht – diese werden auch *Mem-Ebenen* genannt. Als *Mem* wird das kulturelle Pendant zum biologischen Gen bezeichnet – es bezeichnet einen bestimmten Bewusstseinsinhalt (z. B. einen Gedanken), der durch Kommunikation weitergegeben wird und sich damit vervielfältigt. Jede Stufe ist geprägt von den *Memen*, also zentralen Gedanken und Ideen. Dieses Modell bietet somit die Möglichkeit, alle vorangegangenen Stufen in sich zu integrieren und so Bewusstsein, Persönlichkeit sowie Kommunikationsfähigkeiten weiterzuentwickeln. Die Grundidee ist, dass bestimmte Lebensumstände spezifische Lösungen benötigen und diese Lösungen zu neuen Problemen führen, welche wieder auf der nächsthöheren Stufe gelöst werden können. Eine Entwicklungsstufe besteht demnach aus bestimmten Lebensumständen und dem Weltmodell bzw. den entsprechenden Wertvorstellungen.

An dieser Stelle fragen Sie vielleicht, warum dieses Konzept als eines der „Geheimnisse erfolgreicher Verhandlungsführung" in diesem Ratgeber genannt wird. Die Antwort ist relativ einfach: Je nachdem auf welcher Stufe ein Mensch steht, ist er durch sein Umfeld von Denkmustern geprägt, präferiert verschiedene Werte und handelt entsprechend. Dementsprechend kann es sein, dass man in Beziehungen, beruflich wie privat, oftmals das Gefühl hat, aneinander vorbeigeredet zu haben, weil die ureigenen Werte, Motivationen und Bedürfnisse nicht deckungsgleich sind und somit oft schwerlich vom Gesprächspartner verstanden oder akzeptiert werden können.

Beispiel

Stellen Sie sich eine Einkaufsverhandlung vor, in welcher über den Preis für bestimmte Abnahmemengen von diversen Rohstoffen verhandelt wird. Ein Verhandlungspartner, mit Schwerpunkt auf dem orangefarbenen Level schätzt Leistung und Karriereorientierung. Es mag sein, dass Profitmaximierung eine Quelle persönlicher Befriedigung darstellt und dass er dabei die

Werte eines „blauen" Verhandlungspartners, wie zum Beispiel standardisierte Vorgehensweisen und das unbedingte Einhalten von Regeln, nicht immer für maßgeblich erachtet. Auch ist sein Sicherheitsbedürfnis in Bezug auf finanzielle Überlegungen unter Umständen bereits befriedigt, so dass er eher bereit ist, Risiken einzugehen. Sein „blauer" Gesprächspartner wiederum kann diese Sichtweise unter Umständen als arrogant und übersteigert interpretieren.

In einer Verhandlung kann hieraus ein entsprechendes Konfliktpotenzial entstehen, da jede Stufe von sich meint, dass sie die maßgebliche ist und auch nicht unbedingt um die Existenz der anderen Stufen des *Spiral Dynamics Modells* weiß.

Ist an der Preisverhandlung noch ein weiterer Partner beteiligt, der in der Diskussion eher Werte der grünen Ebene vertritt, wird dieser ebenfalls eine eher geringe Motivation in einer ausschließlich auf Gewinnmaximierung ausgerichteten Preisverhandlung finden, sondern eher dafür aus sein, andere Werte wie die Nachhaltigkeit der Geschäftsbeziehung in den Vordergrund zu stellen. Dieser Verhandlungspartner ist eher beziehungsorientiert – es ist ihm wichtig, dass der einzelne Mensch nicht zu kurz kommt.

Dieses Beispiel zeigt anschaulich, dass in Verhandlungen die Wertentscheidungen aller Beteiligten eine elementare Rolle spielen.

Vor diesem Hintergrund kann das Modell helfen, Sie dafür zu sensibilisieren, nicht nur die Bedürfnisse und Motive Ihrer Verhandlungspartner (vgl. Kapitel 5 und 6) herauszufinden sondern sich auch der zugrundeliegenden Wertvorstellungen bewusst zu sein.

Im Rahmen einer sogenannten *integralen Kommunikation* sollten Sie in Verhandlungen Ihre Kommunikation dahingehend ausrichten, dass sie dem Persönlichkeitstyp, dem Zustand und der Ebene entspricht, auf der sich der Empfänger der Botschaft vorrangig bewegt, um effektiver und effizienter mit ihm kommunizieren zu können.

In der Praxis wurde dieses Modell häufig erfolgreich angewandt, u. a. auch im Rahmen der politischen Entscheidungsfindung. So beriet *Don Beck* auf dieser Grundlage *Bill Clinton*, *Tony Blair* und *Nelson Mandela* (1918-2013) und setzte das Modell erfolgreich zur Unterstützung des Übergangs zu einer Post-Apartheid-Ära in Südafrika ein. Er erhielt dafür eine Auszeichnung vom Staat Texas.

Die optimale Atmosphäre schaffen

Erfolgreiche Verhandlungsführer erachten den richtigen Rahmen für eine Verhandlung als außerordentlich wichtigen Faktor: „Je besser die Stimmung, desto besser die Zustimmung", sagt ein alter Verhandlungsgrundsatz. Sorgen Sie dafür, dass sich Ihr Verhandlungspartner wohl fühlt. Je angenehmer die Gesprächsatmosphäre, je besser die Stimmung Ihres Gesprächspartners, desto eher können Sie positive Ergebnisse erwarten.

Folgende Rahmenbedingungen können Sie (eventuell) positiv beeinflussen:

- den Verhandlungsort,
- den Verhandlungstermin und die Verhandlungsdauer,
- die Zusammensetzung der Teilnehmer,
- die Tagesordnung.

Einfluss der Umgebung/Raumgestaltung. Was den Ort des Gespräches betrifft, so kann dieses im Büro Ihres Verhandlungspartners, in Ihrem Büro oder an einem „neutralen Ort" stattfinden. Am wohlsten fühlt sich Ihr Gesprächspartner natürlich in seinem eigenen Büro. Hier genießt er einen psychologischen „Heimvorteil". Umgekehrt gilt dies natürlich gleichermaßen. Wenn Sie Ihren Verhandlungspartner zu sich einladen, bedeutet dies, dass er sich aus seinem gewohnten Umfeld heraus in ein fremdes Gebiet bewegen muss. Hier fühlt sich Ihr Verhandlungspartner naturgemäß nicht so wohl. Sie können aber einiges tun, um diesen Effekt zu reduzieren:

- Sorgen Sie stets dafür, dass Ihr Gespräch nicht durch Anrufe oder sonstige Unterbrechungen gestört wird. Stellen Sie Ihr Telefon aus bzw. um. Obgleich dies vielleicht selbstverständlich anmutet, wird allzu häufig gegen diesen Akt der Höflichkeit verstoßen. Während einer Verhandlung eine SMS zu lesen oder gar zu telefonieren, gleich wie kurz auch immer, kommt einer Missachtung Ihres Verhandlungspartners gleich. Dies betont auch der erfahrene Verhandlungsprofi *Heinz Schelwat*, Gesellschafter und Geschäftsführer von Sea & Sun Technology GmbH, einem weltweit im Bereich der Meeres-, Energie- und Umwelttechnik tätigen Unternehmen: Bei jedem Verhandlungstermin, so der Top-Manager, verdient Ihr Gesprächspartner die volle Aufmerksamkeit, was bedeutet, dass das Telefon immer ausgeschaltet bleibt.
- Setzen Sie sich an einem Besprechungstisch, sofern Ihr Büro über einen solchen verfügt. Damit signalisieren Sie symbolisch Ihrem Gesprächspartner eine Art Gleichberechtigung. Wenn Sie hingegen an Ihrem

Schreibtisch sitzen bleiben und dem anderen nur einen Besucherstuhl anbieten, wird er das bewusst oder unbewusst als Herabstufung seiner Person auffassen. Achten Sie darauf, dass Sie unbedingt auf der gleichen Sitzhöhe sitzen wie Ihr Verhandlungspartner. Weichen Sie gegebenenfalls in einen separaten Besprechungsraum aus.

• Wenn Sie einen separaten Besprechungsraum in Ihrem Haus für die Verhandlung wählen, sollte dieser ausreichend hell sein, über bequeme Sitzgelegenheiten ab Stellflächen Besprechungsunterlagen sowie Getränke usw. verfügen. Achten Sie darauf, dass die Sitzgelegenheiten alle gleich komfortabel sind und sich keiner benachteiligt fühlt. Sind Sie bei der Verhandlung nur zu zweit, setzen Sie sich möglichst so, dass Ihr Verhandlungspartner rechts oder links von Ihnen über Eck sitzt, nicht Ihnen unmittelbar gegenüber, da dies unbewusst als Konfrontation verstanden werden könnte. Sie sollten sich schräg zugewandt sein, da dies eine günstige Ausgangsposition schafft. Wichtig ist, dass Sie in der Verhandlung neben Ihrem engsten Vertrauten, also beispielsweise Ihrem Assistenten, sitzen, damit Sie Notizen, Berechnungen und Unterlagen bei Bedarf austauschen können. So können auch zuvor abgesprochene Signale rasch erfasst werden. Schließlich sollten die Sitzplätze so ausgerichtet sein, dass niemand geblendet wird und jeder freie Sicht auf Flipcharts und ähnliche Mittel der Präsentation hat. Außerdem wäre es denkbar, dass sich Ihr Verhandlungspartner für eine kurze interne Beratung zurückziehen möchte. Ein zweites Besprechungszimmer sollte demzufolge in der Nähe sein.

Verhandlungstermin und Verhandlungsdauer. Setzen Sie den Termin der Verhandlung so an, dass alle Beteiligten frei von jedem äußeren Zeitdruck und ausgeruht sind. Ein bewährter Weg ist, allen Beteiligten zwei oder drei Termine zur Auswahl zu stellen und dann denjenigen zu wählen, der für die meisten (und vor allem für die wichtigsten) Verhandlungspartner ideal ist. Ein Gespräch ist inhaltlich immer gefährdet, wenn eine Person zeitlich unter Druck steht.

Mit dem Termin alleine ist es allerdings noch nicht getan. Auch die Dauer der Verhandlung verdient Beachtung. Im Rahmen der schriftlichen Einladung sollten Sie Beginn und Ende der Verhandlung, eventuell auch eine Tagesordnung, gleich festlegen. Insbesondere bei komplizierten Verhandlungen sollten Sie auch ausreichend Zeit für Pausen lassen. Planen Sie Zeiten für ein gemeinsames Frühstück, Mittagessen oder Ähnliches mit ein. In einer angenehmen Atmosphäre und höflichem Miteinander hat sich in der Praxis schon manches

Problem geklärt, welches in einer schlechten Verhandlungsatmosphäre nur schwer zu lösen gewesen wäre. Außerdem lernen Sie in dieser ungezwungenen Atmosphäre Ihren Verhandlungspartner besser kennen und einschätzen.

Zusammensetzung der Teilnehmer. Bei der Auswahl der Teilnehmer sollten Sie natürlich vor allem den oder die Entscheidungsträger einladen. Beachten Sie, dass Sie mit der Einladung bereits die Verhandlung steuern können. Wenn Sie Vorgesetzte Ihres Verhandlungspartners einladen, kann dies durchaus von Vorteil sein. Andererseits kann die Verhandlung auch scheitern, wenn Sie jemanden nicht einladen: Manche Führungskräfte sind sehr empfindlich, wenn sie das Gefühl haben, übergangen worden zu sein. Beantworten Sie daher die folgenden Fragen:

- Wer entscheidet über...?
- Wer kann verbindlich entscheiden?
- Inwieweit ist die Entscheidung bindend für...?

Die Tagesordnung. Wie bereits oben erwähnt sollten Sie in der Einladung alle vorgesehenen Tagesordnungspunkte aufzählen. Idealerweise geben Sie für jeden Tagesordnungspunkt gleich einen Zeitrahmen vor. Weisen Sie Ihren Verhandlungspartner im Vorhinein darauf hin, wenn er bestimmte Punkte besonders vorbereiten soll. Weisen Sie Ihren Verhandlungspartner ausdrücklich darauf hin, dass sie für Änderungs- und Ergänzungsvorschläge seinerseits jederzeit dankbar sind. Erkundigen Sie sich einige Tage vor dem Verhandlungstermin bei Ihrem Verhandlungspartner, ob dieser noch Nachträge und Änderungsvorschläge zu Tagesordnung hat. Fragen Sie bei dieser Gelegenheit nach, ob sonst alles in Ordnung ist oder ob noch Fragen offen sind. Schließlich sollten Sie im Vorfeld der Verhandlungen bereits sicherstellen, dass während der Verhandlung auch ein Protokoll angefertigt wird, welches die Ergebnisse der einzelnen Tagesordnungspunkte zusammenfasst.

> Investieren Sie ausreichend Zeit, um eine optimale Atmosphäre zu schaffen, indem Sie durch eine adäquate Vorbereitung der zentralen Rahmenbedingungen (Verhandlungsort, Verhandlungstermin, Verhandlungsdauer, Zusammensetzung der Teilnehmer und Tagesordnung) den Ablauf der Verhandlung positiv beeinflussen.

Tipps für Ihren Erfolg

- Wählen Sie Ort, Raum und Sitzordnung mit Bedacht.
- Wählen Sie einen Zeitpunkt/-raum, der für beide Seiten günstig ist.
- Seien Sie konsequent, wenn es darum geht, die richtigen Personen an den Verhandlungstisch zu holen.
- Vermeiden Sie stets spontane Verhandlungen ohne ausreichende Vorbereitung.
- Erstellen Sie eine überzeugende Tagesordnung und stimmen Sie diese möglichst vorher ab.
- Beziehen Sie in die Tagesordnung sowohl Ihre als auch die Belange Ihres Verhandlungspartners sichtbar ein.
- Stellen Sie sicher, dass Protokoll geführt und ein Ergebnisprotokoll abgestimmt wird.

Das Wichtigste in Kürze

- Die Vorbereitung ist beim Verhandlungsgespräch das A und O. Durch eine adäquate Vorbereitung können Sie nicht zufällig, sondern sehr gezielt viel erfolgreicher werden und bessere Ergebnisse erzielen.
- Das Modell der SMARTen Ziele unterstützt den Verhandelnden wirkungsvoll bei der Formulierung eines klaren, realistischen und ehrgeizigen Ziels. Achten Sie darauf, dass Ihre Ziele stets SMART sind: spezifisch, messbar, anspruchsvoll, realistisch und terminiert.
- Definieren Sie für jeden einzelnen Verhandlungsaspekt drei unterschiedliche Ziele: Ihr optimales Ergebnis (Nice-to-have, Idealziel), Ihr realistisches Ergebnis (Want-to-have, Kernziel) und Ihre Stopplinie (Must-have, Rückzugsziel).
- Trennen Sie in Verhandlungen stets die Person von der Sache. Verhandeln Sie effizient und sachgerecht, indem Sie das Problem formulieren und den Verhandlungspartner in die Problemlösung einbeziehen statt ihn als Person zu kritisieren.
- Sammeln Sie so frühzeitig so viele Informationen wie möglich über Ihren Verhandlungspartner, das Unternehmen und die beteiligten Entscheidungsträger.
- Personen mit Einfluss auf die Absprache einer Verhandlungslösung werden als Interessengruppen bzw. Stakeholder bezeichnet. Diese Personen sind für das Verhandlungsergebnis von großer Bedeutung, weil sie Verhandlungslösungen absichern, blockieren oder verhindern können.

- Legen Sie bei komplexen Verhandlungen Wert auf ein systematisches und strukturiertes Stakeholdermanagement, um alle Lösungsoptionen zu identifizieren, entsprechende Risiken zu antizipieren und somit erfolgreicher zu verhandeln.
- Versuchen Sie nicht, die Verhandlung zu gewinnen und nur mit Ihren eigenen Argumenten zu arbeiten, sondern fragen Sie sich stets, was Ihr Verhandlungspartner möchte und zeigen Sie ihm Wege auf, diese Bedürfnisse zu erfüllen. Helfen Sie ihm, seine Bedürfnisse zu befriedigen, und seine Probleme zu lösen.
- Analysieren und berücksichtigen Sie die Motive und Interessen hinter den Positionen Ihrer Verhandlungspartner und gehen Sie dadurch von einer rein distributiven zu einer gegenseitig vorteilhaften sachgerechten Verhandlung über.
- Benutzen Sie den Meyers-Briggs-Typenindikator (MBTI) zusammen mit dem Stilkompass als Richtschnur, um sich auf Verhandlungen einzustimmen, Argumente individuell und adäquat auf die entsprechenden Interessengruppen zuzuschneiden und um möglichen Einwänden effektiver begegnen zu können.
- Im Rahmen einer sogenannten integralen Kommunikation sollten Sie in Verhandlungen Ihre Kommunikation dahingehend ausrichten, dass sie dem Persönlichkeitstyp, dem Zustand und der Ebene entspricht, auf der sich der Empfänger der Botschaft vorrangig bewegt, um effektiver und effizienter mit ihm kommunizieren zu können.
- Investieren Sie ausreichend Zeit, um eine optimale Atmosphäre zu schaffen, indem Sie durch eine adäquate Vorbereitung der zentralen Rahmenbedingungen (Verhandlungsort, Verhandlungstermin, Verhandlungsdauer, Zusammensetzung der Teilnehmer und Tagesordnung) den Ablauf der Verhandlung positiv beeinflussen.

3. Gelangen Sie durch Eigenmotivation zur richtigen Einstellung

Die richtige Einstimmung und Einstellung

Kennen Sie das Gefühl, dass während der eigentlichen Verhandlung im Kopf viele Gedanken kreisen („Wird mein Gegenüber den Vorschlag akzeptieren?"), unangenehme Erinnerungen wach werden („Das letzte Mal wurden wir ganz schön in die Ecke getrieben!") oder dunkle Befürchtungen auftauchen („Wenn der Verhandlungspartner beim Wettbewerb anfragt, können wir gleich einpacken!")? Unter solchen Gedanken und Vorstellungen steht zumeist die Befürchtung, im eigentlichen Verhandlungsgespräch nicht gut genug zu sein. Sobald Sie sich aber gedanklich mit einem Scheitern befassen, reagiert Ihr Unterbewusstsein auf diese Überlegung. Das bedeutet, dass das Wort „Scheitern" fortan Ihr Denken und Handeln bestimmt: „…Denn an sich ist nichts weder gut noch böse, das Denken macht es erst dazu", lässt *William Shakespeare* (1564-1616) seinen Hamlet sagen (2. Aufzug, 2. Szene). Wahrscheinlich kennen Sie das Beispiel mit dem blauen Elefanten: Wenn Ihnen jemand verbietet, an einen kleinen blauen Elefanten beim Schlittschuhlaufen zu denken, dann sehen Sie gerade einen kleinen blauen Elefanten beim Schlittschuhlaufen vor sich.

Wir befinden uns noch immer in der Vorbereitungsphase, d. h., der Verhandlungspartner ist noch nicht in Sichtweite. In dieser Phase gilt es für Sie, mit dem richtigen Selbstverständnis Verhandlungsstress abzubauen. Die meisten Befürchtungen und Ängste in Bezug auf Verhandlungen und schwierige Gespräche sind irrational und können durch gezielte Eigenmotivation überwunden werden.

Beispiel

Stellen Sie sich vor, dass Sie über ein 20 Zentimeter breites und 5 Meter langes Brett laufen, welches vor Ihnen flach auf dem Boden liegt. Damit sollten Sie keine Schwierigkeiten haben. Jetzt nehmen Sie genau dasselbe 20 Zentimeter breite und 5 Meter lange Brett und überbrücken damit eine tiefe Felsschlucht. Laufen Sie da ebenfalls so kinderleicht von einem Ende zum anderen? Worin besteht der Unterschied? Wieso verhalten Sie sich jetzt vollkommen anders?

Das Wissen über die Höhe des Abgrundes im obigen Beispiel bringt Sie dazu, darüber nachzudenken, dass Sie von dem Brett herunterfallen könnten. Ein Aspekt, welcher keine Rolle spielt, solange es flach auf dem Boden liegt. Dieser Gedanke, dass Sie vom Brett fallen könnten, wird in Ihrem Kopf sofort bildhaft lebendig. Das Bild wird immer bedrohlicher. Selbst wenn Sie jetzt noch über das Brett gehen wollten, wird Sie die Idee von der übergroßen Gefahr unter normalen Umständen davon abhalten. Damit hat Ihr Glaube über Ihren Willen gesiegt. Jede Suggestion wirkt durch die Kraft der Bilder, welche Sie in Ihrem Kopf entstehen lässt. Je plastischer ein Bild vor Ihren Augen entsteht, desto stärker ist die suggestive Kraft. Das bedeutet: Nicht die Aufgabe an sich löst Angst in Ihnen aus, sondern einzig und allein die *Vorstellung* davon, was bei einem Scheitern alles geschehen könnte.

Zurück zur Angst und Befürchtungen beim Verhandlungsgespräch: Wodurch entstehen diese negativen Gefühle? Indem Sie sich in düsteren Bildern ausmalen, was alles Schreckliches passieren könnte. Je schlimmer die Vorstellungen und je bildhafter diese sind, desto größer die negativen Emotionen. Dies können Sie sich zu Nutze machen: Wenn Sie überzeugt sind, dass nichts passieren kann, verfliegen Befürchtungen. Mit der Einstellung, dass Sie die Verhandlung auf alle Fälle zu einem zufriedenstellenden Ergebnis bringen, gehen Sie anders an die Gesprächsführung heran als mit einer Einstellung wie „Mal sehen, ob das was wird". Wenn Sie sich stattdessen vornehmen, hoch konzentriert zu sein und ein zielorientiertes Gespräch zu führen, wird der Verhandlungspartner dies auch entsprechend spüren. Nutzen Sie die Kraft einer positiven Einstellung und versuchen Sie, stets die positiven Seiten Ihrer Situation zu entdecken, wie der eine Gefangene in dem von *Dale Carnegie* (1888-1955) zitierten Vers: „Zwei Gefangene sahen durchs Gitter in die Ferne. Der eine sah nur Schmutz, der andere die Sterne".

> Machen Sie Ihre Motivation, Glück und Zufriedenheit nicht von äußeren Gegebenheiten abhängig, sondern von Ihrer inneren Einstellung.

Die richtige Einstellung zu Ihrer Tätigkeit als Verhandler, entscheidet wesentlich über Ihren Erfolg. Sie vermitteln diese Einstellung – ob Sie wollen oder nicht – Ihrem Verhandlungspartner über das, was Sie ausstrahlen.

Betrachten wir hierzu ein kleines Beispiel aus der Welt des Vertriebs, welches die erstaunliche Macht der Einstellung veranschaulicht.

Beispiel

Stellen Sie sich zwei Verkäufer vor, welche im Rahmen einer Verhandlung dieselben Produkte verkaufen sollen. Es handelt sich um Günter Grimm und Simon Sommer. Nehmen Sie an, dass sich beide äußerlich bis aufs Haar gleichen: Sie sehen identisch aus, verfügen über die gleiche Ausbildung und können auf die gleichen Fähigkeiten zurückgreifen. Die beiden Verhandler sind also vollkommen identisch, bis auf einen einzigen Aspekt: Sie haben eine unterschiedliche Auffassung vom Markt und den eigenen Produkten. Günter Grimm denkt: "Heutzutage interessiert die Kunden doch nur der Preis. Seit immer mehr asiatische Anbieter mit aggressiven Preisen in den Markt drängen, habe ich kaum noch Chancen, die Umsatzziele zu erreichen. Unsere Produkte sind einfach zu teuer. Obwohl ich mir Mühe gebe, brauche ich ohne einen großen Rabattspielraum gar nicht in die Verhandlung mit dem Kunden zu gehen." Simon Sommer befindet sich in der gleichen Situation, hat aber eine vollkommen andere Einstellung: „Wir sind zwar nicht die günstigsten Anbieter auf dem Markt, aber das ist kein entscheidendes Problem, da unsere Produkte dafür viele Vorteile haben. Der Preis ist wichtig, aber letztlich nicht kaufentscheidend. Viel wichtiger ist es, dem Kunden genau das anzubieten, was er braucht und will. Wer die genauen Probleme und Interessen der Kunden hinter den Positionen kennt, findet fast immer einen Ansatz, wie sich ein höherer Preis gegenüber dem Wettbewerb argumentieren lässt."

Die unterschiedlichen Einstellungen der beiden Verhandler bedingen verschiedene Auswirkungen auf das Verhalten der beiden: Günter Grimm legt nicht viel Wert auf eine ausführliche Vorbereitung sowie Bedarfs- und Bedürfnisanalyse, da sich seiner Meinung nach alles nur um den Preis dreht. Auch in der Verhandlung gibt er sich wenig Mühe, den Kunden von den Vorteilen seiner Produkte zu überzeugen. Aufgrund dieser mangelnden Nutzendarstellung erkennt der Kunde seine Vorteile nicht. Was macht er daraufhin? Er stellt den Preis in der Mitte in den Mittelpunkt! Grimms pessimistische Vorhersage erfüllt sich, weil er sich unbewusst genauso verhalten hat, dass sie sich erfüllen musste. Dass er die leidigen Preisdiskussionen durch sein Verhalten fördert und erst verursacht, ist ihm nicht bewusst. Solange er seine Einstellung nicht ändert, wird er auch keine besseren Ergebnisse erzielen (vgl. Abbildung 7).

Ganz anders verhält es sich mit Simon Sommer: Er stellt viele Fragen und hört gut zu. Sein Bestreben ist es, die Bedürfnisse und Interessen seiner Kunden herauszufinden. Sommer zeigt zunächst den Nutzen für den Kunden auf, denn er ist davon überzeugt, dass die Vorteile seiner Produkte einen höheren

Preis rechtfertigen. Welche Erfahrung macht nun Sommer? Weil der Kunde von seinem Angebot überzeugt ist, will dieser das Produkt kaufen. Die Preisfrage und mögliche Rabatte treten jetzt in den Hintergrund. Dies wiederum bestätigt Sommer in seiner Haltung, der Preis sei nicht kaufentscheidend, wenn der Kunde nur seinen individuellen Nutzen erkennt. Keine Frage: Auch Sommer gewinnt nicht jede Verhandlung bzw. Auftrag, und auch er wird hin und wieder Rabatte gewähren. Dies ändert aber nichts an der Tatsache, dass Sommer jeden Monat deutlich mehr Aufträge zu besseren Deckungsbeiträgen akquiriert als Grimm.

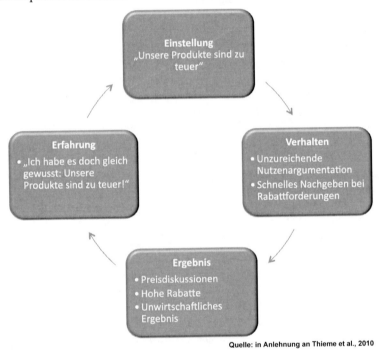

Quelle: in Anlehnung an Thieme et al., 2010

Abbildung 7: Die Macht der Einstellung

Das Beispiel hat gezeigt, dass das Gesetz der sich selbst erfüllenden Prophezeiung Ihre Einstellung bestärkt. Darüber hinaus ist die Einstellung eines Menschen verantwortlich für sein Verhalten. Ausgangspunkt des obigen Beispiels war, dass beide Verhandler identisch sind, ausgenommen in ihrer Einstellung zum Thema „Preis". Dies bedeutet, dass Grimm ebenso wie Sommer über die Fähigkeit verfügt, mit klugen Fragen die Bedürfnisse und Interessen seiner

Kunden herauszufinden. Aber im Gegensatz zu Sommer setzt er diese Fähigkeit nicht ein.

Welches Verhalten Sie zeigen und welche Ihrer Fähigkeiten Sie nutzen, hängt ausschließlich von Ihrer Einstellung ab.

Erfolgreiche Verhandler sind allesamt grundsätzlich positiv eingestellt. Sie sind davon überzeugt, alles zum Besseren ändern zu können. Wo andere Menschen Probleme sehen, wittern sie Chancen. Selbst Konflikte akzeptieren sie als Gelegenheiten zum Lernen und Wachsen. *Abraham Lincoln* (1809-1865), der 16. Präsident der Vereinigten Staaten von Amerika, schrieb einmal den Satz, dass die meisten Leute ungefähr so glücklich sind, wie sie sich zu sein vornehmen.

So unglaublich dies klingen mag: Eine positive Einstellung ist erlernbar. Jeder gute Verhandler hat seine eigene individuelle Methode entwickelt, um seine Einstellung und Stimmung vor einem wichtigen Gespräch positiv zu beeinflussen. Einige hören Musik, welche für sie besonders angenehm ist, oder treiben Sport, sammeln sich in einer Meditation usw. Wie sich jeder Einzelne in eine positive, motivierende Stimmung bringt, ist natürlich jedem selbst überlassen. Machen Sie sich Gedanken, was für Sie geeignet sein könnte. Sie kennen sich selbst am besten und wissen, was Sie anspricht. Seien Sie experimentierfreudig und probieren Sie einfach aus, was am besten wirkt.

Im Folgenden werden wir einige Aspekte einer positiven Einstellung näher betrachten.

Quellen der Motivation

Motivation ist eines der Zauberworte erfolgreicher Verhandlungsführung. Daraus ergibt sich unmittelbar an Sie die folgende Frage: Was motiviert Sie? Fühlen Sie sich motiviert, wenn Ihr Vorgesetzter Ihre Leistung anerkennt und Sie lobt? Wenn ein Kunde einen großen Auftrag unterschreibt? Wenn Sie ein Tennis-Vereinsturnier gewinnen? Woraus ziehen Sie ganz persönlich Ihre Motivation? Obgleich die Antworten auf diese Frage vielschichtig und verschieden sind, wie es Menschen auf dieser Welt gibt, gibt es doch eine Gemeinsamkeit:

Wirklich erfolgreiche Menschen sind nicht motiviert, weil ein anderer sie motiviert, sondern weil sie sich selbst motivieren und damit zu Höchstleistungen bringen.

Motivation kann immer nur über Selbst-Motivation funktionieren. Natürlich kann die Anerkennung eines Freundes oder Vorgesetzten Ihnen neuen Anschub geben. Aber was tun Sie, wenn dies im Jahr nur selten vorkommt? Was machen Sie an den restlichen Tagen im Jahr?

Wenn es im Leben gut läuft, ist es keine Kunst, motiviert zu sein. Die große Kunst der Motivation und Einstellung beginnt in anderen Situationen, wenn die Anerkennung und das Lob von außen ausbleiben und die Verhandlungen gerade nicht so laufen wie man es gerne möchte. Wenn Sie genau dann in der Lage sind, diese Täler zu durchschreiten – im Wissen, dass Sie auf dem richtigen Weg sind, und im Vertrauen darauf, dass es auch wieder bergauf geht –, können Sie sich selbst motivieren und diese Quelle der Motivation in jeder Lebenslage nutzen.

Obgleich bis heute keine endgültigen Ergebnisse darüber vorliegen, wie Sie am besten zum Ziel gelangen gibt es doch einige grundlegende Erkenntnisse darüber, wie Sie zu einer positiven Einstellung gelangen und sich diese erhalten lässt.

Konzentrieren Sie sich auf Stärken, nicht auf Schwächen. Dies ist ein grundsätzlicher und entscheidender Punkt. Sie werden – gleich auf welchem Gebiet – nicht erfolgreich, indem Sie sich nur mit Ihren Schwächen beschäftigen. Erfolgreiche Verhandler nutzen ihre Stärken und konzentrieren sich auf die Aufgaben, bei denen sie etwas Positives bewirken können. Wenn Menschen entsprechend ihrer Stärken eingesetzt werden, dann arbeiten sie aus einer tiefen Motivation heraus und erfahrungsgemäß effektiver und effizienter, da sie dann stärker intrinsisch motiviert sind. Sie werden sich nur durch den Ausbau Ihrer Stärken hervortun, niemals durch die Fixierung auf Ihre Schwächen. Denn auf den Gebieten, auf denen Sie stark sind, erreichen Sie mit weniger Aufwand herausragende Ergebnisse. Außerdem machen Ihnen diese Tätigkeiten in der Regel auch mehr Spaß. Versuchen Sie immer, Ihre Ziele so zu setzen, dass Sie zu deren Erreichung Ihre Stärken ausbauen und nicht Ihre Schwächen reduzieren müssen. Es ist für Sie viel motivierender, sich in einem Bereich zu verbessern, indem Sie bereits gut sind.

Managen Sie Ihre Gefühle und vermeiden Sie negative Vorstellungen. Wenn Sie sich aufregen oder ärgern, ist das zunächst einmal Ihr Problem und nicht das der Person, welche diese Gefühle hervorgerufen hat. Auch wenn einige Menschen dies anzweifeln, Sie haben immer selber die Wahl: Sie können ärgerlich, aufgeregt oder gelangweilt sein, oder Sie können sich aufgeschlossen und interessiert zeigen. Ob Sie mit griesgrämiger Miene herumlaufen oder mit einem Lachen im Gesicht – es ist allein Ihre Entscheidung. Unterbrechen Sie negative Gedankenketten sofort und ersetzen Sie das negative Bild durch ein positives. Versetzen Sie sich selbst in eine gute Stimmung, zum Beispiel durch autogenes Training: Schließen Sie die Augen und stellen Sie sich doch einfach einen schönen Urlaubstag am Strand vor. Die Sonne scheint an einem strahlend blauen Himmel und es ist ein traumhaft schöner Tag. Das Geräusch der Wellen lädt zum Träumen ein, und Sie fühlen eine leichte Meeresbrise auf der Haut. Der Geruch exotischer Pflanzen dringt zu Ihnen hinüber, Sie schmecken die salzige Luft des Meeres, und fühlen sich richtig wohl. Bleiben Sie eine Weile in genau dieser Stimmung und vervollständigen den folgenden Satz: „Ich freue mich auf die Verhandlung, weil …". Eine derartige Vorgehensweise wirkt auf einige konstruiert und wie eine Selbsttäuschung. Wie wir weiter unten aber noch sehen werden, gibt es zahlreiche wissenschaftliche Studien, welche die Kraft der Autosuggestion eindrucksvoll bestätigen.

Visualisieren Sie Ihre Erfolge und nehmen Sie Ihre Siege an. Viele Leistungssportler versuchen immer, den Erfolg zu visualisieren. Wenn Sie sich genügend darauf konzentrieren, können Sie die Umgebung vollständig ausblenden. Konzentrieren Sie sich auf Ihr Ziel und dann auf den Weg dorthin. Halten Sie in diesem Zusammenhang Erinnerung an frühere Erfolge wach! Nutzen Sie dabei die Möglichkeiten, bei sich selbst einen sogenannten Anker zu setzen (vgl. Sie hierzu bitte den Abschnitt „Nutzen Sie die Kraft und Magie der Sprache" und dort den Teil „Konditionierung durch Anker"), und gehen Sie dabei wie folgt vor:

- Sie suchen sich ein Gefühl aus, welches Sie – durch einen Anker – jederzeit auslösen möchten, zum Beispiel ein großes Triumph- und Glücksgefühl. Finden Sie dann eine Erinnerung, in der dieses Gefühl sehr stark ausgeprägt ist (zum Beispiel nach einer schwierigen Verhandlung).
- Gehen Sie in Gedanken in diese Situation hinein und rufen Sie sich die entsprechenden Gefühle in Erinnerung: Sehen Sie vor Ihrem geistigen Auge, was Sie in dieser Situation gesehen haben, als Sie besonders erfolgreich verhandelt haben. Rufen sie sich vor Ihr inneres Auge, wie alles ausgesehen hat: Gebäude, Personen, Farben, Licht. Je mehr Details, desto besser. Dann unterlegen si es mit Klängen, und hören Sie, was Sie in dieser Situation gehört haben. Zum Schluss fügen sie körperliche Empfindungen und Gerüche hinzu. Spüren Sie, was Sie in dieser konkreten Situation gespürt haben. Riechen Sie, was Sie in dieser Situation gerochen haben. Und wenn es einen Geschmack zu dieser Situation gibt, schmecken Sie auch, was Sie in dieser Situation geschmeckt haben. Lassen Sie alle Sinneseindrücke ganz stark werden und gehen Sie in das Gefühl hinein, als Sie besonders erfolgreich verhandelt haben.
- Wenn das Gefühl seinen Höhepunkt erreicht oder kurz davor setzen Sie Ihren einen Anker, indem Sie beispielsweise die Faust ballen und „Ge-

ronimo" sagen – oder was auch immer Sie für passend halten. Behalten Sie diese Haltung bei, während das Gefühl seine Intensität entfaltet. Und lösen sie sie, sobald die Intensität wieder abnimmt.

- Ruhen Sie sich einen Moment aus und wiederholen sie die Schritte, aber versuchen Sie, die Sinneseindrücke noch stärker auszumalen: Die Farben sind leuchtender, das Licht heller usw. Auf diese Weise verstärken Sie auch das dazugehörige Gefühl.

- Führen Sie den vorherigen Schritt am gleichen Ort einige Male durch. Wenn Sie alles richtig gemacht haben, haben Sie jetzt dieses positive Gefühl in sich verankert. Sie können es nun jederzeit auslösen, indem Sie „Geronimo" sagen und die Faust genauso ballen wie zuvor. Auf diese Weise können Sie dieses Gefühl festhalten und es immer wachrufen, bevor Sie in eine Verhandlung gehen. Nichts gibt Ihnen so viel Gelassenheit wie das Bewusstsein: „Ich kann es. Ich schaffe es!". So wird Ihnen bewusst, dass Sie über viele hilfreiche Fähigkeiten verfügen, die Ihnen auch bei den jetzt anstehenden Aufgaben hilfreich sein werden. Tun Sie gleichermaßen Ihre Erfolge, kleine wie große, nicht als Selbstverständlichkeiten ab. Belohnen Sie sich für besondere Leistungen, und feiern Sie Ihre Erfolge. Rufen Sie sich dieses Erfolgsgefühl vor jeder Verhandlung in Erinnerung.

Gedanken sind keine Einbahnstraße

Professor Paul Ekman, amerikanischer Anthropologe und Psychologe, ist einer der Pioniere im Entschlüsseln und Katalogisieren menschlicher Gesichtsausdrücke und gilt weltweit als der Experte für Mimik. Er sah es als eine seiner vordringlichen Aufgaben an zu prüfen, ob die Mimik eigenen Regeln folgt und ob man Gesichtsausdrücke wie Vokabeln verstehen kann. Viele Wissenschaftler vor ihm nahmen an, dass im Kindesalter Gesichtsausdrücke imitiert, d. h. von den Eltern abgeschaut würden. Folglich seien sie als kulturspezifisch zu erachten. Ekman reiste um die ganze Welt und zeigte Menschen in allen möglichen Ländern Fotos mit der Bitte, den jeweiligen Gesichtsausdruck auf den Bildern – Ausdruck der Freude, Überraschung, Trauer, Angst, Ärger – zu interpretieren. Das Ergebnis war, dass überall auf der Welt die Menschen in der Lage waren, die Gesichtsausdrücke sofort einheitlich richtig zu deuten und zuzuordnen.

Damit verhalten sich Menschen – gleich welcher Kultur oder Herkunft – auf äußerst vorhersehbare Weise, wenn sie bestimmte Emotionen und Gedanken erleben. Wenn sie traurig sind, weinen sie. Wenn sie glücklich sind, lächeln sie und wenn Sie zustimmen, nicken sie mit dem Kopf. Das Erstaunliche aber ist, dass das Ganze auch umgekehrt funktioniert, dass sich also Ihre Mimik darauf auswirkt, wie Sie sich fühlen. Dieses Forschungsgebiet nennt sich *„propriozeptive Psychologie"* und belegt, dass Gedanken keine Einbahnstraße sind: Die Art und Weise, wie Sie Ihren Körper bewegen und halten, beeinflusst ebenso Ihre Gedanken und Gefühle wie die Gedanken Ihre Körperhaltung. Bringen Sie Menschen dazu, sich auf eine bestimmte Weise zu verhalten, dann veranlassen Sie sie dadurch, bestimmte Emotionen zu erleben und entsprechende Gedanken zu haben.

In einer mittlerweile klassischen Studie bat man eine Gruppe von Personen, ihre Stirn zu runzeln, während eine andere Gruppe aufgefordert wurde, ein leichtes Grinsen aufzusetzen. Dieser simple Akt der Verzerrung des Gesichtes hatte einen überraschend großen Effekt auf die Stimmung der Teilnehmer, wobei sich die Gruppe derer, die grinsten, weit glücklicher fühlte als die, welche die Stirn runzelten. Die Teilnehmer einer anderen Studie wurden gebeten, verschiedene Produkte, welche sich über einen großen Computerbildschirm bewegten, visuell zu fixieren und dann anzugeben, ob die Artikel ihnen gefielen. Einige der Artikel bewegten sich vertikal (was die Teilnehmer zum Nicken veranlasste, während sie auf den Bildschirm schauten), während andere sich horizontal bewegten (was einer Kopfbewegung von einer Seite zur anderen entspricht). Das bemerkenswerte Ergebnis war, dass die Teilnehmer eindeutig die Produkte bevorzugten, welche sich vertikal bewegten, ohne sich dessen bewusst zu sein, dass ihre „Ja"- und „Nein"-Kopfbewegungen eine Schlüsselrolle für ihre Entscheidungen spielten.

Genau dieselbe Idee lässt sich auch auf das Glücksempfinden anwenden. Menschen lächeln, wenn sie glücklich sind, sie fühlen sich aber auch glücklicher, weil sie lächeln. Zahlreiche wissenschaftliche Forschungen haben bewiesen, dass ein Gesichtsausdruck tatsächlich signifikante Veränderung im autonomen Nervensystem bewirkt. Es ist also nicht nur so, dass Sie zuerst einen Gedanken oder eine Emotion haben, die sich dann auf Ihr Gesicht auswirkt. Umgekehrt funktioniert das ebenso. Eine Emotion kann mit Ihrer Mimik erzeugt werden: Ihre Gesichtsmuskeln haben damit einen Einfluss auf Ihre Gefühle!

Professor Fritz Strack, ein weltweit anerkannter Sozialpsychologe, führte bereits 1988 eine Studie zu diesem Thema an der Universität Mannheim durch. Dabei wurden Probanden zwei Gruppen Cartoons gezeigt. Eine Gruppe wurde gebeten, während der Filme einen Bleistift zwischen den Zähnen festzuklemmen, wodurch ihre Mundwinkel wie beim Lachen nach oben gezogen wurden.

Die andere Gruppe sollte den Bleistift dagegen zwischen den Lippen fest klemmen, wodurch sie am Lachen gehindert worden. Das Ergebnis: Die Gruppe mit dem Bleistift zwischen den Zähnen fand die Filme erheblich lustiger! Andere wissenschaftliche Arbeiten wiesen nach, dass diese Steigerung des Glücksempfindens nicht einfach in dem Augenblick wieder verschwindet, da man mit dem Lächeln aufhört. Sie klingt nach und beeinflusst viele Aspekte des Verhaltens, darunter eine positivere Interaktion mit anderen und ein wahrscheinlicheres Erinnern von glücklichen Lebensereignissen.

Haben Sie schon einmal versucht, sich im Spiegel selbst zuzulächeln, wenn es Ihnen gerade nicht zu gut geht? Sie werden jetzt sicherlich einwenden: „Das ist doch ziemlich verrückt!" Es ist im wahrsten Sinne des Wortes „ver-rückt": Wenn es Ihnen nicht gut geht, können Sie traurig sein und sich beklagen oder etwas an Ihrem Blickwinkel „ver-rücken" und sich im Spiegel anlächeln. Wie Sie gesehen haben, belegen zahlreiche wissenschaftliche Studien und Experimente, dass es Ihnen damit schon etwas besser geht.

Lachen bewirkt, unabhängig von der momentanen Gefühlslage, dass es Ihnen innerhalb kürzester Zeit besser geht. Sind sie bedrückt und wollen sich besser fühlen, dann nehmen Sie auch eine Körperhaltung an, die Ihnen das erlaubt. Halten Sie sich aufrecht, lächeln Sie sich selbst an und bleiben Sie entspannt.

Tipps für Ihren Erfolg

- Entwickeln Sie Ihre ganz persönliche Methode, wie Sie sich vor der Verhandlung in eine positive Stimmung versetzen!
- Bedenken Sie, dass nicht die Verhandlungssituation Sie stresst, sondern Ihre Einstellungen und Gedanken dazu. Arbeiten Sie daran, diese positiv zu verändern.
- Beachten Sie, dass Ihre Einstellung beeinflusst, wie Sie sich verhalten und welche Fähigkeiten Ihnen in der Verhandlung zur Verfügung stehen. Kontrollieren Sie Ihre Einstellung. Nach dem Gesetz der sich selbst erfüllenden Prophezeiung ernten Sie in der Praxis stets das, was Sie mit Ihren Überzeugungen gesät haben.
- Warten Sie nicht auf Motivation von außen, sondern motivieren Sie sich selbst!
- Machen Sie sich die Tatsache zu Nutze, dass Gedanken keine Einbahnstraße sind und lächeln Sie sich selbst im Spiegel zu.

Das Wichtigste in Kürze

- Machen Sie Ihre Motivation, Glück und Zufriedenheit nicht von äußeren Gegebenheiten abhängig, sondern von Ihrer inneren Einstellung.
- Welches Verhalten Sie zeigen und welche Ihrer Fähigkeiten Sie nutzen, hängt ausschließlich von Ihrer Einstellung ab.
- Wirklich erfolgreiche Menschen sind nicht motiviert, weil ein anderer sie motiviert, sondern weil sie sich selbst motivieren und damit zu Höchstleistungen bringen.
- Lachen bewirkt, unabhängig von der momentanen Gefühlslage, dass es Ihnen innerhalb kürzester Zeit besser geht. Sind sie bedrückt und wollen sich besser fühlen, dann nehmen Sie auch eine Körperhaltung an, die Ihnen das erlaubt. Halten Sie sich aufrecht, lächeln Sie sich selbst an und bleiben Sie entspannt.

4. Schaffen Sie Vertrauen und eine positive Gesprächsbasis durch die richtige Begrüßung

Der erste Eindruck entscheidet

In Kapitel 1 ging es um die Grundlagen erfolgreicher Verhandlungsführung. Anschließend behandelten die Kapitel 2 und 3 Vorbereitung und Eigenmotivation. Bis jetzt war Ihr Verhandlungspartner noch nicht in Sicht. Jetzt haben Sie den ersten Blickkontakt zu Ihrem Verhandlungspartner – und damit auch die Möglichkeit, vieles gleich von Anfang an richtig zu machen. Wichtig ist: Wenn Sie auf Ihren Verhandlungspartner treffen, wirken Sie sofort. Und dafür gibt es keine zweite Chance. Der erste Eindruck ist entscheidend für den weiteren Verlauf und Erfolg Ihrer Verhandlung. Das Problem dabei ist, dass dieser erste Eindruck schon fertig ist, bevor Ihnen dies überhaupt bewusst wird. Wie Sie gesehen haben führen unsere Erwartungen dazu, dass wir in gewissen eingefahrenen Bahnen denken. Menschen fällt es generell schwer, diese Bahnen wieder zu verlassen. Es ist möglich, aber nicht einfach, die Dinge als das zu sehen, was sie wirklich sind, und nicht als das, wofür wir sie halten wollen. Deshalb ist der erste Eindruck von jemandem auch so prägend, und Sie rücken nur sehr schwer von einer einmal gefassten Meinung ab.

Wissenschaftlichen Studien zufolge entfallen dabei 55 % des ersten Eindrucks auf die Körpersprache, das Aussehen, auf gewisse Symbole und auf den Geruch. 38 % entfallen auf den Klang der Stimme und nur 7 % auf den Inhalt des Gesagten. Der erste Eindruck entsteht damit hauptsächlich durch die Körpersprache, d. h. Haltung, Geste, Mimik und auch die Art und Weise des Händedrucks. Auch die Stimmung, die Ausstrahlung und innere Haltung, die durch Ihre Körpersprache ausgedrückt werden, wirken von Anfang an. Selbstbewusstsein, Zufriedenheit, Gelassenheit, Offenheit, Lebendigkeit, Wohlwollen, Präsenz, Manieren und Distanzverhalten sind nur einige Elemente, welche innerhalb weniger Sekunden erfasst werden. Auch das Aussehen und Statussymbole werden praktisch mit einem Blick erfasst. Ist derjenige groß oder klein, dick oder dünn, wie ist er gekleidet, wie seine Frisur, und welche Accessoires hat er gewählt, um etwaige Signale zu setzen?

Obgleich demnach 93 % des ersten Eindrucks durch Äußerlichkeiten, Sprache und Stimmlage bestimmt werden, überlegen sich die meisten Verhandler nur, was sie dem Verhandlungspartner zur Begrüßung sagen wollen.

Das äußere Erscheinungsbild einer Person bestimmt auf diese Weise unweigerlich den ersten Eindruck, den diese auf uns macht. Erst nachdem wir uns ein Bild des Äußeren gemacht haben, fangen wir an, auf andere Eigenschaften wie Mimik und Gestik oder Betonung zu achten. Seien Sie sich aller Faktoren bewusst, welche den ersten Eindruck bestimmen, und klären und gestalten Sie diese bereits im Rahmen der Vorbereitung.

Wie gut auch immer Ihre Vorbereitung und Eigenmotivation bisher waren, die ersten Sekunden der persönlichen Begegnung sind entscheidend. Hier liegen enorme Chancen!

Ihre Außenwirkung ist der Türöffner für Ihren Erfolg.

Schon bei der Begrüßung gilt es, Ihr Gegenüber persönlich zu überzeugen. Die Vertrauensbasis, die zu Anfang hergestellt werden muss, ist der Ausgangspunkt für jede weitere Interaktion. Ihr Verhandlungspartner wird aufgeschlossener sein, lieber Fragen beantworten, mehr Information herausgeben, wenn eine gewisse Sympathie vorhanden ist.

Sprechen Sie nicht nur mit Ihrer Stimme mit Ihrem Verhandlungspartner. Setzen Sie das ganze Repertoire der Kommunikation ein: Mimik, Gestik und Körperhaltung.

Bewegen Sie sich mit offenen Armen, einem offenem Blick und einen gewinnenden Lächeln auf Ihren Verhandlungspartner zu. Lassen Sie ihn deutlich spüren, dass Sie sich freuen, ihn kennenzulernen oder wiederzusehen. Sie werden merken, dass er diese positive Aktion mit einer entsprechenden Reaktion beantwortet und seinerseits offen für Sie und Ihre Vorschläge ist.

Kleider machen Leute

Den ersten Eindruck von Ihnen gewinnt Ihr Verhandlungspartner wie gesagt bei der Begrüßung. Und zum ersten Eindruck gehört zunächst einmal neben

Ihrer Körpersprache und den ersten Sätzen vor allem auch Ihr äußeres Erscheinungsbild. Dabei spielt es eine große Rolle,

- in welchem Rahmen die Verhandlung stattfindet,
- was der Gegenstand der Verhandlung ist und
- wer Ihre Verhandlungspartner sind.

Wenn Sie mit einem Finanzberater über die Einräumung eines Kredites reden wollen, werden Sie sich selbstverständlich anders kleiden als wenn Sie mit Ihrer Kinderfrau über eine Gehaltserhöhung verhandeln. Als Faustregel kann gelten: Je offizieller der Verhandlungsrahmen, je bedeutender der Verhandlungsgegenstand und je mächtiger Ihre Verhandlungspartner, desto besser sollten Sie gekleidet sein. Wichtig ist, dass Sie sich in Ihrer Kleidung stets wohlfühlen. Wenn Sie bezüglich Ihrer Kleidung unsicher sind, gehen Sie auf Nummer sicher:

- Wählen Sie dezente, unauffällige Kleidung.
- Verfolgen Sie einen Stil, der Ihrem Berufsbild entspricht (sofern es sich um eine geschäftliche Verhandlung handelt)
- Seien Sie zurückhaltend mit Schmuck, Schminke und Düften. Dies wirkt auf einige schnell aufdringlich oder unangenehm.

Wenn Sie Ihren Verhandlungspartner bereits kennen, versuchen Sie sich, soweit es noch im Rahmen ist, ihm anzupassen. Je mehr Gemeinsamkeiten Sie finden, desto positiver wird das Gespräch verlaufen. Dies gilt auch in Bezug auf die Kleidung.

Tipps für Ihren Erfolg

- Überlegen Sie vor jedem wichtigen Gespräch, welche Wirkung Sie als Person vermutlich auf Ihr Gegenüber haben werden. Mit welchen Vorteilen, Befürchtungen oder Pluspunkten können oder müssen Sie rechnen? Welche ungeschriebene Kleiderordnung gibt es im Umfeld Ihres Gesprächspartners?
- Wenn Sie aus beruflichen Gründen Kleidung tragen müssen, die nicht Ihrem persönlichen Geschmack entspricht, wählen Sie unter den gegebenen Möglichkeiten solche Kleidungsstücke, welche noch am ehesten Ihrem eigenen Geschmack entsprechen. Auch in dieser zweckorientierten Kleidung sollten Sie sich sowohl wie möglich fühlen.
- Kleidung, Schmuck und sonstige Accessoires haben immer Signalwirkung. Ihre Kleidung transportiert eine Botschaft, anhand derer andere

Sie einer bestimmten Gruppe oder einem bestimmten Typus zuordnen. Überlegen Sie sich vorher, ob Ihr Äußeres Ihrem inhaltlichen Anliegen entspricht.

Der wohldosierte Händedruck und die richtige Begrüßung

Vom ersten Händedruck hängt ganz entscheidend ab, wie Sie von Ihrem Verhandlungspartner als Person eingeschätzt werden. Der Handschlag gilt als Höhepunkt der ersten Begegnung und zählt zu den wenigen Malen, in denen wir jemandem gestatten, unsere Individualdistanz zu durchbrechen und uns zu berühren. Sicher kennen auch Sie das unangenehme Gefühl, wenn Sie einem Menschen die Hand geben und dieser einen zu schlaffen Händedruck hat. Grundsätzlich sollte der Händedruck nicht zu lasch und nicht zu fest sein und auch nicht zu lange dauern. Achten Sie darauf, dass Sie seine Hand nicht mit der Ihren bedecken. Versuchen Sie, ein grundsätzliches Gespür für den Handschlag Ihres Verhandlungspartners entwickeln und genau denselben Druck anzuwenden – nicht mehr und nicht weniger. Ein guter Handschlag verursacht immer ein gutes Gefühl. Wenn Sie Ihren Verhandlungspartner aus Gesprächen schon besser kennen und zeigen möchten, dass Sie ihn mögen, dann können Sie versuchen, den Arm oder Ellbogen Ihres Gegenübers mit der anderen Hand leicht zu berühren. Wissenschaftliche Studien haben gezeigt, dass Berührungen zu Vorteilen führen: Sie bewirken die Freisetzung des Hormons Oxytocin im Gehirn, welches dafür sorgt, dass wir persönliche Beziehungen als positiv empfinden. Dadurch bewirkt es letztlich, dass wir anderen mehr Entgegenkommen – auch in geschäftlicher Hinsicht. Wer seine Mitmenschen häufig berührt, wird als vertrauenswürdig eingestuft und seine Chancen auf eine warmherzige freundschaftliche Beziehung steigen. In zahlreichen Experimenten wurde nachgewiesen dass Kellner, wenn sie Gäste – in angemessener Form – berühren, im Durchschnitt wesentlich mehr Trinkgeld erhalten. In diesem Zusammenhang sollte aber auch betont werden, dass es manche Menschen ganz und gar nicht mögen, angefasst zu werden. Dessen sollten Sie sich ebenfalls stets bewusst sein. Hier ist das berühmte „Fingerspitzengefühl" gefragt.

Ihr Händedruck sollte so wie Sie sein: aufrichtig und selbstbewusst mit der Absicht, Ihren Verhandlungspartner auf ganz natürliche Art und Weise persönlich zu begrüßen.

Sehen Sie Ihrem Verhandlungspartner beim Händeschütteln unbedingt in die Augen. Dies verstärkt die positive Wirkung ungemein.

Falls Sie jetzt den allerersten Kontakt zu Ihrem Verhandlungspartner haben, sorgen Sie dafür, dass Sie dessen Namen verstehen und ihn wiedergeben können. Achten Sie sogleich auf die persönlichen Eigenheiten, Kleidung, Stimme, Umgebung, schlicht und einfach auf alles, was Ihnen hilft, Ihr Gegenüber nicht nur als Verhandlungspartner, sondern auch als Menschen zu betrachten, denn genau das hilft Ihnen beim Beziehungsaufbau. Wenn Sie jemanden noch nicht kennen, schauen Sie sich aufmerksam in seinem Büro um, wenn Sie dazu Gelegenheit haben: Ein Foto der Kinder, eine Aufnahme Ihres Gesprächspartners mit einer wichtigen Persönlichkeit, Auszeichnungen in Form von Urkunden, Medaillen oder Pokale – die meisten Schreibtische und Büros enthalten eine Menge Hinweise auf Interessen und Erfolge ihrer Inhaber.

Im Rahmen der richtigen Begrüßung gilt auch, dass Namen nicht nur Schall und Rauch sind: Der Name ist sehr eng mit der Persönlichkeit Ihres Verhandlungspartners verbunden. Und nichts weckt mehr Aufmerksamkeit als die Nennung des eigenen Namens. Der Durchschnittsmensch ist mehr an seinem eigenen Namen interessiert als an allen anderen Namen der Welt zusammengenommen. Informieren Sie sich vor einem Treffen, wer Ihnen gegenüber sitzen wird. Sie können schon im Rahmen der Vorbereitung der Verhandlung darauf achten, die Namen der Verhandlungspartner in Ihre Argumentation einzubinden. Dabei gewinnen Sie Sicherheit, wenn Sie die Namen der Personen auf die Sie treffen werden, einige Male laut aussprechen

Gehen Sie daher ganz sicher, dass Sie beim ersten Kontakt mit Ihrem Verhandlungspartner dessen Namen richtig verstanden haben und ihn auch korrekt wiedergeben können. Sind Sie nicht sicher, fragen Sie lieber nach. Kein Mensch hat etwas dagegen, seinen Namen noch einmal zu wiederholen. Im Gegenteil: Jeder wird sich freuen wenn sein Name wichtig genommen und dann in der Folge auch richtig ausgesprochen und geschrieben wird. Wiederholen Sie im Geiste den Namen mehrfach für sich und lassen Sie ihn gelegentlich in das Gespräch mit einfließen. Wenn Sie den Namen mit einem Bild verbinden, hilft Ihnen das, sich später an ihn zu erinnern. Notieren Sie sich den Namen, sobald Sie die Gelegenheit dazu haben, ruhig auch in Anwesenheit Ihres Gesprächspartners.

Wenn Sie den Namen Ihres Verhandlungspartners behalten und immer wieder aussprechen, machen Sie ihm ein diskretes, aber sehr wirkungsvolles Kompliment.

Der berühmte *Smalltalk* ist ein wichtiges Element bei jeder Verhandlung. Dadurch, dass Sie nicht „mit der Tür ins Haus fallen", zeigen Sie, dass Sie auch Interesse an Ihrem Gesprächspartner haben. Lenken Sie das Gespräch auf Themen, welche Ihrem Gesprächspartner persönlich wichtig und angenehm sind, zum Beispiel seine Familie, seine Hobbys oder seine privaten und beruflichen Erfolge. Über diese Themen wird er gern mit Ihnen sprechen. Nicht nur das: Diese Themen sind meistens seine Lieblingsthemen. Sie machen ihm also eine große Freude, wenn Sie darauf zu sprechen kommen. Und Sie bekunden auf diese Weise Interesse an seiner Person. Nehmen Sie sich Zeit für diese Art von Smalltalk und Gesprächseinstieg.

Nennen Sie ein gemeinsames Ziel der Verhandlung! Nach dem Smalltalk und der Unterhaltung über Persönliches werden Sie auf Ihr sachliches Thema zu sprechen kommen. Betonen Sie am Anfang des Fachgespräches das gemeinsame Ziel. Das schafft eine positive Basis für die Zukunft, vor allem wenn sich Ihr Verhandlungspartner durch die Formulierung emotional angesprochen fühlt.

Tipps für Ihren Erfolg

- Erscheinen Sie rechtzeitig zum vereinbarten Zeitpunkt: Pünktlichkeit ist der höfliche Umgang mit anderer Leute Zeit!
- Begrüßen Sie Ihren Verhandlungspartner freundlich und mit einem wohldosierten Händedruck. Beim Händedruck immer aufstehen und Blickkontakt aufnehmen.
- Sprechen Sie Ihren Verhandlungspartner stets mit Namen an und wiederholen Sie diesen im Rahmen der Gesprächsführung.
- Zeigen Sie Ihrem Verhandlungspartner, dass Sie sich für ihn und seine Belange aufrichtig interessieren.
- Verwenden Sie akademische Titel stets mit dem Namen: zum Beispiel Frau Professor Müller, Herr Dr. Peter.
- Bestärken Sie Ihren Verhandlungspartner in seinem Selbstbewusstsein!
- Stehen oder sitzen Sie aufrecht, Ihrem Verhandlungspartner zugewandt. Achten Sie auf offene Schultern und Arme (nicht zusammengezogen und verschränkt). Stehen Sie fest am Boden und lassen Sie beide Beine gleich (nicht einseitig oder überkreuzt).
- Lächeln Sie Ihren Verhandlungspartner an und halten Sie Blickkontakt.
- Sprechen Sie laut und deutlich. Atmen Sie vorher tief durch, das macht Ihre Stimme sonorer.

- Schaffen Sie durch Smalltalk eine angenehme und ungezwungene Gesprächsatmosphäre.
- Leiten Sie nach dem Smalltalk freundlich aber bestimmt zum eigentlichen Gesprächsthema über und nennen Sie ein gemeinsames Ziel der Verhandlung.

Das Wichtigste in Kürze

- Das äußere Erscheinungsbild einer Person bestimmt auf diese Weise unweigerlich den ersten Eindruck, den diese auf uns macht. Erst nachdem wir uns ein Bild des Äußeren gemacht haben, fangen wir an, auf andere Eigenschaften wie Mimik und Gestik oder Betonung zu achten. Seien Sie sich aller Faktoren bewusst, welche den ersten Eindruck bestimmen, und klären und gestalten Sie diese bereits im Rahmen der Vorbereitung.
- Ihre Außenwirkung ist der Türöffner für Ihren Erfolg!
- Bewegen Sie sich mit offenen Armen, einem offenem Blick und einen gewinnenden Lächeln auf Ihren Verhandlungspartner zu. Lassen Sie ihn deutlich spüren, dass Sie sich freuen, ihn kennenzulernen oder wiederzusehen. Sie werden merken, dass er diese positive Aktion mit einer entsprechenden Reaktion beantwortet und seinerseits offen für Sie und Ihre Vorschläge ist.
- Ihr Händedruck sollte so wie Sie sein: aufrichtig und selbstbewusst mit der Absicht, Ihren Verhandlungspartner auf ganz natürliche Art und Weise persönlich zu begrüßen.
- Wenn Sie den Namen Ihres Verhandlungspartners behalten und immer wieder aussprechen, machen Sie ihm ein diskretes, aber sehr wirkungsvolles Kompliment.

5. Finden Sie die Zielsetzung Ihres Gesprächspartners heraus

Nachdem der Einstieg in die Verhandlung erfolgt ist besteht Ihre Aufgabe nun darin, die Zielsetzungen Ihres Gesprächspartners, seine Wünsche, Interessen und Bedürfnisse herauszufinden. Es geht darum, den individuellen Bedarf Ihres Gesprächspartners zu erkennen. Im Rahmen einer jeden Verhandlung ist eine derart adäquate Bedarfsanalyse von elementarer Bedeutung.

Seien Sie sich der Bedeutung der Körpersprache bewusst

Eine Verhandlung lebt von der Sprache. Wie bereits aufgezeigt spielt hier jedoch nicht nur das gesprochene Wort eine Rolle, sondern auch die Sprache, welche der Körper spricht: die Körperhaltung, der Gesichtsausdruck, der Tonfall und vieles mehr.

Professor Paul Watzlawick, der berühmte Psychotherapeut und Kommunikationswissenschaftler, hat den Satz geprägt: „Wir können nicht nicht-kommunizieren." Wichtig für Ihren Verhandlungserfolg ist, dass Sie lernen, alle Zeichen Ihrer Verhandlungspartner richtig zu deuten und sich Ihrer eigenen bewusst zu werden.

Bei jedem Kommunikationsprozess gibt es mehrere Ebenen, auf welchen Mitteilungen gesendet werden. Folgende drei Ebenen sind dabei von besonderer Bedeutung:

- die *Inhaltsebene* (die Bedeutung des gesprochenen Worts),
- die *Stimmebene* (ob Sie laut sprechen oder leise, langsam oder schnell, mit zittriger oder fester Stimme),
- die *Ebene der Körpersprache* (d. h. Mimik, Gestik und Körperhaltung).

In diesem Zusammenhang wurden von *Professor Albert Mehrabian* von der University of California in Los Angeles wissenschaftliche Untersuchungen durchgeführt. Der US-Psychologe wollte wissen, wie stark sich Stimme und Körpersprache auf das auswirken, was bei unserem Gegenüber ankommt. Hierzu engagierte er zwei Schauspieler. In einem Vorgespräch sprach er mit beiden ab, dass er sie als Experten vorstellen werde, welche zu dem gleichen Thema einen Vortrag vor Studenten halten würden. Der eine sollte dabei alle Aspekte des Themas kennen – fachlich fundiert bis in die Tiefe. Sein Auftreten allerdings sollte unkonzentriert wirken, er sollte leise sprechen, monoton, und ihm wurde aufgetragen, seinen Vortrag ohne jeglichen Blickkontakt vor Studenten zu präsentieren. Der andere Schauspieler bekam einen gegenteiligen Auftrag. Vom Inhaltlichen her sollte das, was er sagt, recht oberflächlich sein. Er war angehalten, leichte Fehler und sogar inhaltliche Widersprüche in seinen Vortrag einzubauen. Die Art des Vortrages jedoch sollte organisiert und lebhaft sein. Er sollte die Studenten mit einbeziehen, und diese sollten seine volle Identifikation mit dem Thema spüren. Im Anschluss befragte der Professor seine Studenten, welcher der beiden Referenten sie stärker überzeugt hätte. Mit großem Abstand wurde der charismatische Redner genannt. Eine genaue Analyse dieses Experiments ergab die bereits oben kurz skizzierten Ergebnisse: Nur 7 % einer Aussage werden vom Inhalt selbst bestimmt. Der Rest – 93 % – wird über den Körper (55 %) und die Stimme (38 %) mitgeteilt.

Der Großteil der Kommunikation wird über Körpersprache vermittelt. Kommunikation ist nicht das, was Sie sagen, sondern stets das, was bei Ihrem Verhandlungspartner ankommt. Es kommt demnach nicht nur darauf an, *was* Sie erreichen wollen, sondern es ist mindestens ebenso wichtig, *wie* Sie etwas sagen.

Für das Verhandeln bedeutet dies, dass Ihre Körpersprache und Stimme eine entscheidende Rolle spielen. Wenn Sie in der Verhandlung Ihre Körpersprache falsch einsetzen, haben Sie vielleicht gute Argumente, werden aber trotzdem keine guten Ergebnisse erzielen. Was Sie in einer Verhandlung erwarten und wie Sie das mit Körper und Stimme ausdrücken, muss stets im Einklang stehen. Gibt es hier einen Widerspruch, wird Ihr Gesprächspartner immer der Körpersprache glauben, da diese stärker als das gesprochene Wort ist.

Achten Sie bei einer Verhandlung immer auf die Körperhaltung und die Stimme und setzen Sie sie in Bezug zum Inhalt. Das ermöglicht es Ihnen, in einem Gespräch eventuelle Inkongruenz, d. h. Deckungsungleichheiten, zu erkennen und dadurch viel mehr Botschaften wahrzunehmen, als wenn Sie nur auf das Wort achten würden.

Wie aber können Sie genauer beobachten? Auf was sollten Sie dabei genau achten? Im ersten Schritt sollten Sie damit beginnen, dass Sie sich ab jetzt systematisch vornehmen, genauer hinzusehen. Das bedeutet auf keinen Fall, dass Sie Ihren Verhandlungspartner von nun an permanent anstarren sollen! Es bedeutet lediglich, dass Sie feine Antennen entwickeln sollten. Gewöhnlich nehmen wir Dinge, die uns täglich umgeben, nicht mehr mit der ganzen Aufmerksamkeit war.

Beispiel

Bitte nehmen Sie sich 30 Sekunden Zeit und sehen Sie sich in dem Raum um, in welchem Sie sich gerade befinden. Bitte merken Sie sich in der nächsten halben Minute so viele schwarze Gegenstände, wie sie von Ihrem Platz aussehen können. Lesen Sie erst danach weiter.

Haben Sie viele schwarze Gegenstände gesehen? Gut, dann nennen Sie jetzt bitte, ohne sich erneut umzuschauen, fünf blaue Dinge aus demselben Raum.

Beobachten Sie Ihren Gesprächspartner ab sofort sehr gründlich und schenken Sie ihm alle Aufmerksamkeit, wenn Sie mit ihm kommunizieren. Sie werden feststellen dass Sie nicht nur viel mehr entdecken als zuvor, sondern auch freundlicher behandelt werden.

Genaues Beobachten allein reicht aber nicht aus, Sie müssen auch wissen, worauf Sie genau achten müssen.

Von zentraler Bedeutung ist in diesem Zusammenhang die Feststellung, dass isoliert betrachtete Körpersignale keinen verlässlichen Aussagewert haben. Pauschale Zuordnungen wie „vor dem Körper verschränkte Arme signalisieren Ablehnung" sind deshalb wissenschaftlich nicht haltbar. Körpersprache lässt sich niemals 1:1 übersetzen, sondern sollte immer in Zusammenhang mit den anderen wahrgenommenen Eindrücken und im Kontext der jeweiligen Situation gesehen und beurteilt werden.

Zum komplexen Thema Körpersprache und Stimme gibt es viel Literatur, auf welche an dieser Stelle verwiesen wird, da eine umfassende Behandlung dieses Themas im Rahmen des vorliegenden Ratgebers nicht möglich ist. Im Folgenden werden daher lediglich die wichtigsten Aspekte der Ebene der Körpersprache und Stimmebene sowie deren Implikationen für die Kommunikation und Verhandlungsführung kompakt dargestellt.

Die Augen. Die Augen verraten viel über unser Inneres, wenn man ein guter Beobachter ist. Dabei entziehen sich vor allem die Pupillen weitgehend unserer

Kontrolle und sind daher ein guter Indikator für unser Seelenleben. Beginnen wir daher mit den Pupillen: Ihre Größe verändert sich nicht nur in Abhängigkeit der Lichtverhältnisse. Wenn wir etwas sehen, was uns interessiert, was wir begehren oder was wir als angenehm empfinden, dann werden unsere Pupillen trotz gleich bleibender Lichtverhältnisse größer. Wenn sich bei Ihrem Verhandlungspartner die Augen vergrößern, dann bedeutet dies zumeist, dass er mehr Informationen über das haben möchte, was gerade geschehen ist oder was gerade gesagt wurde. Umgekehrt bedeutet dies: Wenn er etwas nicht mag, dann verengen sich seine Pupillen – er macht im wahrsten Sinne des Wortes „zu". Sobald die Pupillen bei denselben Lichtverhältnissen also kleiner werden, wissen Sie, dass sich Ihr Verhandlungspartner eher isolieren möchte.

Blickkontakt ist in unserem Kulturkreis ein wichtiges Transportmittel für Inhalte und – im Rahmen des aktiven Zuhörens – ein Signal der Aufmerksamkeit. Tendieren Sie dazu, Blickkontakt zu meiden, können Sie damit auf Ihren Verhandlungspartner distanziert, abweisend oder auch unsicher wirken, was wiederum die Beziehung zu Ihrem Gesprächspartner erschwert. Mit dem Blick wird das, was Sie artikulieren, adressiert. Die Intensität Ihrer Botschaft hängt damit auch von Ihrer Fähigkeit zur visuellen Kontaktaufnahme ab. Dabei bedeutet Blickkontakt nicht, Ihrem Verhandlungspartner ununterbrochen in die Augen zu starren, sondern immer wieder mit Unterbrechungen den Augenkontakt zu suchen. Ist der Blickkontakt aber zu lang, so wird er bedrohlich. Achten Sie darauf, nicht nur den Entscheidungsträger der Gegenseite anzuschauen, sondern nehmen Sie Blickkontakt mit allen Gesprächsteilnehmern auf. Vergessen Sie dabei nicht, auch die eigenen Teammitglieder einzubeziehen.

Nach dem Verständnis des *Neuro-Linguistischen Programmierens (NLP)* lassen sich aus den Augenbewegungen Rückschlüsse auf die inneren Vorgänge eines Menschen ziehen. Ende der Siebzigerjahre formulierten der Psychologiestudent *Richard Bandler* und der Linguist *John Grindler* die sogenannten „*Eye Accessing Cues" (EAC)*, also „*Augenzugangshinweise".* Sie definierten NLP als „das Studium über die Struktur subjektiver Erfahrung". „Neuro" steht dabei für die Wahrnehmung über die fünf Sinne (das Sehen, Hören, Riechen, Schmecken und Fühlen). Alles, was wir wahrnehmen, gelangt über diese Sinne in unser Gehirn, welches alle eintreffenden Botschaften mit bereits vorhandenen Wahrnehmungen und Erfahrungen abgleicht. Dieser innere – neuronale – Vorgang kann dabei starke geistige und körperliche Wirkungen haben. Die Art und Weise, wie wir diese Prozesse verarbeiten, steht in Wechselwirkung mit unseren Denkmodellen und Mustern, welche im dem NLP „Programme" heißen. Beim NLP geht man nun davon aus, dass wir die Welt durch unsere Sinne erfahren und alle Reize in einem bewussten und in einem unbewussten Denkprozess verarbeiten. Auf diese Weise wird das neurologische System – das vegetative Nervensystem – aktiviert, und dies sorgt wiederum dafür, dass der Körper reagiert. *Bandler* und *Grindler* meinten nun, dass man bestimmen kann, welcher Sinneseindruck gerade aktiviert wird, indem man nämlich die Augenbewegungen beobachtet.

Das von ihnen entwickelte Modell ist in nachstehender Abbildung (vgl. Abbildung 8) gilt für die meisten Menschen, aber es gibt Ausnahmen, da die Art und Weise, wie wir eingehende Reize verarbeiten, nicht bei allen Menschen gleich ist. Wer sich nicht in dieses System einordnen lässt, folgt nach dem NLP konsequent einem eigenen Modell, welches sich durch Kontrollfragen leicht herausfinden lässt.

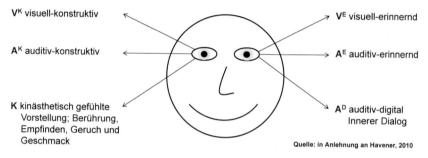

V^K visuell-konstruktiv

A^K auditiv-konstruktiv

K kinästhetisch gefühlte Vorstellung; Berührung, Empfinden, Geruch und Geschmack

V^E visuell-erinnernd

A^E auditiv-erinnernd

A^D auditiv-digital Innerer Dialog

Quelle: in Anlehnung an Havener, 2010

Abbildung 8: Das Modell der Augenzugangshinweise aus dem NLP

Das Modell behauptet nun folgendes: Menschen, welche in Bildern denken, richten den Blick nach schräg links oben (jeweils von Ihnen ausgesehen), wenn Sie dazu eine Erinnerung abrufen, beziehungsweise nach schräg rechts oben, wenn sie ein neues Bild konstruieren. Der Blick für auditive Gedanken geht waagerecht zur Seite: nach links von Ihnen aus betrachtet, wenn sich Ihr Gesprächspartner erinnert (beispielsweise was er zu Ihnen gesagt hat), nach rechts, wenn sich Ihr Gegenüber etwas ausdenkt. Körperliche Empfindungen liegen schräg links unten. Der Blick für den inneren Dialog, wenn Ihr Verhandlungspartner mit sich selbst redet und logische Probleme löst, liegt schräg rechts unten. Machen Sie hierzu ein kleines Experiment, den sogenannten „Da-Vinci-Check": Richten Sie den Blick nach schräg links oben und versuchen Sie, sich die „Mona Lisa" vorzustellen. Dieses Gemälde haben Sie schon unzählige Male gesehen. Versuchen Sie sich so viele Details wie möglich ins Gedächtnis zu rufen: Das Gesicht der Mona Lisa, ihre Kleidung, die Farben, den Hintergrund usw. Geben Sie sich 30 Sekunden Zeit und „löschen" Sie das

Bild wieder. Jetzt richten Sie Ihren Blick nach rechts unten und wiederholen Sie die Übung. Obgleich Sie sich das Bild kurz zuvor noch detailliert vor Ihr inneres Auge geholt haben, ist es beim zweiten Mal in der Regel sehr viel schwerer.

Um zu überprüfen, ob Ihr Gesprächspartner wirklich dem Modell der Augenzugangshinweise folgt, können Sie Kontrollfragen stellen, mit denen Sie ihn veranlassen, an bestimmte Sinneseindrücke zu denken. Wenn Ihr Verhandlungspartner entsprechend antwortet, beobachten Sie genau seine Augenbewegungen.

Beispiele für derartige Kontrollfragen:

Visuell erinnert
- Wie viele Bäume stehen in Ihrem Vorgarten?
- Welche Farbe hat Ihr Firmenwagen?

Visuell konstruiert
- Wie sähen Sie mit langen/kurzen Haaren aus?
- Wie sieht Ihr Büro ohne Möbel aus?

Auditiv erinnert
- Wie klingt der Anfang Ihre Firmenjingles?
- Können Sie die Stimme Ihres Vorgesetzen hören?

Auditiv konstruiert
- Wie hört sich Ihr Name rückwärts gesprochen an?
- Wie hört sich wohl Beethovens Neunte mit der Blockflöte gespielt an?

Kinästhetische Erinnerung
- Können Sie sich erinnern, wie warm es letzten Sommer war?
- Wie fühlen Sie sich frühmorgens?

Innerer Dialog
- Können Sie sich bitte selbst fragen, was Sie eigentlich beabsichtigen?
- Was sagen Sie, wenn Sie alleine sind und etwas geht Ihnen daneben?

Es sei an dieser Stelle ausdrücklich betont, dass es sich bei diesem Modell um eine Vereinfachung und Verallgemeinerung handelt, welche wissenschaftliche nicht hinreichend bewiesen werden konnte, sich aber in der praktischen Anwendung häufig bewährt hat.

Der Mund. Durch den Mund nehmen wir die Dinge auf, die in unseren Körper gelangen. Hier wird genau gefiltert, was gut für uns ist und was nicht. Der Mund ist ein unmittelbarer Spiegel unserer Befindlichkeit. Er reagiert bei der Aufnahme von Informationen fast genauso wie bei der Aufnahme von Nahrung. Unser Mund wird rund und öffnet sich weit, wenn wir mehr von etwas wollen. Dies ist genauso wie bei den Augen: Sie werden größer, um mehr Informationen aufzunehmen. Wir öffnen den Mund aber auch, wenn wir staunen und wenn uns etwas überrascht. Wenn geöffnete Lippen meist ein Verlangen nach mehr Informationen visualisieren, so gilt für zusammengepresste Lippen das genaue Gegenteil: Wir kneifen die Lippen zusammen, wenn wir etwas nicht auf- oder annehmen möchten. So zeigen wir deutlich unsere Abneigung.

Auch das Lächeln Ihres Verhandlungspartners kann vielfältig sein und lässt sich durch genaue Beobachtung deuten. Sie kennen sicherlich beide Varianten: Das höfliche, falsche Lächeln, mit dem wir jemanden bedenken, den wir nicht gut kennen oder der uns unsympathisch ist und das strahlende echte Lächeln, welches wir all jenen schenken, denen wir vertrauen und welche wir mögen. Der kleine, aber feine Unterschied entsteht durch die Aktivierung der Augenmuskeln: Beim falschen Lächeln ziehen sich die Mundwinkel gerade nach hinten, die Lippen bleiben geschlossen, und es findet nur eine schwache Augenbewegung statt. Bei einem echten Lächeln dagegen ziehen sich die Lippen nach oben in Richtung der Wangenknochen, die Zähne werden entblößt, und die um die Augen befindlichen Muskeln werden aktiv und lassen Lachfalten entstehen. Ein echtes Lachen erstreckt sich über beide Gesichtshälften, bei einem falschen Lächeln dagegen verzieht sich eine Gesichtshälfte mehr als die andere.

Der Hals und Nacken. Hals und Nacken ermöglichen die Beweglichkeit des Kopfes. Verhandelnde mit beweglichen Nacken sind meist nach allen Seiten hin offen, sie sehen nicht nur das Bekannte, sondern auch das Neue. In Verhandlungen können Sie aber auch eine aufrechte, gerade, beinahe steife Haltung von Hals und Nacken bemerken. Diese signalisiert Standfestigkeit und Zuverlässigkeit. Für Verhandelnde mit dieser Grundhaltung gelten Ausweichen und Nachgeben als negativ. Versteift sich inmitten der Verhandlung der Hals Ihres Gegenübers, so können Sie daraus ableiten, dass Sie gerade eine Schwachstelle in der Argumentation getroffen haben. Löst sich die Spannung dagegen und neigt sich der Kopf, so haben Sie den anderen zu sich herübergezogen. Wenn jemand den Kopf leicht seitlich neigt, zeigt er damit die Bereitschaft, andere Wege zu beschreiten. Er entzieht sich der unmittelbaren Konfrontation, denn sobald wir den Kopf zur Seite neigen, zeigen wir dem Gegenüber eine sehr verwundbare Stelle unseres Körpers, die Halsschlagader. Normalerweise schützen wir solche verwundbaren Punkte. Wenn wir sie dagegen offen legen, sprechen wir Vertrauen dadurch aus, dass wir unsere Verwundbarkeit zeigen.

Wenn Ihr Verhandlungspartner seine Hand an den Hals legt, bedeutet dies meist, dass er versucht, eine Schwäche zu überdecken. Vielleicht weiß Ihr gegenüber in diesem Moment nicht genau, was er sagen soll oder wir ein Argument formulieren kann.

Die Schulter und Rücken. Gerade gehaltene Schultern signalisieren, dass Ihr Gegenüber keine Last trägt – weder physisch noch psychisch. Sobald Ihr Verhandlungspartner jedoch diese Position wechselt und eine Schulter nach vorne schiebt, will er damit eine Barriere aufbauen. Zumeist ist die betreffende Person mit etwas nicht einverstanden und versucht sich auf diese Weise zu distanzieren. Daraufhin haben Sie die Gelegenheit, auf die Sache einzugehen und den betreffenden Punkt nochmals aufzugreifen, sofern Sie dies beabsichtigen.

Die Arme und Hände. Es fällt uns im Allgemeinen schwer, ohne den Einsatz von Armen und Händen zu kommunizieren. Mit ihnen begreifen wir im wahrsten Sinne des Wortes die Welt um uns herum. Im Rahmen der Verhandlung unterstützt der Verhandelnde das gesprochene Wort mit bewusst oder unbewusst eingesetzten Bewegungen der Arme und Hände. Gleichzeitig spiegelt die Geste immer auch die innere Haltung Ihres Verhandlungspartners wieder. Grundsätzlich existieren drei Arten von Handbewegungen: die offene, die geschlossene und die dominante Geste. Bei der offenen wird dem Gesprächspartner die Handfläche gezeigt. Dies ist ein Zeichen für Gradlinigkeit und eine freundliche, einladende Geste, welche Vertrauen schafft. Bei der nach innen gedrehten Hand bleibt die Handfläche verborgen. Ihr Verhandlungspartner sieht dann nur Ihren Handrücken. Mit dieser Geste will man zumeist etwas zurückhalten. Dies kann aus Angst oder Unsicherheit geschehen oder weil ein Aspekt verborgen werden soll. Auf jeden Fall wird eine Distanz zu Ihrem Verhandlungspartner aufgebaut. Derselbe Effekt tritt ein, wenn die Hände flach auf dem Tisch liegen, auf der Sessellehne ruhen oder sogar unter dem Tisch versteckt werden. Dominante Handbewegungen üben Druck aus: sie führen von oben nach unten. Dieses herunter drücken wirkt unterdrückend. In der dominierenden Geste liegt meistens der Wunsch, sich gegenüber dem anderen durchzusetzen, notfalls sogar gegen dessen Willen.

Wenn Ihr Verhandlungspartner die Handflächen so ausrichtet, als wollte er etwas nach vorne von sich wegdrücken, bedeutet dies, dass er mehr Distanz beansprucht. Er schiebt das andere Argument – oder sogar die Person – im Geiste von sich weg. Statt dieser Geste kann Ihr Gegenüber auch stellvertretend einen Gegenstand vor sich auf dem Tisch wegschieben wie beispielsweise einen Stift oder ein Glas.

Wenn jemand einen Gegenstand fest ergreift oder bei einem Vortrag mit seinen Händen fest das Rednerpult umklammert hält, ist das oft ein Zeichen für Unsicherheit und Angst oder den Wunsch, Halt zu finden. Es bedeutet zumeist, dass sich die betreffende Person rückversichern möchte.

Das Verschränken der Hände hinter dem Rücken ist eine sehr ausgeprägte Dominanzgeste. Sie präsentiert den Oberkörper ungeschützt und beweist, dass man sich seiner Sache sicher ist.

Die Beine und Füße. Die meisten Menschen denken, unsere Mimik würde am meisten über unser Inneres aussagen. Deshalb achten wir so stark darauf, bei uns selbst die Kontrolle darüber zu behalten, wodurch die Mimik allein nicht immer zuverlässig ist, etwas über unser Gegenüber auszusagen. Im Gegensatz dazu zeigen die Füße eher, in welche Richtung ein Mensch denkt und in welche Richtung er aufbrechen möchte. Wenn Ihnen eine Person gegenübersteht, dann zeigen ihre Fußspitzen in Ihre Richtung, wenn Ihr Gesprächspartner voll bei Ihnen ist. Angenommen, Sie sprechen ein neues Thema an und daraufhin bewegt sich eine Fußspitze Ihres Verhandlungspartners oder sogar beide von Ihnen weg, dann können Sie davon ausgehen, dass die betreffende Person sich lieber in die angezeigte Richtung entfernen würde. Wenn also Ihr Gesprächspartner seinen Stand verändert, so dass ein Fuß oder beide Füße von Ihnen weg zeigen, ist dies ein Hinweis darauf, dass er gerne gehen möchte. Vielleicht fühlt er sich angesichts des Gespräches unwohl, oder er steht unter Zeitdruck.

Achten Sie darauf, beim Verhandeln das Gewicht stets auf beiden Füßen zu verteilen, um Ihren Standpunkt im wahrsten Sinne des Wortes möglichst optimal zu vertreten. Viele Verhandelnde gehen während der Kommunikation im Besprechungszimmer umher. Die Bewegung hilft dabei, auch gedanklich beweglich zu bleiben und über Probleme nachzudenken oder Vorstellungen zu entwickeln. Für das Sprechen ist eine lockere, aufrechte Körperhaltung ideal. Die Atmung kann dann ungehindert fließen und die Stimme hat mehr Resonanz. Ist der Oberkörper locker aufgerichtet, wirken Sie stets sicherer, als wenn Sie sich klein machen, den Rücken krümmen und die Schultern nach vorn fallen lassen. Im Sitzen können Sie diese Haltung am besten einnehmen, wenn das Becken aufgerichtet ist. Sie haben mehr Halt und Sicherheit, wenn die Füße auf der Erde stehen. Setzen Sie sich breit und schwer auf die Sitzfläche. Je stabiler der Sitz, umso lockerer und freier kann der Oberkörper agieren. Wer auf der Stuhlkante sitzt, der wirkt schnell unsicher und so als hätte er das Gefühl, ihm sei der Platz nicht gegönnt, oder als wäre er auf dem Sprung.

Wie Ihre Stimme wirkt. Ihre Stimme ist Medium und Ausdrucksmittel zugleich. Wenn Sie verunsichert sind, wird Ihr Atem flach und kurz. Sie geraten dadurch leichter ins Stocken und Ihre Stimme wirkt kraftlos. Wächst Ihre Verunsicherung und wandelt sich gar in Angst, kann Ihre Stimme sogar kurzzeitig versagen. Wenn Sie unter großem Druck stehen, kann Ihre Stimme überschlagen. Im Wort „Stimmung" steckt das Wort „Stimme" – ein eindeutiger Hinweis darauf, dass die Stimme ein sehr genauer Stimmungsbarometer ist. Der Ton der Stimme Ihres Verhandlungspartners lässt Sie hören, ob er zu Ihrem Anliegen steht oder ob Zweifel, Unsicherheit oder Missfallen ihn beschäftigen: Zu leises Sprechen weist auf mangelnde innere Überzeugung oder Unsicherheit hin. Zu lautes Sprechen deutet auf innere Anspannung.

Stimme und Sprechweise sind Gradmesser der Authentizität eines Menschen. Sprechen Sie klar und deutlich! Dadurch drücken Sie Souveränität und einen klaren Standpunkt aus. Modulieren Sie und wechseln Sie Tempo und Lautstärke sowie Betonung! Benutzen Sie Höhen und Tiefen und sprechen Sie in kurzen, klaren Bogensätzen, denn dann geht Ihre Stimme automatisch wieder in die tieferen Stimmlagen, welche bei Ihrem Verhandlungspartner besser ankommen.

Die *Melodieführung* beim Sprechen gibt Ihrem Gegenüber wichtige Hinweise zum Entschlüsseln des Sinns Ihrer Sätze. Durch Veränderung der Tonhöhen können Sie Hinweise geben, wie Sie zu verstehen sind. Ist ein Gedanke zu Ende, dann gehen Sie mit der Stimme herunter. Wollen Sie weiter sprechen, bleiben Sie mit der Stimme in der Schwebe. Ein und derselbe Satz hat eine unterschiedliche Bedeutung, je nachdem, ob Sie am Ende die Stimme senken oder heben.

Viele Menschen begehen den Fehler, dass sie ihre Inhalte zwar eindeutig und klar formulieren, am Satzende jedoch in einer schwebenden oder sogar fragenden Tonhöhe bleiben und damit trotz eindeutiger Formulierung ungewollt Zweifel an ihrer eigenen Aussage transportieren. Diese nicht zielführende Melodieführung hat folgenschwere Auswirkungen: Die Zuhörer verlieren ein wichtiges Orientierungsmerkmal zur Gliederung Ihrer Inhalte. Die Verständlichkeit lässt deutlich nach und damit auch die Chance, dass Ihr Gegenüber die Information angemessen verarbeitet. Außerdem ist es für den Zuhörer sehr anstrengend, Menschen zuzuhören, welche ihre Stimme am Satzende nicht senken. Sie machen zwangsläufig weniger Sprechpausen und werden zunehmend atemlos. Diese Dauerspannung überträgt sich damit auch auf die Zuhörenden, welche dann häufig abschalten und nicht mehr aufmerksam zuhören.

Tipps für Ihren Erfolg

- Senken Sie am Ende eines Aussagesatzes stets die Stimme.
- Produzieren Sie kürzere, überschaubare Sätze. Diese sind leichter sinnvoll zu betonen und abzuschließen.
- Machen Sie kurze Sprechpausen zwischen aufeinanderfolgenden Aussagen, Informationen und Argumenten.
- Lassen Sie in der Sprechpause den Kiefer locker, so dass die Lippen leicht geöffnet sind. Dies entspannt Mundraum, Kehlkopf und Zwerchfell.

Beim Reden variieren wir die Lautstärke und können damit einzelne Wörter, Sätze und Satzteile besonders hervorheben. Dieser sogenannte *„dynamische Akzent"*, umgangssprachlich *„Betonung"* genannt, verändert die Bedeutung des gesprochenen Satzes.

Beispiel

Bitte lesen Sie den nachfolgenden Satz fünfmal hintereinander und betonen dabei jeweils ein anderes unterstrichenes Wort:

Glauben Sie, dass das genügt?

Beschreiben Sie, wie sich jeweils die Bedeutung des Satzes verändert!

Die Betonung ist somit ein zentrales Merkmal der Sinnvermittlung. Monotones, gleichförmiges Sprechen erschwert die Sinnerfassung. Mit dynamischen Akzenten steuern Sie, wie Sie Ihre Worte verstanden wissen wollen.

Wenn Sie sich auf Ihren Gesprächspartner wirklich einlassen, werden Sie auch Ihr *Sprechtempo* intuitiv auf die andere Person einstellen. Beobachten Sie, wie Ihr Verhandlungspartner die Informationen verarbeitet und legen Sie Pausen ein. Diese geben Ihnen die Gelegenheit nachzudenken und kurz zu entspannen, während der andere die Informationen verstehen und verarbeiten kann. Schnelles, pausenarmes Sprechen führt dazu, dass ein nicht unerheblicher Teil Ihrer Aussagen nicht aufgenommen wird. Sollen Ihre Worte und Argumente im Rahmen der Verhandlungen wirken, müssen Sie anderen die Zeit lassen, sie zu begreifen. Dafür sind Pausen da – am Satzende, nach gedanklichen Abschnitten und vor besonders wichtigen Worten. Mit Pausen können Sie auch gezielt bestimmte Worte und Passagen hervorheben und Spannung erzeugen.

Mit dem Variieren des Sprechtempos und dem gezielten Einsatz von Pausen können Sie die Wirkung Ihrer Worte maßgeblich beeinflussen. Sinngemäße Variationen im Sprechausdruck erhöhen dabei nicht nur die Verständlichkeit, sondern gestalten auch das Zuhören angenehmer.

Beachten Sie die verschiedenen Distanzzonen. Eine besondere Bedeutung im Rahmen der nonverbalen Kommunikation hat auch die sogenannte *Proxemik* (von lat. proximus „der Nächste"), welche die Signale von Individuen untersucht, die sie durch das Einnehmen einer bestimmten Distanz zueinander austauschen. Viele Menschen empfinden es beispielsweise als unangenehm, zusammen mit fremden Menschen in einem Lift dicht gedrängt nebeneinander zu stehen. Sie versuchen sich dann körperlich abzugrenzen, indem sie den Blickkontakt vermeiden – die Stockwerksnummern oder das Schild des Aufzugherstellers erscheinen ihnen auf einmal ausnehmend wichtig. In diesem Zusammenhang haben alle Menschen bestimmte *Distanzzonen* um sich herum, und wir empfinden es als höchst unangenehm, wenn uns jemand, den wir nicht kennen oder nicht mögen, zu nahe kommt. Die Distanz zwischen Menschen sagt viel über deren Beziehung aus. Deshalb erkennen Sie auf der Straße auch sofort, ob zwei Menschen eine distanzierte, geschäftliche oder persönliche Beziehung zueinander haben. Je höher der Status eines Menschen ist, desto größer ist das Territorium, das er beansprucht.

Sie können sich die Distanzzonen wie Kreise mit unterschiedlichem Radius um eine Person vorstellen. Je enger der Radius wird, desto persönlicher wird der Kontakt. Überschreiten Sie einen Kreis und dringen so in eine engere Distanzzone ein, ohne dass diese Person das möchte, werden Sie feststellen, dass sie ausweicht, um wieder in die erweiterte Distanzzone zu gelangen. In den verschiedenen Kulturen dieser Welt ist das Empfinden einer bestimmten Distanzzone höchst unterschiedlich. In Mitteleuropa können Sie sich an den in nachstehender Abbildung angeführten Abstandszonen orientieren (vgl. Abbildung 9).

Im Rahmen von Verhandlungen stellt die Tischmitte oft eine unsichtbare Grenze der jeweiligen Intimzone dar. Halten Sie daher stets den richtigen Abstand zu Ihrem Gesprächspartner ein. Wenn Ihr Gegenüber bei einem Gespräch seinen Körper zurücklehnt oder einen Schritt nach hinten macht, versucht er sich vielleicht gerade Platz oder Luft zu verschaffen, weil Sie ihm zu nahe gekommen sind.

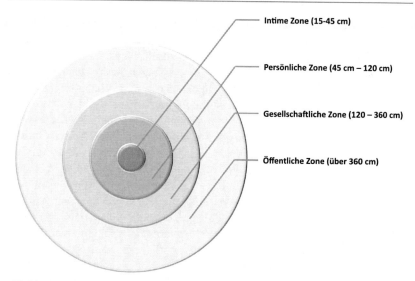

Intime Zone (15-45 cm)

Persönliche Zone (45 cm – 120 cm)

Gesellschaftliche Zone (120 – 360 cm)

Öffentliche Zone (über 360 cm)

Abbildung 9: Distanzzonen in Mitteleuropa

Beachten Sie die Intimzone Ihres Verhandlungspartners. Überschreiten Sie gewisse Grenzen, vor allem die der Intimzone, fühlt sich Ihr Gesprächspartner bedrängt oder verstimmt. Das Eindringen in das Territorium eines anderen kann als ein Vertrauenshinweis verstanden oder aber als Bedrohung wahrgenommen werden und Aggressionen auslösen.

Mit Rapport und Anpassungsfähigkeit zu positiver Resonanz. Rapport (frz. „Beziehung, Verbindung") bezeichnet eine aktuell vertrauensvolle, von wechselseitiger empathischer Aufmerksamkeit getragene Beziehung zwischen zwei Menschen. Wenn wir Rapport herstellen, schaffen wir eine Beziehung mit gegenseitigem Vertrauen, mit Einigkeit, Kooperationsbereitschaft und Offenheit für die Ideen des Gesprächspartners. Die Grundregel für das Herstellen von Rapport lautet, dass man sich daran anpasst, wie das Gegenüber am liebsten kommunizieren will. Um sich Ihrem Gesprächspartner anpassen zu können, müssen Sie zunächst einmal ein Verständnis dafür entwickeln, *wie* er am liebsten kommuniziert. Indem Sie lernen, das Kommunikationsverhalten anderer Menschen genau zu beobachten, lernen Sie mit anderen Worten auch besser zu verstehen, was sie Ihnen im Grunde mitteilen wollen. Durch Rapport können Sie zusätzlich bewirken, dass Ihr Verhandlungspartner Sie sympathischer findet. Der Grund dafür ist einfach: Indem Sie sich der Art der Kommunikation anpassen, welche Ihr Gesprächspartner bevorzugt, zeigen Sie, dass *Sie sind wie er*, denn Sie drücken sich so ähnlich aus wie er und verhalten sich entsprechend. Und Menschen mögen Menschen, die ihnen ähnlich sind (vgl. Sie hierzu auch die Ausführungen in dem späteren Abschnitt „Nutzen Sie die geheime Psychologie der Beeinflussung"). Denn tatsächlich funktioniert es so, dass jemand, der Sie sympathisch findet, tendenziell mit Ihnen einer Meinung sein möchte. Wenn Sie also durch die Anpassung an Ihren Verhandlungspartner zeigen, dass Sie so sind wie er, wird er sich eher verpflichtet fühlen, sich Ihren Ansichten anzuschließen. Auf das, was Sie sagen, hätte er ja jederzeit auch selbst kommen können (denn Sie sind sich ja beide ähnlich). Sollte er Ihnen nicht zustimmen, wäre es psychologisch gesehen beinahe so, als würde er sich selbst nicht zustimmen.

Was bedeutet dies konkret für Verhandlungssituationen bzw. wie sollen Sie Ihre Körpersprache einsetzen, um Rapport zu schaffen? Ganz einfach: Sie beobachten Ihren Gesprächspartner, seine Haltung, den Neigungswinkel seines Kopfes, wie er die Arme hält und so weiter, und dann passen Sie sich einfühlsam und mit Respekt an die Körpersprache des anderen an. Es gibt zwei Arten, wie Sie dies machen können. Für welche Methode Sie sich entscheiden, hängt davon ab, ob Sie Ihrem Gesprächspartner gegenüberstehen oder neben ihm. Beim sogenannten *Matching (Angleichen)* bewegen Sie den rechten Arm, wenn Ihr Gesprächspartner den rechten Arm bewegt. Diese Methode ist geeignet, wenn Sie neben der betreffenden Person stehen oder sitzen. Beim sogenannten *Mirrowing (Spiegeln)* bewegen Sie Ihre Körperteile spiegelbildlich, d. h. Sie bewegen den linken Arm, wenn der andere den rechten bewegt, als wären Sie sein Spiegelbild. Diese Methode ist besser geeignet, wenn Sie sich gegenüberstehen oder –sitzen. Es handelt sich bei beiden Methoden dabei keinesfalls um Nachmachen oder Nachäffen – denn das ist ein auffälliges, übertriebenes und wahlloses Kopieren der Bewegungen einer anderen Person, was normalerweise als Angriff verstanden wird.

Rapport entsteht über Ähnlichkeiten in der Körperhaltung, in der Bewegung oder in der Sprache und lässt bei Ihrem Gesprächspartner eine positive Resonanz entstehen, welche eine gute Basis für ein erfolgreiches Verhandlungsgespräch ist. Seien Sie in diesem Zusammenhang nach wie vor authentisch und achtsam, und gehen Sie flexibel auf Ihren Verhandlungspartner und die jeweilige Situation ein. Ahmen Sie auf keinen Fall jede Bewegung Ihres Verhandlungspartners nach, da dies auffällt, wenig glaubwürdig ist und gestellt wirkt – eben nicht authentisch. Wenn Sie Rapport schaffen, indem Sie sich an das Kommunikationsverhalten einer anderen Person anpassen, ist es wichtig, dies diskret und schrittweise zu tun. Nehmen Sie zu Anfang nur sehr kleine Veränderungen vor, und steigern Sie sie ganz langsam, Schritt für Schritt. Wenn Sie, wie weiter oben dargestellt, bestimmte Körpersignale erkennen, dann nehmen Sie auf eine natürliche Weise eine ähnliche Haltung ein und nicht genau dieselbe. Sollte sich Ihr Gegenüber beispielsweise weit nach hinten lehnen, überprüfen Sie sich selbst, inwiefern Sie ihn vielleicht mit Ihrer Energie und Begeisterung nach hinten gedrückt haben, und lehnen sich dann auch etwas im Stuhl zurück, um ihm wieder Platz zum Atmen – sprich Nachdenken – zu geben.

Sie können sich auch an Armbewegungen durch kleine Handbewegungen, an Körperbewegungen durch Kopfbewegungen oder auch durch eine zeitlich verzögerte Durchführung einer Körperbewegung anpassen. Dies nennt man *verschobenes Spiegeln*.

Sie können auch Rapport aufbauen, indem Sie den Gesichtsausdruck Ihres Gegenübers nachahmen. Der andere kann sein Gesicht ja nicht sehen und es daher nicht mit Ihrem vergleichen. Aber im Gesichtsausdruck Ihres Gesprächspartners spiegelt sich, wie er sich innerlich fühlt. Wenn er also einen entsprechenden Ausdruck auf Ihrem Gesicht wahrnimmt, kommt es ihm subliminal so vor, als würden Sie dasselbe empfinden wie er. Denn Sie sehen ja so aus, wie er sich fühlt, und dies ist ein „starkes Band". Da wir unser eigenes Gesicht – in den meisten Fällen – nicht sehen können, ist es s gut wie unmöglich zu entdecken, dass eine andere Person unseren Gesichtsausdruck imitiert. Stattdessen haben wir nur ein Gefühl der Zusammengehörigkeit.

Angleichen der Stimme ist eine weitere Art, Rapport aufzunehmen. Es kann die Tonart, die Geschwindigkeit, die Lautstärke und der Sprachrhythmus gespiegelt werden. Sich auf den Atem des Verhandlungspartners einzustellen ist eine weitere sehr wirkungsvolle Weise, Rapport zu gewinnen.

Bauen Sie Rapport auf, indem Sie das Tempo Ihres Verhandlungspartners ansatzweise aufnehmen und sich körpersprachlich auf natürliche Art anpassen. Dies ist für Ihr Gegenüber angenehmer und für Sie erfolgversprechender. Authentisch sein bedeutet in diesem Zusammenhang nicht, starr in einem Schema zu verharren: Es gibt genügend Freiraum, um sich flexibel der jeweiligen Situation anzupassen. Die bekannte Journalistin *Dr. Sandra Maria Gonewald* nennt als wichtigsten Ratschlag in Bezug auf Kommunikation und Verhandlungsführung Authentizität und das Vertrauen auf sich selbst, seine Ausstrahlung und Stärke. Die promovierte Romanistin und Moderatorin von erfolgreichen TV-Sendungen wie zum Beispiel „Hallo Deutschland" im ZDF, bereitet sich mit schriftlichen Stichproben für die Inhalte, mit Authentizität in Gestik und Mimik für die Stimmungen und mit der Frage „Was will ich letztlich rüberbringen/bewirken?" stets akribisch und strukturiert auf wichtige Gespräche und Auftritte vor.

Es gibt mehrere Möglichkeiten festzustellen, ob Sie Rapport zu jemand hergestellt haben. Wenn Sie sich darum bemüht haben, war eines Ihrer Ziele, den „führen" zu können. Ob dies erfolgreich war, können Sie wie folgt überprüfen: Nehmen Sie eine Veränderung in Ihrer Körpersprache oder Ihrer Sprechgeschwindigkeit vor, und beobachten Sie, ob der andere Ihnen folgt. Wenn dies der Fall ist, wird er selbst auch die entsprechenden Veränderungen zeigen. Wenn die Person Ihnen nicht folgt, gehen Sie zurück und bauen Sie erneut Rapport auf. Dann warten Sie die nächste Gelegenheit ab und versuchen nochmals, Ihren Gesprächspartner zu führen.

Wie Sie gesehen haben, beeinflusst Ihre Körpersprache zu einem Großteil das Verhandlungsergebnis. Sobald Sie mit Ihrem Verhandlungspartner in Kontakt treten, sollten Sie sich daher Ihrer Ausstrahlung und Körpersprache vollkommen bewusst sein. Achten Sie unbedingt darauf, die nonverbalen Botschaften Ihres Verhandlungspartners nicht zu übersehen und fragen Sie sich stets, ob Worte, gesprochene Inhalte, Stimme, Mimik, Blickkontakt und die Körpersignale Ihres Gegenübers übereinstimmen.

Wer, wie, was? Wer nicht fragt, bleibt dumm

Fragetechniken sind ein zentrales Element der Kommunikation, welches jedoch in Verhandlungen zumeist unterschätzt und aus diesem Grunde auch zu wenig gezielt eingesetzt wird. Seien Sie ehrlich: Wie viele Fragen stellen Sie Ihren Verhandlungspartnern, bevor Sie Ihre Vorschläge und Vorstellungen präsentieren oder bevor Sie mit der Verhandlung von Preisen oder Konditionen beginnen? Die Erfahrung in der Praxis zeigt, dass der Grundsatz „Wer fragt, der führt" zu wenig Berücksichtigung findet.

Fragen sind wichtig, um zu verstehen, wie Ihr Verhandlungspartner tickt, was ihn antreibt, und welche Bedürfnisse er *wirklich* befriedigen will. Je mehr Sie fragen, desto mehr Informationen erhalten Sie und desto erfolgreicher können Sie verhandeln.

Fragen können Prozesse anregen, Informationslücken schließen, andere dazu bringen, ihre Argumente auf den Tisch zu legen, motivieren und vieles mehr. Gute Fragen stellen zu können bedeutet vor allem aber auch zu wissen, welche Informationen von Ihnen benötigt werden und für Sie hilfreich sind. Wie bereits an anderer Stelle dargestellt, sollten Sie sich daher schon im Vorfeld darauf vorbereiten, was Sie in der Verhandlungssituation wissen wollen und Ihre Fragen entsprechend planen.

Zu Beginn einer Verhandlung sollten Sie mittels entsprechender Fragetechnik versuchen, möglichst viele bejahende Antworten zu erwirken, um das Gespräch in eine positive Richtung zu lenken: Der griechische Philosoph *Sokrates* (469-399 v. Chr.) hat schon vor mehr als 2500 Jahren die Fragetechnik gezielt im Rahmen der Gesprächsführung eingesetzt, um den Gedanken seiner Gesprächspartner eine andere Richtung zu geben. Seine Technik bestand unter anderem darin, niemals eine negative Antwort zu bekommen. Er stellte seine Fragen so, dass seine Gesprächspartner zwangsläufig mit „Ja" antworten mussten. Dies ist eine sehr simple aber dennoch effektive Technik, welche allzu häufig vernachlässigt wird. Sokrates setzte sie erfolgreich ein, um das Unterbewusstsein seiner Verhandlungspartner in eine bejahende Richtung zu steuern. Es ist dabei wie mit einer Billardkugel: Schicken Sie diese in eine bestimmte Richtung, so bedarf es einiger Kraft, um sie abzulenken. Noch viel mehr Kraft aber braucht es, um sie in die entgegengesetzte Richtung zu bringen. Je mehr bejahende Antworten Sie deshalb am Anfang erwirken, umso eher können Sie damit rechnen, dass Ihr Verhandlungspartner auch andere entscheidende Fragen bejahen und Ihren Vorschlag annehmen wird. So bekannte *Abraham Lincoln,* welcher erfolgreich die Abschaffung der Sklaverei in den USA betrieb, dass seine Vorgehensweise beim Eröffnen und Gewinnen eines Argumentes darin besteht, auf gemeinsamem Gebiet zunächst eine Übereinstimmung zu erzielen.

Im Folgenden werden kompakt die wichtigsten Fragearten dargestellt, durch welche Sie Verhandlungen gezielt steuern können.

Offene Fragen. Offene Fragen sind solche, die sich nicht nur mit „Ja" oder „Nein" beantworten lassen. Sie beginnen mit einem der W-Frageworte: wer, wie, was, wieso, weshalb, warum. Deshalb nennt man offene Fragen auch W-Fragen. Zu Beginn der Verhandlung – in der Eröffnungsphase sowie im Rahmen der Entwicklung von Optionen – sollten Sie vermehrt mit offenen Fragen arbeiten, um Informationen von Ihren Verhandlungspartnern zu erhalten. Offene Fragen lassen Ihrem Gesprächspartner viel Spielraum für die Antwort. Der Befragte kann dabei auswählen, was und wieviel er erzählen möchte. Da Ihr Gesprächspartner Inhalt und Gewichtung der Antwort stärker beeinflussen kann, erfahren Sie mehr von ihm als Person. Dies ist von zentraler Bedeutung, um die Bedürfnisse und Ziele des Gegenübers zu erfassen. Durch offene Fragen können Sie Ihren Verhandlungspartner aufwerten und ihm zu verstehen geben, dass Sie ihn respektieren und sich für seine Kenntnisse, Einschätzungen und sein

Wissen interessieren. Damit demonstrieren Sie, dass Sie Ihre Verhandlungspartner in ihrer Position schätzen. Offene Fragen ermöglichen es, komplexe Probleme herauszuarbeiten und regen zum gemeinsamen Nachdenken an. Grundsätzlich ist es in Verhandlungen ratsam, deutlich mehr zu fragen und zuzuhören als selber zu reden.

Beispiele:

- Welche Probleme haben Sie mit dieser Vorgehensweise?
- Was ist Ihnen wichtig?
- Wie kann ich das verstehen?

Geschlossene Fragen. Eine geschlossene Frage lässt sich nur mit „Ja" oder „Nein" beantworten. Diese Fragen schränken die Antwortmöglichkeit Ihres Verhandlungspartners sehr ein. Sie sind dann sinnvoll, wenn Sie eine Entscheidung herbeiführen oder überprüfen wollen, ob in bestimmten Punkten Einigkeit erzielt worden ist. In diesem Sinne können geschlossene Fragen auch das Gespräch beschleunigen, indem sie zusammenfassen, was bisher vereinbart wurde. Geschlossene Fragen werden daher gezielt gegen Ende der Verhandlung eingesetzt, wenn es darum geht, zu einem Ergebnis zu kommen.

Beispiele:

- Wollen wir uns auf diesen Vorschlag einigen?
- Sind wir uns über den Preis einig?
- Bestellen Sie die Ware?

Alternativfragen. Alternativfragen geben zwei Antwortmöglichkeiten und gehören zu den geschlossenen Fragen. Sie eignen sich für die Entscheidungsfindung und den Abschluss, wenn die Alternativen bekannt sind.

Beispiele:

- Wollen Sie uns lieber bei der Lieferzeit oder beim Skonto entgegenkommen?

Suggestivfragen. Suggestivfragen gehören zu den geschlossenen Fragen und legen eine bestimmte Antwort nahe. Ihrem Gegenüber bleibt fast nur diese Antwort übrig. Wissen Sie sicher, dass Ihr Gesprächspartner der gleichen Meinung ist wie Sie, können Sie guten Gewissens so fragen. Da Suggestivfragen aber auch ein Mittel zur Manipulation, latenten Drohung oder Unterstellung sein können, tragen sie häufig auch zu einer Verschlechterung der Beziehungen sowie des Gesprächsklimas bei. Insgesamt gilt deshalb das Vorsichtsprinzip bei der Anwendung.

Beispiele:

- Sie sind doch auch der Meinung, dass ...?
- Sie wollen doch auch heute zu einer Lösung gelangen?
- Sicher haben Sie den gleichen Eindruck?

Die Fragetechnik gilt allgemein als zentrales Element erfolgreicher Gesprächsführung. Wie so oft besteht das Problem auch hier in der erfolgreichen Anwendung bzw. Dosierung: Wenn Sie Ihrem Gesprächspartner nur Fragen stellen, wird das von ihm schnell als Bedrängnis erlebt.

Tipps für Ihren Erfolg

- Stellen Sie viele offene Fragen.
- Stellen Sie jeweils nur eine Frage zurzeit.
- Lassen Sie Ihrem Gesprächspartner nach jeder Frage genügend Zeit zu antworten und hören Sie aktiv zu.

Auch zuhören ist eine Kunst

Wie oben bereits betont ist die Phase der Bedarfserhebung nach der professionellen Vorbereitung und dem ersten Eindruck entscheidend für eine erfolgreiche Verhandlungsführung. Nur wenn Sie die genauen Wünsche und Anforderungen Ihrer Gesprächspartner kennen, sind Sie in der Lage, passende Lösungen anzubieten. In diesem Zusammenhang brauchen Sie gezielte Fragen, die Ihrem Gegenüber gleichzeitig signalisieren, dass Sie sich für ihn interessieren.

Die Ermittlung der Zielsetzungen Ihres Gesprächspartners im Rahmen der Bedarfserhebung erfolgt dabei in drei grundlegenden Schritten:

- Gezielt fragen: zuerst offene, dann geschlossene Fragen zum Eingrenzen und Entscheiden.
- Aktiv zuhören.
- Die Zielsetzung bzw. den Bedarf wiederholen/zusammenfassen und absichern.

Nur wenn Sie die Zielsetzung Ihres Gesprächspartners und die hinter den Positionen liegenden wahren Interessen adäquat ermitteln, haben Sie die nötigen Informationen für die folgende Argumentationsphase. Ansonsten laufen Sie Gefahr, ständig an den eigentlichen Interessen Ihrer Verhandlungspartner vorbei zu argumentieren! Informationen sind somit das Wichtigste in Verhandlungen, und an Informationen gelangen Sie vor allem durch aufmerksames Zuhören.

Aktives Zuhören ist der Königsweg zur Information. Dabei ist es nicht nur wichtig zu hören, was jemand sagt, sondern durch das aktive Zuhören zu erfassen, was und vor allem *wie* jemand etwas sagt. Aktives Zuhören signalisiert Ihrem Gesprächspartner, dass Sie ihn und seine Sicht der Dinge ernst nehmen und sich mit seinen Inhalten wirklich auseinandersetzten. Aufmerksames Zuhören ist deshalb eine Form von persönlicher Wertschätzung, und dieses Signal hat einen positiven Einfluss auf die Beziehung zu Ihrem Gesprächspartner.

Das aktive Zuhören ist *die* zentrale Gesprächsführungstechnik, welche auf der Empfängerseite der Kommunikation eingesetzt werden kann. Diese Technik wurde von *Carl Rogers* (1902-1987), einem US-amerikanischen Psychologen und Begründer Gesprächspsychotherapie, entwickelt. Seine Grundannahme war es, dass der Patient durch die Empathie und Akzeptanz des Therapeuten, welche sich in dem Verbalisieren seiner Gefühle und Bedürfnisse manifestiert, lernt, sich selbst zu akzeptieren und zu verwirklichen. Der von Rogers geschaffene klientenzentrierte Ansatz ist heute fester Bestandteil der generellen Gesprächsführung, wobei unter aktivem Zuhören im weiteren Sinne neben dem Verbalisieren von Gefühlen und Bedürfnissen des Gesprächspartners auch das sachliche Zusammenfassen und gezielte Nachfragen verstanden wird.

Geben Sie Ihren Gesprächspartnern stets die Möglichkeit, Ihnen alles zu erzählen, was Sie wissen müssen. Sie werden dabei feststellen dass sie es nicht nur machen, sondern dies auch gerne tun. Denn jeder vertraut Menschen, welche ihm aufmerksam und mit aufrichtigem Interesse zuhören. Der englische Erzähler und Dramatiker *William Somerset Maugham* (1874-1965) schrieb einmal: „Die Natur ist wirklich weise: Der Mensch hat zwei Ohren und nur eine Zunge. Er sollte eben doppelt so viel hören wie reden." Wenn Sie sich zu einem guten Zuhörer entwickeln möchten, sollten Sie zu zwei Dritteln zuhören und lediglich zu einem Drittel reden. Nutzen Sie Ihr Drittel vor allem dazu, präzise und klare Informationen zu geben, und versuchen Sie, Ihren Gesprächspartner dazu zu bewegen, möglichst viel zu erzählen. Achten Sie darauf nicht nur zuzuhören, sondern aktiv zuzuhören: Lassen Sie Ihren Gesprächspartner merken, dass Sie zuhören, indem Sie zum Beispiel Zeichen geben, an denen der andere ablesen kann, dass Sie zuhören. Nicken Sie, halten Sie Blickkontakt, geben Sie kurze, verbale Bestätigungen wie „Ich verstehe", „Mhm, interessant", „Erzählen

Sie bitte mehr" oder „Tatsächlich?" und machen Sie sich zu wichtigen Aussagen kurze Notizen: Gerade im Rahmen von komplexen Verhandlungsthemen, bei längeren Redephasen Ihres Verhandlungspartners und/oder wenn viele Personen an einer Verhandlung beteiligt sind, hat es sich als überaus nützlich erwiesen, sich während des Zuhörens Notizen in Form von Stichworten zu machen. Dies hat folgende Vorteile:

- Sie unterdrücken den unmittelbaren Impuls, Ihren Gesprächspartner zu unterbrechen.
- Sie haben den Kopf frei für Punkte, welche sonst noch angesprochen werden.
- Sie trennen schon beim Zuhören Wichtiges von Unwichtigem.
- Sie können sicherstellen, dass Sie auf alle wesentlichen Aspekte eingehen, wenn Sie an der Reihe sind zu sprechen.
- Ihr Verhandlungspartner fühlt sich ernst genommen, wenn Sie sich Notizen zu seinen Ausführungen machen.

Im Rahmen des aktiven Zuhörens ist die *Paraphrasierung* ein wichtiges Mittel, mit dem Sie sich Verständigung sichern können und sollten: Fassen Sie hierzu mit Ihren eigenen Worten zusammen, was Sie von der Äußerung Ihres Gesprächspartners verstanden haben. Auf diese Weise geben Sie Ihrem Gesprächspartner nicht nur das Gefühl, dass Sie ihn und seine Interessen ernst nehmen, sondern lassen ihn auch erkennen, wie seine Worte bei Ihnen angekommen sind. Dadurch können eventuelle Missverständnisse unmittelbar korrigiert werden.

Hier sind einige Formulierungen, welche Sie in diesem Zusammenhang gebrauchen können:

- Habe ich Sie richtig verstanden? Meinten Sie, dass…?
- Ich habe den Eindruck, dass…
- Aus Ihrer Sicht ist…
- Verstehe ich Sie richtig, wenn…
- Sie scheinen das Gefühl zu haben, dass…

Sie können die Paraphrase auch gegen Ende des Gespräches nutzen, um die erarbeiteten Ergebnisse zusammenzufassen. Auf diese Weise können Sie Ihr Verständnis des Ergebnisses mit der anderen Seite abgleichen und Korrekturen vornehmen, wenn dabei Missverständnisse oder Unklarheiten deutlich werden.

Wie gezeigt worden ist genügt es nicht, offene Fragen zu stellen, um die Gedanken Ihres Gesprächspartners zu verstehen. Sie müssen vor allem aktiv zuhören, wenn dieser antwortet. Dies bedeutet, dass Sie sich voll und ganz auf das konzentrieren müssen was Ihr Verhandlungspartner sagt, und ihn spüren lassen, dass Sie ihm aufmerksam zuhören und sich bemühen, ihn zu verstehen. Das aktive Zuhören ist im Rahmen der Verhandlungsführung von herausragender Bedeutung und für Sie überaus vorteilhaft:

- *Informationen*: Sie erfahren eine Menge über Ihren Verhandlungspartner, seine Gedanken, Gefühle, Probleme, Wünsche, Befürchtungen, Bedürfnisse, Interessen und Zielsetzungen. Diese Informationen benötigen Sie wie gesagt für Ihre Überzeugungsarbeit.
- *Sympathie*: Sie erzeugen bei Ihrem Verhandlungspartner positive Emotionen und gewinnen seine Sympathie, wenn Sie ihm aufrichtig und interessiert zu hören. Sie drücken auf diese Weise nämlich aus, dass Sie das, was der andere Ihnen sagt, für bedeutsam halten. So bezeugen sie Achtung und Respekt nicht nur vor dem, was Ihr Verhandlungspartner sagt, sondern auch vor seiner Person. Aktives Zuhören ist demnach ein Kompliment für den anderen.
- *Zeitgewinn*: Durch aktives Zuhören und entsprechendes Paraphrasieren minimieren Sie Widerstände und Missverständnisse und gewinnen Zeit, da ein langes aneinander Vorbeireden verhindert wird.
- *Wer fragt, der führt*: Wenn Sie offene Fragen stellen und Ihren Gesprächspartner durch aktives Zuhören zum Sprechen animieren, bestimmen Sie allein durch die Auswahl Ihrer Fragen das Thema und die Richtung des Gespräches.

Die hohe Schule des aktiven Zuhörens ist das *empathische Zuhören*. Mit Empathie bezeichnet man dabei die Bereitschaft und die Fähigkeit, sich in andere Menschen einzufühlen. Als empathischer Zuhörer bemühen Sie sich, selbst nachzuempfinden, was das Gesagte für Ihren Gesprächspartner emotional bedeutet. Und Sie machen ihm dabei deutlich, dass Sie seine Gefühle verstehen, indem Sie offen aussprechen, was er fühlt. Dadurch, dass Sie seine Gefühle benennen, schaffen Sie auf diese Weise eine starke emotionale Verbindung. Denn er fühlt sich dann von Ihnen nicht nur auf der Sachebene, sondern auch emotional verstanden.

Die Schwierigkeit des empathischen Zuhörens besteht darin, dass der andere Ihnen seine Gefühle meistens nicht offen mitteilt. Versuchen Sie sich daher bestmöglich in die Lage Ihres Gesprächspartners hineinzuversetzen. Achten Sie bei dem, was er sagt und vor allem, wie er es sagt, auf Hinweise zu seinen Gefühlen und formulieren Sie Ihre Annahmen als Fragen, wenn Sie unsicher sind. Sollten Sie sich irren, wird Ihr Verhandlungspartner Sie korrigieren. Auf jeden Fall wird er Ihren Versuch, seine Gefühle zu verstehen, in jedem Fall positiv registrieren. *Dr. Ibrahim Sirkeci* ist Director am Regent's College sowie Professor für Marketing an der European Business School in London. Der Verhandlungsexperte unterstreicht die Bedeutung der emotionalen Beziehungsebene im Rahmen von Verhandlungen: Ohne die Herzen und Sympathie Ihrer Verhandlungspartner zu gewinnen, können Sie nicht die Verhandlung gewinnen, ist der Wissenschaftler, der als Professor für Transnationale Studien weltweit Verhandlungen geführt und vorbereitet hat, überzeugt.

Tipps für Ihren Erfolg

- *Halten Sie Blickkontakt*: Dies ist für Ihren Gesprächspartner das wichtigste nonverbale Zeichen, dass Sie mit Ihren Gedanken voll und ganz beim ihm sind. Auch Ihr Nicken bestätigt, dass Sie zuhören.
- *Lächeln Sie*: Schauen Sie Ihren Gesprächspartner freundlich an. Lächeln Sie, so oft es die Situation erlaubt. Sie zeigen dem anderen damit, dass Sie ihm gerne zuhören und stärken auf diese Weise das emotionale Band zwischen Ihnen.
- *Unterbrechen Sie nicht*: Hören Sie geduldig zu. Lassen Sie den anderen stets ausreden. Ihrem Gesprächspartner ins Wort zu fallen ist nicht nur unhöflich, sondern Sie laufen Gefahr, wichtige Informationen nicht zu erhalten. Selbst wenn Ihr Gesprächspartner scheinbar ausgeredet hat, sollten Sie noch einen kleinen Moment warten und schweigen und ihn dabei erwartungsvoll anschauen – so als fehle noch etwas an dem, was gerade gesagt hat. In der Regel wird Ihr Verhandlungspartner dann weiterreden und gibt dabei häufig Informationen preis, die er eigentlich gar nicht erwähnen wollte.
- *Zeigen Sie auch mit Worten, dass Sie zuhören*: Machen Sie verbal deutlich, dass Sie genau zuhören, in dem Sie immer wieder kurze Bestätigungen einwerfen.
- *Paraphrasieren Sie und haken Sie nach*: Vergewissern Sie sich immer, dass Sie auch wirklich alles genau verstanden haben, was Ihnen Ihr Gesprächspartner mitgeteilt hat. Wiederholen Sie dazu zwischendurch immer wieder das Gesagte mit eigenen Worten, um Verständigung sicherzustellen. Falls Sie Zweifel haben, fragen Sie nach. Haken Sie so lange nach, bis Sie sicher sind, jedes Detail genau verstanden zu haben.
- *Machen Sie sich Notizen*: Wann immer es die Situation erlaubt, sollten Sie sich notieren, was jemand zu Ihnen sagt. Erstens können Sie dadurch das Gesagte besser behalten und zweitens fühlt sich Ihr Gesprächspartner wichtig genommen. Auf diese Weise sammeln Sie Pluspunkte auf der emotionalen Ebene.

Das Wichtigste in Kürze

- Bei jedem Kommunikationsprozess sind Inhaltsebene, Stimmebene und die Ebene der Körpersprache die zentralen Ebenen, auf denen Mitteilungen gesendet werden.
- Der Großteil der Kommunikation wird über Körpersprache vermittelt. Kommunikation ist nicht das, was Sie sagen, sondern stets das, was bei Ihrem Verhandlungspartner ankommt. Es kommt demnach nicht nur darauf an, *was* Sie erreichen wollen, sondern es ist mindestens ebenso wichtig, *wie* Sie etwas sagen.
- Achten Sie bei einer Verhandlung immer auf die Körperhaltung und die Stimme und setzen Sie sie in Bezug zum Inhalt. Das ermöglicht es Ihnen, in einem Gespräch eventuelle Inkongruenz, d. h. Deckungsungleichheiten, zu erkennen und dadurch viel mehr Botschaften wahrzunehmen, als wenn Sie nur auf das Wort achten würden.
- Stimme und Sprechweise sind Gradmesser der Authentizität eines Menschen. Sprechen Sie klar und deutlich! Dadurch drücken Sie Souveränität und einen klaren Standpunkt aus. Modulieren Sie und wechseln Sie Tempo und Lautstärke sowie Betonung! Benutzen Sie Höhen und Tiefen und sprechen Sie in kurzen, klaren Bogensätzen, denn dann geht Ihre Stimme automatisch wieder in die tieferen Stimmlagen, welche bei Ihrem Verhandlungspartner besser ankommen.
- Mit dem Variieren des Sprechtempos und dem gezielten Einsatz von Pausen können Sie die Wirkung Ihrer Worte maßgeblich beeinflussen. Sinngemäße Variationen im Sprechausdruck erhöhen dabei nicht nur die Verständlichkeit, sondern gestalten auch das Zuhören angenehmer.
- Beachten Sie die Intimzone Ihres Verhandlungspartners. Überschreiten Sie gewisse Grenzen, vor allem die der Intimzone, fühlt sich Ihr Gesprächspartner bedrängt oder verstimmt. Das Eindringen in das Territorium eines anderen kann als ein Vertrauenshinweis verstanden oder aber als Bedrohung wahrgenommen werden und Aggressionen auslösen.
- Bauen Sie Rapport auf, indem Sie das Tempo Ihres Verhandlungspartners ansatzweise aufnehmen und sich körpersprachlich auf natürliche Art anpassen. Dies ist für Ihr Gegenüber angenehmer und für Sie erfolgversprechender. Authentisch sein bedeutet in diesem Zusammenhang nicht, starr in einem Schema zu verharren: Es gibt genügend Freiraum, um sich flexibel der jeweiligen Situation anzupassen.
- Fragen sind wichtig, um zu verstehen, wie Ihr Verhandlungspartner tickt, was ihn antreibt, und welche Bedürfnisse er *wirklich* befriedigen will. Je

mehr Sie fragen, desto mehr Informationen erhalten Sie und desto erfolgreicher können Sie verhandeln.

- Aktives Zuhören ist der Königsweg zur Information. Dabei ist es nicht nur wichtig zu hören, was jemand sagt, sondern durch das aktive Zuhören zu erfassen, was und vor allem *wie* jemand etwas sagt. Aktives Zuhören signalisiert Ihrem Gesprächspartner, dass Sie ihn und seine Sicht der Dinge ernst nehmen und sich mit seinen Inhalten wirklich auseinandersetzten. Aufmerksames Zuhören ist deshalb eine Form von persönlicher Wertschätzung, und dieses Signal hat einen positiven Einfluss auf die Beziehung zu Ihrem Gesprächspartner.

6. Argumentieren Sie stets mit Blick auf den Nutzen des Verhandlungspartners

Nachdem Sie bis hierher sachlich und emotional die Basis für die Überzeugung bereitet haben, besteht die nächste Phase des Gespräches aus der eigentlichen Argumentation. Sie müssen jetzt die Argumente vortragen, welche Ihren Verhandlungspartner dazu bringen sollen, Ihnen zuzustimmen. Hierzu müssen Sie ihm zeigen, in welcher Weise ihr Lösungskonzept *ihm* nutzt. Wenn Sie andere von Ihren Ideen überzeugen wollen, muss Ihnen klar sein, dass andere nicht unbedingt durch die Argumente überzeugt werden, welche für *Sie* persönlich wichtig und ausschlaggebend sind. Je besser Sie Ihren Verhandlungspartner einschätzen können, desto zielgerichteter können Sie Ihre Argumente vorbringen.

Der Schlüssel zum Erfolg liegt in der sogenannten *adressatenbezogenen Kommunikation*: Wenn Sie Ihren Verhandlungspartner überzeugen wollen, muss Ihre Argumentation vor allem adressatenbezogen sein, d. h. für Ihren Gesprächspartner von Interesse, plausibel und nachvollziehbar sein und das Denken, Fühlen, die Interessen und die Erfahrungen des *anderen* berücksichtigen. Der Verhandlungserfolg beruht damit zu einem wesentlichen Teil auf dem Verständnis für den Standpunkt Ihres Verhandlungspartners. Den Standpunkt der Gegenseite zu verstehen, heißt dabei noch lange nicht, dass Sie damit einverstanden sind.

Der große Vorteil der Argumentation mit Blick auf den Nutzen Ihres Verhandlungspartners besteht darin, dass er Ihnen die Argumente quasi selbst an die Hand gibt. Indem er beispielsweise Ihre offenen Fragen nach seinen Zielsetzungen beantwortet, nennt er selbst Gründe, welche für Ihren Vorschlag sprechen. Es liegt dabei in der Natur der Sache, dass man sich durch Gründe, welche man selbst gefunden hat, leichter überzeugen lässt als durch Gründe, welche von anderen genannt werden. Die Kunst besteht darin, Ihre Argumente mit seinen Zielsetzungen zu verbinden. Natürlich werden Sie normalerweise nicht alle Ihre Argumente in Vorteile für den anderen „umwandeln" können. Konzentrieren Sie sich daher in Ihrer Argumentation auf das, was für den anderen positiv ist.

Seien Sie Problemlöser, und bieten Sie individuellen Nutzen

Die Voraussetzung für eine erfolgreiche Verhandlungsführung besteht darin, die zuvor erfragten und beobachteten Bedürfnisse, Probleme, Ziele und Interessen Ihres Gesprächspartners zur Basis für Ihre Argumentation zu machen. Diese gilt es gedanklich mit Ihren Argumenten zu vergleichen. Dann stellen Sie Ihre Position als Problemlösung für den anderen da, indem Sie ihm zeigen, wie *Ihre* Argumente Ihrem Verhandlungspartner helfen, *seine* Bedürfnisse zu befriedigen und *seine* Ziele zu erreichen.

Versuchen Sie nicht, Ihrem Verhandlungspartner fertige Lösungskonzepte zu verkaufen, sondern treten Sie als *prozessorientierter Problemlöser* auf, indem Sie Ihren Gesprächspartner wirkungsvoll vom Aufdecken des Problems bis hin zur Zielerreichung unterstützen. Niemand hat gerne das Gefühl, dass ihm etwas angedreht worden ist oder dass ihm jemand gesagt hat, was er tun muss. Wir möchten lieber das Gefühl haben, dass wir etwas aus eigenem Antrieb gekauft und nach unseren eigenen Vorstellungen gehandelt haben.

Die Kunst der Verhandlungsführung besteht in diesem Zusammenhang darin, das Bedürfnis Ihres Verhandlungspartners zu finden und Ihre Problemlösung diesem Bedürfnis anzupassen. Formulieren Sie daher alles, was Sie dem anderen bieten können mit einem Fokus auf seine Interessen. So schrieb schon der amerikanische Industrielle *Henry Ford* (1863-1947), Gründer des Automobilherstellers „Ford Motor Company": „Wenn es ein Geheimnis des Erfolges gibt, dann ist es die Fähigkeit, den Standpunkt des anderen zu erkennen und die Dinge von seinem Blickwinkel aus zu betrachten."

Wenn Sie die Interessen Ihres Verhandlungspartners ermittelt haben, müssen Sie sich stets fragen, was einer Einigung im Wege stehen könnte und diese Hindernisse aus dem Weg räumen. Darüber hinaus müssen Sie sich fragen, wie Sie die Interessen Ihres Gegenübers mit dem Erreichen Ihrer Ziele bedienen können. Hier spielen vor allem Transparenz und Ehrlichkeit eine zentrale Rolle. *Professor Burkhard Schwenker*, Vorstandsvorsitzender des weltweiten Beratungsunternehmens „Roland Berger Strategy Consultants" unterstreicht in diesem Zusammenhang, dass man in Verhandlungen nicht nur ein guter Zuhörer sein muss, sondern auch ehrlich und offen sagen sollte, was man nicht kann.

Ihr Ziel ist es, mit Ihrem Verhandlungspartner zu einer für beide Seiten zufriedenstellenden Vereinbarung zu kommen. Dies ist allerdings nur möglich, wenn Ihr Gesprächspartner für sein Unternehmen oder seine Person einen Nutzen in der Vereinbarung sieht. Lassen Sie ihn daher nicht lange nach dem

Nutzen suchen, sondern kommunizieren Sie ihm klar und deutlich, weshalb eine bestimmte Lösung für ihn nützlich ist. Doch was genau verbirgt sich eigentlich hinter dem Begriff „Nutzen"?

Im Rahmen von Verhandlungen sollten Sie zwischen *Vorteilen* und *Nutzen* unterscheiden. Ein Vorteil ist etwas allgemein Gültiges, ein Nutzen jedoch zeigt Ihrem Gesprächspartner, wie Ihre Problemlösung seine *individuellen Bedürfnisse und Bedarfe* erfüllt. Vereinfacht ausgedrückt: Immer dann, wenn Ihr Gesprächspartner eine schlüssige Antwort auf die Frage erhält: „Was habe ich ganz persönlich davon?" handelt es sich um einen Nutzen. Ein Vorteil erläutert ganz allgemein eine mögliche Dinglichkeit, ein Nutzen erfüllt die konkreten, subjektiven Bedürfnisse des Gesprächspartners, mit dem Sie gerade verhandeln.

Die zentrale Aussage ist, dass eine überzeugende Nutzenargumentation verlangt, dass Sie die Perspektive Ihres Gesprächspartners annehmen. Erzählen Sie Ihrem Gesprächspartner im Rahmen von Verkaufsverhandlungen daher nicht, welche Produkteigenschaften Sie faszinieren, sondern erklären Sie ihm, wie Ihr Angebot seine Wünsche und Erwartungen zufriedenstellt. Dies ist zumeist schwerer als vermutet. Denken Sie beispielsweise an Ihre letzten Einkaufserlebnisse zurück. Bestimmt fallen Ihnen dabei Situation ein, in denen Sie selber die Erfahrung einer unzureichenden Nutzenargumentation gemacht haben.

Beispiel

Stellen Sie sich vor, Sie möchten einen Neuwagen kaufen und sprechen mit einem Verkaufsberater über ein Modell, welches Sie interessiert. Der Verkäufer zählt nun diverse Produktmerkmale auf, welche das Auto beschreiben: „Ja, dies ist wirklich ein schönes Auto mit einer tollen Karosserie in Aluminium-Leichtbau-Weise. Schauen Sie mal unter die Motorhaube. Hier versteckt sich ein 6-Zylinder-Reihenmotor mit elektronischer Einspritzung und 4-Valve-Technik für extreme Laufruhe. Außerdem ist das Auto serienmäßig mit ABS ausgestattet." Der Verkaufsberater leiert buchstäblich Produktmerkmale auswendig herunter, statt kundenbezogenen Nutzen aufzuzeigen. Häufig wird auch noch in einem Fachjargon gesprochen, den kaum ein Mensch versteht. Der Verkäufer könnte viel erfolgreicher verkaufen bzw. verhandeln, wenn er Ihnen die für Sie relevanten wesentlichen und individuellen Nutzenmerkmale aufzeigt. So könnte er herausstellen, dass der Nutzen von ABS darin besteht, dass Sie als Fahrer in gefährlichen Situationen das Auto noch beherrschen können und dadurch mit der Familie sicherer unterwegs sind. Der Verkäufer müsste also sagen: „Dieses Auto ist serienmäßig mit ABS ausgestattet, *damit* Sie mit Ihrer Frau und Ihren beiden Söhnen sicherer unterwegs sind."

Mit einem Produkt erwirbt der Käufer immer einen Nutzen. Wenn Sie also Ihre Verhandlungsposition darstellen, dann äußern Sie bitte deutlich Ihr Argument und den Nutzen für Ihren Verhandlungspartner, *damit* Ihr Verhandlungspartner weiß, warum eine Vereinbarung für ihn sinnvoll ist. Je deutlicher Ihr Kunde im Rahmen von Verhandlungen seinen Nutzen erkennt, desto eher wird er Ihr Lösungskonzept unterstützen.

Nutzenorientiertes Verhandeln bedeutet aber auch immer auch *bedarfsgerechtes Verhandeln*. Und weil Menschen ganz verschieden sind, haben auch alle Gesprächspartner individuelle Bedürfnisse. Wenn beispielsweise zwei Menschen das gleiche Produkt kaufen, kann dies aus unterschiedlichen Motiven heraus geschehen: So kauft der eine Kunde eine bestimmte Taucheruhr, weil er sich dadurch Bewunderung von seinen Freunden verspricht, für einen anderen ist die Freude am gelungenen sportlichen Design ausschlaggebend, und ein dritter hat sich für das Modell entschieden, weil er als Taucher diese Uhr braucht, da sie zuverlässig bis zu einer Tiefe von 200 m arbeitet.

Bevor Sie überzeugend argumentieren können, müssen Sie erst die individuellen Ziele, Wünsche und Erwartungen Ihres Gesprächspartners herausfinden. Statt wahllos Argumente aufzuzählen, ist es effektiver, gezielt vorzugehen und Ihrem Gesprächspartner individuellen Nutzen zu bieten.

Der erste Schritt zur professionellen Argumentation besteht demnach darin, die Interessen – in Verkaufsverhandlungen die Kaufmotive – Ihres Gesprächspartners zu erkennen.

Neben den bereits weiter oben dargestellten Katalog der Grundbedürfnisse der Harvard-Wissenschaftler Roger Fisher und Daniel Shapiro ist vor allem das Modell der Bedürfnispyramide des amerikanischen Psychologen *Abraham Harold Maslow* (1908-1970) von Bedeutung. Im Rahmen Ihrer Verhandlungen werden Ihnen am häufigsten Bedürfnisse aus den folgenden Hauptgruppen bzw. entsprechend abgeleitete Motive begegnen:

- *Selbsterhaltung*: Die Befriedigung der Grundbedürfnisse, welche dem Überleben dienen (Nahrung, Schlaf, Wärme usw.).
- *Sicherheit*: Die eigene Sicherheit und die der Familie, die Absicherung des Besitzes. Im beruflichen Bereich hat es mit dem Erhalt des Arbeitsplatzes zu tun. Hierunter fallen beispielsweise Langlebigkeit, Garantie, Zuverlässigkeit, Risikominimierung, Geborgenheit, Schutz, Qualität usw.

- *Sozialkontakte:* Hierunter fällt alles, was hilft, die sozialen Bedürfnisse zu befriedigen: Familie, Freunde, alles, was den Menschen leichter in Kontakt mit anderen treten lässt, was ihm Zugehörigkeit einer Gruppe verschafft.

- *Anerkennung:* Hierunter fällt alles, was Status verleiht und zu Anerkennung und Aufmerksamkeit führt, beispielsweise Wertschätzung, Macht, Luxus, Einfluss usw.

- *Selbstverwirklichung:* Hier findet sich alles, was das Leben erfüllter und sinnvoller macht, im beruflichen wie im privaten Bereich, wie beispielsweise Spannung, Entspannung, Zerstreuung, Gesundheit usw.

Und wie finden Sie nun die entscheidenden Motive im Rahmen von Verhandlungen heraus? In dem Sie sich ausreichend Zeit für eine ausführliche Bedarfsanalyse nehmen, gezielt Fragen stellen, genau hinhören und aufmerksam beobachten!

Für Sie heißt das: Seien Sie ein Problemlöser und kein Verkäufer und bieten Sie individuellen Nutzen für Ihren Verhandlungspartner. Die nachstehende Abbildung zeigt die Schritte der Nutzenargumentation anschaulich auf (vgl. Abbildung 10).

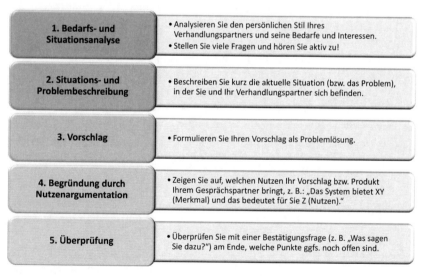

Abbildung 10: Schritte der Nutzenargumentation

Achten Sie im Rahmen der Bedarfs und Situationsanalyse darauf, die Informationen als Grundlage für Ihre Nutzenargumentation zu gebrauchen, welche Sie durch Fragen und aktives Zuhören erhalten haben. Hierunter fällt auch, dass Sie Ihre Argumentation auf den im dritten Kapitel dargestellten persönlichen Typ Ihres Verhandlungspartners ausrichten.

Tipps für Ihren Erfolg

- *Erst fragen, dann argumentieren*: Machen Sie diese Erkenntnis zu Ihrem Leitsatz. Ohne adäquate Problem- und Bedarfsanalyse keine erfolgreiche Verhandlung.
- *Erstellen Sie einen Fragenkatalog zu Bedarfsanalyse*: Damit Sie im richtigen Moment in der Verhandlung die passenden Fragen parat haben, sollten Sie sich eine entsprechende Liste mit Fragen zusammenstellen.
- *Bereiten Sie Ihre Nutzenargumente vor:* Ordnen Sie den Leistungsmerkmalen Ihrer Lösungsvorschläge bzw. Produkte mögliche Nutzenargumente zu und stellen Sie diese in einer Liste zusammen. Führen Sie diese Liste als Argumentationshilfe stets mit sich.
- *Formulieren Sie verständlich:* Wenn Sie die Gesprächspartner mit Ihrer Argumentation erreichen wollen, dann verzichten Sie soweit irgendwie möglich auf Fachbegriffe, Fremdwörter und Abkürzungen.
- *Stellen Sie den Nutzen konkret dar:* Erläutern Sie Ihrem Gesprächspartner seinen Nutzen genau und nachvollziehbar. Untersuchungen zeigen, dass allgemeine Formulierung deutlich weniger Überzeugungskraft besitzen als individuelle Aussagen. Anstatt zu sagen „Sie senken mit diesem Kraftstoff dank spezieller Additive Ihren Spritverbrauch", formulieren Sie konkreter und verständlicher: „Mit diesem innovativen Kraftstoff senken Sie dank spezieller Zusätze Ihren Spritverbrauch um ca. 2-3 %. Bei der von Ihnen angegebenen jährlichen Fahrleistung sparen Sie somit pro Jahr über 150 €."
- *Spielen Sie nur Ihre Trümpfe aus:* Statt alle Vorteile, die für Ihre Problemlösung bzw. Ihr Produkt sprechen, aufzuzählen, wählen Sie mit Bedacht nur diejenigen Aspekte aus, welche für den Kunden wirklich relevant sind und somit einen echten Nutzen darstellen.
- *Entwickeln Sie den Nutzen gemeinsam mit Ihrem Gesprächspartner:* Beziehen Sie Ihren Kunden in die Suche nach einem Nutzenargument ein, indem Sie entsprechende Fragetechniken anwenden, zum Beispiel: „Was würde Ihnen jetzt weiterhelfen?"

Achten Sie das Selbstwertgefühl Ihres Verhandlungspartners

Wie an anderer Stelle bereits mehrfach betont, spielt die Beziehungsebene in der Verhandlung eine entscheidende Rolle, da sich in jeder Verhandlung Menschen mit unterschiedlichen Gefühlen und Bedürfnissen begegnen. Die Beziehung zwischen den Parteien hat auch deshalb eine so große Bedeutung, weil die meisten Verhandlungen nicht nur einmal geführt werden bzw. die Verhandlungspartner häufiger zusammentreffen. Vor diesem Hintergrund ist es daher entscheidend, jede Verhandlung so zu führen, dass die bestehenden und künftigen Beziehungen gefördert und nicht negativ beeinträchtigt werden. Dabei gilt: Je mehr Ihre Verhandlungspartner Sie schätzen, desto intensiver und erfolgreicher wird die Beziehung zu ihnen und mithin Ihr Verhandlungsergebnis sein.

Für Ihre Verhandlungen bedeutet dies, dass Sie Ihre Verhandlungspartner immer so behandeln sollten, wie Sie selber gerne behandelt werden möchten. Und das bedeutet vor allem, sie in ihrem *Selbstwertgefühl* zu bestärken, indem Sie ihnen aufrichtige Anerkennung zukommen lassen. Unter Selbstwert versteht die Psychologie dabei die Bewertung, die man von sich selbst hat. Das kann sich auf die Persönlichkeit und die Fähigkeiten des Individuums, die Erinnerungen an die Vergangenheit und das Ich-Empfinden oder auf das Selbstempfinden beziehen. Der psychologische Mechanismus dahinter ist relativ simpel: Jeder erhält gerne Lob, Komplimente, Anerkennung. Dies ist im wahrsten Sinne des Wortes „Balsam für die Seele", von dem die meisten Menschen gar nicht genug bekommen können. Der amerikanische Philosoph und ehemalige Harvard-Professor *Willam James* (1842-1910) gilt als Begründer der Psychologie in den USA und sagte hierzu: „Das Verlangen nach Anerkennung ist zutiefst im menschlichen Wesen verwurzelt."

Aus diesem Grunde schätzen die meisten Menschen jeden sehr, welcher ihnen seine ehrliche Anerkennung ausspricht. Dieses gibt ihnen ein gutes Gefühl und schmeichelt ihnen. Deshalb werden sie auch versuchen, solche Menschen an sich zu binden und für sich einzunehmen.

> Optimal in Verhandlungen zu kommunizieren bedeutet stets, das Selbstwertgefühl Ihres Verhandlungspartners zu achten. Bestärken Sie Ihren Verhandlungspartner daher in aufrichtiger Weise in seinem Selbstbewusstsein.

Was sind Sie wert? Versuchen Sie einmal diese Frage zu beantworten! Haben Sie damit Schwierigkeiten? Wahrscheinlich ja. Warum? Weil wir unseren Wert nicht so ohne weiteres angeben können, da er aus mehreren Werten besteht, die sich auf verschiedene Bereiche erstrecken. Wir können erst durch den Vergleich mit anderen ermessen, was wir wert sind: Wenn Sie beispielsweise etwas tun, besonders wenn Sie etwas zum ersten Male machen, brauchen Sie die Beurteilung anderer, um zu wissen, ob Sie es gut gemacht haben. Aus diesem Grunde sind wir teilweise auf das Feedback unserer Umwelt angewiesen, um unseren Wert zu finden.

Diese Beurteilung kann fair oder unfair sein. Sie kann uns höflich oder herablassend mitgeteilt werden. Der eine Vorgesetzte lobt Sie beispielsweise häufig, der andere bemerkt nur die Fehler. Ein Kollege hat Verständnis dafür, wenn Sie einmal zu spät zu einem Meeting kommen, der andere ist überaus verärgert.

Immer aber erhalten Sie diese Beurteilung in dem Prozess der Kommunikation. In jeder Kommunikation ist möglicherweise eine entsprechende Beurteilung versteckt. Daher beachten wir immer:

- Sieht unser Verhandlungspartner uns positiv? (Dies erhöht unser Selbstwertgefühl) oder
- Sieht unser Verhandlungspartner uns negativ? (Dies gefährdet unser Selbstwertgefühl)

Alles, was man tut, tut man letztlich bewusst oder unbewusst, um das Selbstwertgefühl zu erhalten, zu verteidigen oder zu verbessern. Das bedeutet: Was man tut (oder unterlässt), zielt letztlich darauf ab, in den Augen der Umwelt positiv zu erscheinen. Denn nur mit Hilfe von positiven Umweltreaktionen (positivem Feedback) können auch wir uns positiv sehen. Unsere Mitmenschen stellen somit einen Spiegel dar, und diese Funktion wird durch die Kommunikation möglich. Wann immer demnach das Selbstwertgefühl Ihres Verhandlungspartners verletzt wird, leidet die Kommunikation, was wiederum den Verhandlungserfolg gefährdet.

Tipps für Ihren Erfolg

- *Machen Sie Komplimente:* Drücken Sie Ihrem Verhandlungspartner im Rahmen des Gespräches bzw. des Smalltalks Ihre aufrichtige Anerkennung für (private wie für berufliche) Erfolge aus. Mit einem solchen Kompliment bestätigen Sie ihn in seinem Selbstwertgefühl. Diese Anerkennung sollte dabei möglichst konkret auf eine einzelne Leistung bezogen werden. Dies ist immer wirkungsvoller, als die Talente oder Charaktereigenschaften des anderen auf allgemeine Art positiv herauszustellen. Wenn Sie auf Anhieb nichts finden, was Sie ehrlich anerkennen können, dann suchen Sie aktiv danach. Der bekannte amerikanische Philosoph und Schriftsteller *Ralph Waldo Emerson* (1803-1882) schrieb einmal: „Jeder Mensch, mit dem ich zu tun habe, ist mir in irgendeiner Beziehung überlegen, und ich kann von ihm lernen." Manchmal mag es etwas Mühe kosten, aber bei jedem Menschen können Sie einen Anlass für Anerkennung finden – und sei er auch noch so klein. Besonders wirkungsvoll ist Ihre Anerkennung, wenn Sie sie in Gegenwart Dritter äußern. Neben dem positiven Effekt des Lobes an sich werten Sie damit den Betreffenden auch in den Augen der übrigen Anwesenden auf.

- *Interessieren Sie sich für den anderen:* Eine indirekte Art, Anerkennung auszudrücken und das Selbstwertgefühl des Gesprächspartners zu bestärken, besteht darin, sich für den anderen zu interessieren. Für die meisten Menschen gibt es auf der ganzen Welt nichts Wichtigeres als sie selbst, ihre Familie, ihre Hobbys, ihre Wünsche, ihre Interessen, ihre Pläne und auch ihre Sorgen. Dafür interessieren sie sich sehr und darüber reden sie am liebsten. Wenn Sie also Interesse an Ihrem Gegenüber zeigen und über das sprechen, was *ihm* am Herzen liegt, gewinnen Sie seine Sympathie. Stellen Sie hierzu entsprechende Fragen. Lassen Sie den anderen erzählen und hören Sie aufmerksam zu. Fragen Sie nach und merken Sie sich was der andere Ihnen erzählt hat.
- *Lächeln Sie:* Bringen Sie deutlich zum Ausdruck, dass Sie sich gerne mit Ihrem Gesprächspartner unterhalten, dass Sie seine Gegenwart schätzen. Das beginnt bereits mit der herzlichen Begrüßung, mit der Sie dem anderen zeigen, wie sehr Sie sich freuen, ihn wiederzusehen oder kennen zu lernen (vergleichen Sie die entsprechenden Ausführungen im vierten Kapitel). Seien Sie auch in Verkaufsverhandlungen immer höflich und freundlich. Strahlen Sie gute Laune aus, auch wenn Ihnen nicht danach zu Mute ist und lächeln Sie.

Seien Sie sich der verschiedenen Ebenen der Kommunikation bewusst

Wie an anderer Stelle bereits ausgeführt, findet jedes Gespräch zwischen Menschen gemäß des Eisbergmodells der Kommunikation auf zwei Ebenen statt: der Sachebene (Sachaspekt) und der Beziehungsebene (Beziehungsaspekt).

Auf der Sachebene werden Informationen über eine Sache ausgetauscht, wohingegen auf der Beziehungsebene Informationen über persönliche Einstellungen und Gefühle zur Sache und zum Gesprächspartner ausgetauscht werden. Während Informationen über die Sache zumeist sprachlich ausgedrückt werden, werden Einstellungen und Gefühle hauptsächlich körpersprachlich kommuniziert. Wichtig für die Verhandlungsführung mit Ihrem Gesprächspartner ist, dass immer beide Ebenen beteiligt sind, jedoch die Beziehungsebene bestimmt, ob auf der Sachebene erfolgreich kommuniziert werden kann oder nicht, da der Eisberg nur zu einem kleinen sichtbaren Teil aus der Sachebene besteht, der wesentlich größere und unsichtbare Teil der Beziehungsebene sich aber unterhalb der Wasseroberfläche befindet. Und auf dieser verborgenen Ebene befinden sich alle versteckten Motive, Gefühle, Wertvorstellungen, Erwartungen und Interessen der Verhandlungspartner, die sich hinter den entsprechenden sachlich vorgebrachten Argumenten verstecken können. Daher beeinflusst die Beziehungsebene entscheidend die Atmosphäre und letztlich den Ausgang der Verhandlung (vgl. Abbildung 11).

Abbildung 11: Das Eisbergmodell der Kommunikation

Wenn sich zwei Menschen begegnen und kommunizieren, dann treffen sie nach dem Eisbergmodell zuerst auf der nicht rationalen, verborgenen Beziehungsebene aufeinander. Die unbewussten Abläufe geschehen innerhalb kürzester Zeit und können nur minimal beeinflusst werden. Seien Sie als professioneller Verhandler in der Sache stets klar, verbindlich und zuverlässig, auf der Beziehungsebene wertschätzend, und versuchen Sie die Interessen Ihres

Verhandlungspartners durch aktives Zuhören zu verstehen und in Ihre Lösungskonzeptionen einzubeziehen.

Eine Erweiterung des Eisbergmodells der Kommunikation stellt das von dem Psychologen und Kommunikationswissenschaftler *Prof. Dr. Friedemann Schulz von Thun* entwickelte *Kommunikationsquadrat* oder *Vier-Seiten-Modell* dar. An diesem Modell hat er zu erklären versucht, warum es so häufig und auch leicht zu Missverständnissen im Rahmen der Kommunikation kommt. Warum werden manche Aussagen ganz anders verstanden, als sie ursprünglich gemeint waren? Diese Erfahrung haben Sie sicher auch schon mehr als einmal in Verhandlungen bzw. im Alltag gemacht. Die heute weitgehend akzeptierte These von *Schulz von Thun* lautet, dass man mit allem, was man sagt, auf vier verschiedenen Ebenen Botschaften und Informationen sendet. Diese Botschaften sind dabei nicht immer bewusst, haben aber immer Einfluss auf die Verhandlung und den Gesprächspartner. Dabei gibt es aber nicht nur denjenigen, der sich äußert – den Sender –, sondern gleichzeitig auch einen der zuhört – den Empfänger. Während der Sender demnach mit „vier Schnäbeln" spricht, hört der Empfänger mit *„vier Ohren"* zu, was zwischenmenschliche Kommunikation im Allgemeinen komplex und anfällig für Störungen macht.

> Das Kommunikationsquadrat beruht auf der Annahme, dass jede Äußerung nach vier Seiten hin interpretiert werden kann – vom Sender der Nachricht wie auch vom Empfänger.

Diese vier Seiten der Nachricht, von denen zwei aus dem Eisbergmodell der Kommunikation stammen (Sachebene und Beziehungsebene), werden im Modell durch je eine Quadratseite repräsentiert (vgl. Abbildung 12):

- Auf der *Sachseite* informiert der Sender über den Sachinhalt, d. h. über Daten und Fakten. Dabei gilt zum einen das Wahrheitskriterium wahr oder unwahr (zutreffend/nicht zutreffend), zum anderen das Kriterium der Relevanz (sind die aufgeführten Sachverhalte für das anstehende Thema von Belang/nicht von Belang?) und zum Dritten das Kriterium der Hinlänglichkeit (sind die angeführten Sachhinweise für das Thema ausreichend, oder muss vieles andere auch bedacht sein?). Für den Sender gilt es also, den Sachverhalt klar und verständlich zu vermitteln. Der Empfänger, welcher das „Sachohr" aufgesperrt hat, hört auf die Daten, Fakten und Sachverhalte und hat entsprechend der drei genannten Kriterien viele Möglichkeiten, nachzufragen.

- Die *Selbstoffenbarungsseite* umfasst das, was der Sprecher durch das Senden der Botschaft von sich zu erkennen gibt. Wenn jemand etwas von sich gibt, gibt er auch „etwas von sich". Jede Äußerung enthält daher immer, ob intendiert oder nicht, eine Selbstkundgabe, einen Hinweis darauf, was in dem Sender vorgeht, wie ihm „ums Herz" ist, wofür er steht und wie er seine Rolle auffasst. Dies kann explizit („Ich-Botschaft") oder implizit geschehen. Dieser Umstand macht jede Nachricht zu einer „kleinen Kostprobe der Persönlichkeit". Während der Sender also mit dem „Selbstkundgabe-Schnabel", implizit oder explizit, Informationen über sich preisgibt, nimmt der Empfänger diese mit dem „Selbstkundgabe-Ohr" auf: Was sagt mir das über den Anderen? Was ist der für einer? Wie ist er gestimmt?

- Auf der *Beziehungsseite* kommt zum Ausdruck, wie der Sender meint, zum Empfänger zu stehen und was er von ihm hält. Ob man will oder nicht: Wenn man jemanden anspricht, gibt man (durch Formulierung, Tonfall, Begleitmimik) auch zu erkennen, wie man zum anderen steht und was man von ihm hält. In jeder Äußerung steckt somit auch ein Beziehungshinweis, für welchen der Empfänger oft ein besonders sensibles „Beziehungs-Ohr" besitzt. Aufgrund dessen wird entschieden: „Wie fühle ich mich behandelt durch die Art, in der der andere mit mir spricht? Was hält der andere von mir und wie steht er zu mir?"

- Die *Appellseite* beinhaltet das, was der Sender beim Empfänger erreichen möchte. Wenn jemand das Wort ergreift und es an jemanden richtet, will er in der Regel auch etwas bewirken, Einfluss nehmen; den anderen nicht nur erreichen sondern auch etwas bei ihm erreichen. Offen oder verdeckt geht es auf dieser Ebene um Wünsche, Appelle, Ratschläge, Handlungsanweisungen, Effekte etc. Das „Appell-Ohr" ist folglich besonders empfangsbereit für die Frage: Was soll ich jetzt machen, denken oder fühlen?

Diese vier Seiten der gesendeten Nachricht, also das was der Sender mit einer Äußerung ausdrücken und/oder bewirken will, entsprechen dabei oftmals nicht den vier Seiten, wie sie vom Empfänger interpretiert werden, was wiederum zu Kommunikationsstörungen führt. Dies lässt sich anschaulich anhand des nachfolgenden bei Schulz von Thun beschriebenen Beispiels zeigen.

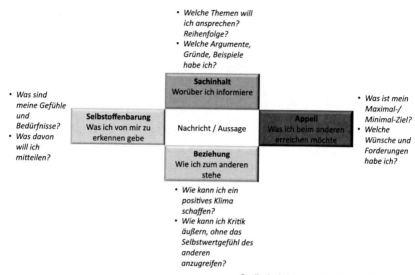

Quelle: in Anlehnung an Schulz von Thun, 2010

Abbildung 12: Das Kommunikationsquadrat nach Schulz von Thun

Stellen Sie sich eine Situation in einem Unternehmen vor, in der ein Vorgesetzter zu seiner Mitarbeiterin folgendes sagt: "Diese Unterlagen müssen bis spätestens 15:00 Uhr kopiert werden." Was sagt der Chef nun mit diesem Satz auf den unterschiedlichen Ebenen des Kommunikationsquadrates aus? Sehen wir uns dazu die einzelnen Ebenen der Nachricht genauer an:

- *Sach-Ebene*: Zunächst hat dieser Satz natürlich eine rein sachliche Ebene: Es gibt Unterlagen, welche bis spätestens 15:00 Uhr kopiert werden müssen. Diese Ebene bezieht sich immer auf eine Feststellung.
- *Appell-Ebene*: Oft wird auf eine Äußerung hin etwas erwartet. Manchmal nur eine Antwort auf das, was gesagt wurde. Zumeist ist es jedoch eine Aufforderung, etwas zu tun oder zu unterlassen. In diesem Beispiel lautet der Appell: „Kopieren Sie diese Unterlagen bis 15:00 Uhr" oder auch: „Sorgen Sie dafür, dass diese Unterlagen bis 15:00 Uhr kopiert werden." Da der Appell nicht offen ausgedrückt wird, ist nicht klar, wer was genau tun soll. Solche versteckten Appelle sind aufgrund der Mehrdeutigkeit im beruflichen und privaten Umfeld häufig der Ausgangspunkt von Missverständnissen und Konflikten.

- *Selbstoffenbarungs-Ebene:* Diese Ebene der Nachricht ist psychologisch besonders bedeutend. Was sagen Sie, wie sagen Sie es, wie schauen Sie dabei, wie klingt Ihre Stimme? Ihr ganzes Auftreten ist stets für Ihren Verhandlungspartner eine Botschaft, welche er (oft unbewusst) aufnimmt und verarbeitet. Was sagt der Vorgesetzte in unserem Beispiel über sich als Person aus? Läuft er gehetzt durch das Sekretariat und wirft im Vorbeigehen die Unterlagen auf den Tisch? Schaut er unzufrieden, so wäre die mitgesandte Botschaft in diesem Fall vielleicht: „Ich habe heute unsagbar viel zu tun." Legt er aber die Sachen hin und sagt den Satz in einem herablassenden Tonfall, so könnte die Botschaft sein: „Ich bin hier der Chef und habe zu bestimmen, wer was bis wann machen soll!"
- *Beziehungs-Ebene:* Diese Seite zeigt auf, wie die Gesprächspartner zueinanderstehen, was sie voneinander halten. Wie sagen Sie jemandem etwas, was halten Sie von dem anderen und wie stehen Sie zu ihm? Der Tonfall, die Wortwahl, der Blick, die Geste bringen dies zum Ausdruck. In diesem Beispiel ist es so, dass der Vorgesetzte seiner Mitarbeiterin etwas hinlegen kann, ohne genauer zu definieren, wer hier welche Aufgaben hat. Ein höfliches „Bitte" hält er dabei nicht für nötig. Er geht einfach davon aus, dass passiert, was er sich vorstellt. Entscheidend ist, wie der Vorgesetzte den Satz gesagt hat: achtlos, bestimmend, genervt, im Vorbeigehen oder freundlich?

Bei der Analyse der Aussage ist es wichtig, *alle vier Seiten* der Nachricht zu berücksichtigen. Gemeinhin sind Sach- und Appellebene relativ leicht zu erkennen, wohingegen die Selbstoffenbarungs- und Beziehungsebene höchste Aufmerksamkeit, Konzentration und Empathie erfordern. Wie kommt es nun zu Missverständnissen? Wie gesagt ist das nicht nur so, dass jede Äußerung Botschaften auf vier verschiedenen Ebenen transportiert. Der Empfänger kann die Aussage auch auf verschiedenen Ebenen hören und verarbeiten. Als Zuhörer haben wir immer die freie Auswahl, was wir hören wollen, d. h. welche Seite einer Mitteilung wir für wichtig erachten. Die Reaktion des Empfängers hängt dabei vorwiegend davon ab, welche Signale auf der Beziehungsebene bei ihm ankommen!

Wenn der Vorgesetzte sagt: „Diese Unterlagen müssen bis spätestens 15:00 Uhr kopiert werden", kann seine Mitarbeiterin auf diese Aussage unterschiedlich reagieren: Sie kann die Aussage, welche über vier verschiedene Seiten verschickt wird, auch über vier verschiedene Seiten aufnehmen. Hier liegt die Ursache und Lösung für sehr viele Kommunikationsstörungen:

Wenn der Vorgesetzte eine aus seiner Sicht sachliche Information gibt und seine Mitarbeiterin vielleicht beleidigt oder genervt reagiert, dann ist es unwahrscheinlich, dass sie die Äußerung über das Sach-Ohr aufgenommen und weiterverarbeitet hat. Es ist vielmehr so, dass der Vorgesetzte einen Appell an seine Mitarbeiterin aussprechen wollte, diesen aber nicht eindeutig als solchen bezeichnet hat. Er hat ihn so abgeschickt, dass seine Mitarbeiterin sich aussuchen konnte, auf welchem Ohr sie die Nachricht am ehesten aufnehmen möchte. Und wenn ein Empfänger die Auswahl hat, dann entscheidet er sich meist für die Beziehungsebene.

Wenn Sie in einer Verhandlung das Gefühl haben, dass Ihr Verhandlungspartner anders reagiert, als Sie das gedacht haben, haben Sie meist eine Störung auf der Beziehungsebene. Beachten Sie in diesem Zusammenhang die nachstehenden Tipps.

Tipps für Ihren Erfolg

- *Bleiben Sie ruhig und klären Sie die Ursachen:* Suchen Sie keinen Schuldigen. Verzichten Sie auf Anschuldigungen wie: „Sie haben mich vollkommen falsch verstanden." Nehmen Sie das Missverständnis als Fakt hin und analysieren Sie die Ursachen mittels des Kommunikationsquadrats.
- *Machen Sie deutlich, was Sie wirklich sagen wollten:* Wenn eine Sachbotschaft im Beziehungs-Ohr gelandet ist, verdeutlichen Sie den Sachaspekt nochmals mit klaren und einfachen Worten.

Nutzen Sie die Kraft und Magie der Sprache

Viele Verhandelnde meinen, dass es genügt, gute Argumente zu haben, um zu überzeugen. Wie weiter oben im Rahmen der Nutzenargumentation gezeigt worden ist, führt eine alleinige Aufzählung von Argumenten nicht zwangsläufig zu einer nachhaltig erfolgreichen Verhandlung, da durch eine derartige Vorgehensweise der Gesprächspartner leicht das Gefühl erhält, überredet nicht aber überzeugt worden zu sein.

Aus diesem Grunde ist es von zentraler Bedeutung, Ihrem Verhandlungspartner individuellen Nutzen zu bieten. Im Rahmen dieses nutzenorientierten und bedarfsgerechten Verhandelns sollten Sie darauf achten, die Kraft und Magie der Sprache für Ihre Argumentation zu nutzen. Im Folgenden sollen daher

Ansatzpunkte aufgezeigt werden, wie Sie durch Anwendung bzw. Vermeidung von bestimmten Formulierungen Ihre Argumentation im Rahmen von Verhandlungen erfolgreicher gestalten und somit auch Ihr Verhandlungsergebnis nachhaltig positiv beeinflussen können.

Behauptungen als Fragen formulieren. Nutzenaussagen sind zunächst einmal Behauptungen, und wenn wir Behauptungen hören folgt unser Gehirn einem einfachen Mechanismus: Wir prüfen immer sogleich den Wahrheitsgehalt. Ist ein Satz hingegen so formuliert, dass die eigentliche Hautpaussage als richtig vorausgesetzt wird, wird vom Empfänger die Aussage in der Regel nicht mehr in Frage gestellt, sondern – wenn überhaupt – die Folgerung daraus. Wenn Sie zum Beispiel als Behauptung in den Raum stellen: „Sie sparen bei diesem Produkt viel Geld!", wird Ihr Gesprächspartner diese Behauptung automatisch hinterfragen und anzweifeln. Formulieren Sie stattdessen: „Ist Ihnen aufgefallen, wie viel Sie bei diesem Produkt sparen?", um Ihren Gesprächspartner zu veranlassen, darüber nachzudenken, welche Summe sich wohl einsparen lässt.

Konjunktivform vermeiden. Worte, welche nur vage bleiben, helfen Ihnen in Verhandlungen nicht weiter. Wählen Sie deshalb statt des Konjunktivs (Möglichkeitsform) den Indikativ (Wirklichkeitsform) in Ihren Formulierungen: Ausdrücke wie „man müsste" oder „eigentlich könnte man" bringen Ihnen nicht die gewünschte Glaubwürdigkeit. Sagen Sie also statt „Ich würde vorschlagen" besser „Ich schlage vor".

Personifizierung der Aussagen. Entscheiden Sie sich statt für das allgemeine "man" lieber für einen persönlichen Bezug durch ein Pronomen (ich, du, wir, ihr) oder den Namen und machen Sie damit Ihre Aussagen personenbezogen, spezifisch und direkt. Statt „Mit diesem Stift kann man schön flüssig schreiben" sagen Sie: „Mit diesem Stift können Sie Ihre Gedanken flüssig und schnell zu Papier bringen."

Vermeiden von Anti-Wörtern. Wenn Sie sogenannte Anti-Wörter vermeiden, wird Ihre Sprache und Argumentation positiv und eindeutig. Um überzeugend zu verhandeln und eine starke Wirkung zu erzielen, sollten Sie nachfolgende Anti-Wörter am besten gleich aus Ihrem Wortschatz streichen:

- *Eigentlich*: Dieses Wort hat keine positive Eigenschaft. „Es ist eigentlich ein zuverlässiges Auto" wird daher zu „Es ist ein zuverlässiges Auto".
- *Würden/könnten/sollten*: „Es wäre möglich, dass wir Ihnen bei diesem Einbau helfen" wird zu „Wir werden Ihnen bei diesem Einbau helfen."
- *Aber*: Ein „aber" im Nebensatz hebt stets die Aussage im Hauptsatz auf! „Das Produkt hat für Sie einen großen Nutzen, aber dies hat seinen

Preis." wird zu „Das Produkt hat für Sie einen großen Nutzen und die leicht höhere Investition wird sich bald bezahlt machen!" Eine andere Möglichkeit ist, das Wort „aber" durch das Wort „und" zu ersetzen. Damit anerkennen Sie die Position Ihres Verhandlungspartners und fügen Ihre Position oder Meinung als Ergänzung an seine Position an, statt diese zu korrigieren und damit sein Selbstwertgefühl anzugreifen.

- *Praktisch*: „Damit haben Sie Ihr Problem praktisch gelöst" wird zu: „Damit haben Sie das Problem gelöst."
- *Nur*: „Ich bin nur der Verkäufer" wird zu: „Ich bin der zuständige Verkäufer."
- *Im Prinzip*: „Im Prinzip ist alles geregelt" wird zu „Nun ist alles geregelt."
- *Vielleicht*: Dieses Wort drückt nichts als Unsicherheit aus. Es ist die berühmte Fluchtmöglichkeit. Daher wird „Vielleicht haben wir den Artikel noch im Lager" zu „Ich sehe sofort nach, ob wir den Artikel noch am Lager haben. Falls nicht, können wir ihn bis übermorgen für Sie besorgen."
- *Möglichst*: „Wir werden möglichst bald liefern" wird zu: „Wir werden Anfang nächster Woche liefern."
- *Versuchen*: „Wir werden versuchen, Ihnen zu helfen" wird zu: „Wir werden Ihnen helfen."
- *Nicht*: Das Wort „Nicht" ist ein Unwort, d. h. wenn Sie jemanden bitten, etwas nicht zu tun, beschwören Sie in dieser Aufforderung immer genau das Bild herauf, welches Sie ursprünglich vermeiden möchten. Das Wort „Nicht" ist unserem Unbewusstsein unbekannt. Lesen Sie also den Ausdruck „Nicht weiterlesen", dann wird Ihr Unterbewusstsein das Wort „Nicht" sofort ausblenden, und Sie lesen natürlich weiter, sogar noch wissbegieriger als zuvor. Formulieren Sie daher statt „Sie brauchen keine Befürchtungen zu haben" besser „Sie können völlig beruhigt sein." Das Wort „Nicht" kann aber auch wirkungsvoll eingesetzt werden, um den Gesprächspartner zu beeinflussen. Beispiel: „Kaufen Sie diesen DVD-Player nicht, außer Sie wollen den mit der besten Produktqualität."

Ersetzen von Begriffen durch wirkungsvolle Wörter. Ersetzen Sie einige negativ behaftete Ausdrücke durch wirkungsvollere Begriffe:

- statt „Konkurrenz" besser „Mitbewerber"
- statt „Preis/Kosten" besser „Investition"
- statt „billig" besser „preiswert"
- statt „Vorteil" besser „Nutzen"
- statt „Problem" besser „Thema/Aufgabe/Herausforderung"

Nutzen von „Zauberwörtern". Sie können durch den Gebrauch von folgenden Ausdrücken eine große Wirkung bei Ihrem Verhandlungspartner erzielen:

- *Nur…oder auch?*: Wenn Sie das Wort „oder" hinter eine Frage hängen, wird Ihre Frage fast immer verneint werden. Sie können Ihre Erfolgschancen drastisch erhöhen, wenn Sie bei der Frage ganz leicht den Kopf schütteln: Wie weiter oben bereits ausgeführt wurde beeinflusst der Körper unsere Gedanken. Der Gebrauch dieser „Formel" hat beispielsweise den Verkauf von Scheibenwischern in einer Autowerkstatt mehr als verdoppeln können: „Möchten Sie nur eine Inspektion, oder sollen wir auch die Scheibenwischer erneuern?"
- *Weil und denn*: Wenn Sie eine Handlung vor Ihrem Gesprächspartner begründen, haben Sie viel eher Chancen auf seine Zustimmung, als wenn Sie ihn die Begründung selbst suchen lassen. In dem Moment nämlich, in dem Sie etwas begründen, nehmen Sie Ihrem Gegenüber die Möglichkeit, falsch über Ihre Motive zu spekulieren.
- *Und*: Wenn Sie zwei Anweisungen mit der Konjunktion „und" verbinden bekommt der Empfänger mehr Informationen, die er verarbeiten muss. Auf eine Aufforderung hin nein zu sagen ist einfacher, als sie zweifach verneinen zu müssen. Deshalb werden meist beide bejaht: „Rufen Sie uns an und fragen Sie nach unserem neuen Produktprospekt".

Verwendung eines begründenden Sprachstils. Es gilt, jeder Aussage im Hauptsatz einen begründeten Nebensatz anzuhängen. Statt „Dieses Produkt ist vakuumverpackt" sagen Sie: „Dieses Produkt ist vakuumverpackt, damit das Aroma voll erhalten bleibt". Andere Konjunktion zum Anfügen einer Begründung sind: „Damit", „denn", „weil", „deshalb", „was".

Verständliche Sprache. Bitte formulieren Sie ganz im Sinne der adressatenorientierten Kommunikation alle Erklärungen und Aussagen ohne Abkürzungen, Fachwörter oder Fremdwörter. Dies ist insbesondere von Bedeutung, wenn mehrere Entscheider an einem Tisch sitzen: So kann zum Beispiel der kaufmännische Entscheider eine vollkommen andere Wissensbasis als der technische Nutzer haben.

Bildhafte Sprache schafft Überzeugungskraft. Wissenschaftler haben ermittelt, dass eine bildhafte Sprache 80% unseres Nervensystems im Gehirn aktiviert, während bei abstrakter Sprache nur 7% erreicht werden. Schaffen Sie daher Überzeugungskraft durch:

- *Analogien* (Ähnlichkeiten): Der Mercedes unter den Produkten.
- *Vergleiche* (Parallelen zwischen ungleichen Dingen): Ein Prozessor, so kompakt wie eine Briefmarke.

- *Metaphern* (Wort, das aus dem ursprünglichen Zusammenhang in einen anderen übertragen wird; Sinnbild): „In Informationen ertrinken".
- *Gleichnisse* (kurze Erzählungen): Es geht eher ein Kamel durch ein Nadelöhr als dass ein Reicher in den Himmel kommt.

Verbales Spiegeln. Eng verbunden mit dem aktiven Zuhören ist das verbale Spiegeln, welches auf die Arbeit des bekannten Psychologen und Autors *Carl Rogers* zurückgeht. Es ist eine einfache aber dennoch erstaunlich wirksame Methode, um schnell eine Verbindung zu einer anderen Person aufzubauen. Der amerikanische Psychologe und Psychotherapeut vertrat die Auffassung, dass man eine effektivere Beziehung aufbauen könne, wenn man jede Frage um die Psyche der betreffenden Person aufbaute. Er erreichte dies, indem er zuhörte, was seine Patienten zu sagen hatten, und diese Informationen dann wortwörtlich nutzte, um auf sie einzugehen. Wenn sein Patient beispielsweise „Mein Zuhause" sagte, spiegelte Rogers das sprachliche Verhalten des Patienten, indem er ebenfalls den Begriff „Zuhause" verwendete statt beispielsweise „Daheim". Dieses sogenannte verbale Spiegeln ist ein hilfreiches Mittel, wann immer es wichtig ist, Rapport, also eine positive Verbindung, aufzubauen, also auch und vor allem im Rahmen von Verhandlungen. Um mit größtmöglicher Wirksamkeit zu kommunizieren, sollten Sie deshalb darauf achten, die Sprache Ihres Verhandlungspartners zu verwenden. Dadurch spiegeln Sie, was im Kopf des anderen vorgeht, und erzeugen mithin auf sprachlicher – und sogar auf psychischer – Ebene eine positive Wirkung.

Positive Äußerungen und Zustimmung zu Beginn des Gesprächs. Beginnen Sie jedes Verhandlungsgespräch stets mit unproblematischen Punkten. Je häufiger Sie den anderen bringen, „ja" zu sagen, desto eher wird er auch bei den kritischen Punkten zustimmen. Dadurch wird die Atmosphäre positiv beeinflusst, und Sie schaffen von Anfang an ein Klima der Kooperation und Verständigung. Zahlreiche Untersuchungen und Experimente belegen die Bedeutung positive Äußerungen für den weiteren Gesprächsverlauf: So ließ beispielsweise der Psychologe *Daniel Howard* von der Southern Methodist University Forscher zufällig ausgewählte Personen anrufen und fragen, ob ein Vertreter des „Komitees zur Linderung des Hungers" sie zuhause besuchen und ihnen etwas Gebäck zu Wohltätigkeitszwecken verkaufen dürfte. Das erstaunliche Ergebnis war: 32 % der Angerufenen akzeptierten das Angebot, wenn sie zuvor einige einfache Fragen, die ihnen die Forscher zu Beginn des Gespräches gestellt hatten, mit „Ja" beantwortet und damit etwas Positives gesagt hatten. Demgegenüber waren nur 18 % der Kontrollgruppe, der lediglich das Angebot gemacht wurde aber sonst keine Frage gestellt wurde, dazu bereit, einen Vertreter des Komitees zu empfangen. Zustimmung ist aber nicht nur zu Beginn der Verhandlung ein probates Mittel, um Rapport herzustellen und Ihren Gesprächspartner zu überzeugen. Versuchen Sie daher im Rahmen der Verhandlung, irgendeine Einstellung oder Meinung bei Ihrem Gesprächspartner zu entdecken, der Sie sich anschließen können. Das ist besonders wichtig, wenn Sie seine Meinung später ändern möchten. Wenn Sie Ihrem Gesprächspartner mit Gegenargumenten begegnen, laufen Sie Gefahr, auf Widerstand zu stoßen. Sobald Sie Ihrem Verhandlungspartner ins Gesicht sagen, dass er sich irrt, geht er nämlich in die Defensive, statt Ihnen zuzuhören.

Der ungeschickteste Weg, den Sie einschlagen können, wenn Sie jemand von Ihrer Meinung überzeugen wollen, ist eine Konfrontation.

Zustimmung erzeugt dagegen Rapport. Natürlich sollen und müssen Sie nicht so weit gehen, Ihre eigenen Werte und Prinzipien zu verraten. Aber es lässt sich immer etwas finden, dem Sie zustimmen können. Wenn Sie in einer Verhandlung einem Menschen gegenüberstehen, der eine völlig entgegengesetzte Position vertritt, könnte es vielleicht immer noch sein, dass Sie beide ein großes Interesse am Motorsport oder Sportfischen haben. Auch wenn Sie meinen, dass Ihr Gesprächspartner eine Frage oder Sachverhalt vollkommen missverstanden hat oder Ihren Aspekte einfach nicht nachvollziehen kann, können Sie immer noch zustimmen, dass Sie genau so wie er denken würden, wenn Sie an seiner Stelle wären. Die Worte „Wäre ich an Ihrer Stelle, würde ich dasselbe empfinden und denken" können regelrechte Wunder wirken und Ihnen helfen, Rapport herzustellen. Im Grunde genommen sagen sie damit ja nur, dass Sie sich wie Ihr Verhandlungspartner verhalten würden, wenn Sie an seiner Stelle wären. Ihr Gesprächspartner fasst es aber vielmehr eher auf in dem Sinne von „Hier ist jemand, der mich versteht".

Anwendung von rhetorischen Stilmitteln. Um Ihre Argumentation möglichst anschaulich und lebendig vorzutragen, sollten Sie auch die Benutzung rhetorischer Stilmittel in Betracht ziehen:

- *Aufzählungen:* Erregen Sie Aufmerksamkeit, indem Sie wichtige Punkte in Form einer Aufzählung bringen: „Drei Aspekte sprechen für diese Lösung: erstens…, zweitens… und schließlich drittens…".
- *Wiederholungen:* Gebrauchen Sie Wiederholungen zur Verstärkung entsprechender Punkte: „Sie benötigen…, Sie benötigen… und Sie benötigen…".

- *Umstellungen:* Durch bestimmte Umstellungen im Satzbau können Sie die Wirkung einzelner Worte erhöhen: „Sicherheit und Stabilität, genau dies können wir durch diesen Vertrag erreichen."
- *Reime:* Wenn es angebracht ist, dann reimen Sie. Zahlreiche Studien belegen, dass Reime einprägsamer, sympathischer und leichter zu wiederholen sind.

Unbemerkte Beeinflussung und Suggestion. Bei dieser aus dem Bereich der Hypnose stammenden Technik betonen Sie einzelne Wörter im Satz und geben so Anweisungen, die unbewusst wahrgenommen werden: „Ich habe den Eindruck, dass Sie noch ein wenig Bedenkzeit brauchen, um sich *für diesen Vorschlag zu entscheiden.*" Wenn hierbei die letzten fünf Wörter entsprechend betont werden – verstärkt durch eine zustimmende Geste wie ein Nicken – hört Ihr Gesprächspartner neben dem eigentlichen Satz hauptsächlich die Botschaft „*für diesen Vorschlag (zu) entscheiden*".

Konditionierung durch Anker. Wie Sie bereits erfahren haben, können Sie die Stimmung Ihres Verhandlungspartners unter anderem durch Rapport und Suggestion beeinflussen. Darüber hinaus können Sie Gefühle aber auch effektiver beeinflussen und bei vielen Gesprächspartnern jedwede Gefühlslage auslösen. Diese aus dem Neuro-Linguistischen Programmieren (NLP) stammenden Methode nennt man *Anker*: Wenn wir durchs Leben gehen und Erlebnisse haben, sind mit diesen zumeist starke Gefühle verknüpft: Freude, Liebe, Verrat, Glück, Nervosität usw. Wenn wir uns an ein Erlebnis erinnern, rufen wir uns mehr ins Gedächtnis als das bloße Geschehen. Wir fühlen uns auch bis zu einem gewissen Grad so wie damals. Und wir brauchen uns nicht mal an das Geschehen zu erinnern, um das Gefühl trotzdem noch einmal zu durchleben. Deshalb ist es möglich, dass wir jemanden aus der Ferne sehen und spontan sympathisch finden. Erst hinterher merken wir, dass uns diese Person an jemanden erinnerte, der uns in der Schulzeit immer unterstützt hat. Was eine Gefühlserinnerung bei uns auslöst – in diesem Fall das Aussehen – bezeichnet man als Anker. Eine Situation, ein Gegenstand oder ein Erlebnis, das unbewusst in einem bestimmten Gefühl verankert ist. Von besonderer Bedeutung ist dies für Verhandlungen deshalb, weil Sie in Sich selbst und in anderen spezifische Anker generieren können: Wenn Sie mit einer Person zusammen sind, welche gerade ein starkes Gefühl erlebt, wird alles, was Sie tun oder sagen, mit diesem Gefühl verknüpft. Diese Handlung wird damit Ihr Anker. Wenn Sie später dasselbe tun oder sagen, stimulieren Sie die Erinnerung an das entsprechende Gefühl. Werden in diesem Kontext bei Glücksgefühlen bewusst bestimmte Bewegungen oder Gesten eingeübt, so lassen sich diese Gefühle später mit diesen Bewegungen oder Gesten wieder aktivieren. Indem Sie in der Verhandlung nun einen positiven Anker benutzen, können Sie den Gefühlszustand Ihres Gesprächspartners verändern, um ein günstiges Klima für Ihre Besprechung zu schaffen. Wie bereits erwähnt, können Sie auch problemlos Anker bei sich selbst setzen (vgl. Sie hierzu bitte Kapitel 3: „Gelangen Sie durch Eigenmotivation zur richtigen Einstellung"). Auf diese Weise können Sie sich jederzeit eine nützliche „Dosis" von einem ganz bestimmten Gefühl verabreichen: Selbstvertrauen in einer Situation, welche Sie eigentlich nervös macht, Freude, wenn Sie eigentlich niedergeschlagen sind usw. Wenn Sie einen Anker bei sich selbst oder Ihrem Gesprächspartner setzen wollen, müssen Sie zunächst festlegen, was Sie als Anker benutzen wollen: eine Geste, ein Wort, eine Berührung oder etwas anderes. Da einige Menschen, zumal bei der ersten Verhandlung, nicht mehr Berührung zulassen als das Händeschütteln zu Beginn, empfiehlt sich in solchen Fällen beispielsweise eine deutliche, ausgeprägte Handbewegung, mit welcher Sie Ihre Worte begleiten. Beachten sie bitte, dass die Geste eine sei sollte, die Sie sonst nicht verwenden, zum Beispiel ein Trommelwirbel mit den Fingerspitzen auf der Tischkante. Sie können sich aber auch ein Wort aussuchen, was den großen Vorteil hat, dass Sie dieses Wort später in Ihrer Nutzenargumentation „verstecken" können, um den Anker auszulösen. Es ist bemerkenswert, dass es sich dabei noch nicht einmal um exakt dasselbe Wort handeln muss, es muss nur fast genauso klingen, und Sie sollten es auf dieselbe Weise betonen. Vor diesem Hintergrund sei ein kleines Beispiel angeführt, welches exemplarisch aufzeigt, wie Sie Worte zusammen mit Körpersprache einsetzen können, um einen Anker zu setzen.

Beispiel

Stellen Sie sich vor, dass Sie sich mit einem Geschäftspartner zu einer Partie Tennis verabredet haben. Während des Spiels gelingt ihrem Spielpartner ein großartiger, nahezu „unmöglicher" Schlag. Sie anerkennen dies aufrichtig und sagen voller Bewunderung: „Was für ein *toller* Schlag!" Sie betonen dabei das Wort „toll" und führen zusätzlich eine Geste aus, indem Sie zum Beispiel Daumen und Zeigefinger der rechten Hand zusammendrücken. Um diesen Anker nach dem Spiel bei einer geschäftlichen Besprechung auszulösen, wiederholen Sie die Geste und sagen gleichzeitig: „Ich bin überzeugt, das wäre eine *tolle* Lösung für Sie!" Betonen Sie dabei das Wort „toll" genauso wie bei der vorherigen Gelegenheit.

Wie bereits oben dargestellt, müssen Sie nicht einmal dasselbe Wort benutzen, um den Anker auszulösen. Sie können auch beispielsweise sagen: „Dieses Investitionsprojekt steckt *voller* Möglichkeiten!"

> In beiden Fällen betonen Sie „toll" bzw. „voll" auf dieselbe Weise und begleiten das Wort mit der entsprechenden Geste.

Sie werden jetzt vielleicht einwenden, dass Sie nicht mit allen Verhandlungspartnern zum Tennis gehen und auf herausragende Schläge von ihnen warten können. Da haben Sie natürlich Recht, da Sie nicht warten können, bis der der andere genau in der Stimmung ist, welche Sie verankern möchten Dies ist aber auch gar nicht erforderlich: Sie können nämlich im Rahmen der Verhandlung dafür sorgen, dass sich der angestrebte Zustand bei Ihrem Verhandlungspartner einstellt, zum Beispiel indem Sie Rapport aufbauen. Auf diese Weise können Sie – mit ein wenig Übung und Geduld – selbst Anker einsetzen, um positive Gefühle mit Ihren Vorschlägen und Ideen zu verknüpfen.

Nutzen Sie die geheime Psychologie der Beeinflussung

Mindestens ebenso wichtig wie die in den vorangegangenen Abschnitten und Kapiteln behandelten Erfolgsfaktoren in Bezug auf Verhandlungen sind die Prinzipien der Beeinflussungspsychologie. Bei entsprechender Anwendung kann es Ihnen damit gelingen, die Verhandlung zu steuern und Ihre Ziele bestmöglich zu erreichen sowie mit größter Überzeugungskraft zu kommunizieren. Darüber hinaus ist es überaus nützlich, die wesentlichen Beeinflussungsprinzipien zu kennen, um nicht vom Verhandlungspartner manipuliert zu werden. Denn nur wenn Sie mit diesen Prinzipien vertraut sind, werden Sie diese auch in der Verhandlung erkennen und erfolgreich abwehren können.

Die im Folgenden dargestellten Beeinflussungsprinzipien basieren dabei vor allem auf dem Werk und der Theorie des US-amerikanischen Psychologie- und Marketing-Professors *Robert B. Cialdini*, der sich im Rahmen seiner Lehrtätigkeit über Jahrzehnte intensiv mit der Frage befasst hat, welche grundlegenden psychologischen Prinzipien wirken, wenn Menschen miteinander verhandeln, kommunizieren und sich gegenseitig überzeugen möchten.

Ethologen, welche das Verhalten von Tieren in ihrer natürlichen Umgebung studieren, haben in zahlreichen Untersuchungen festgestellt, dass das Verhalten bei vielen Spezies oft in Form von rigiden und mechanischen Mustern abläuft. Das berühmteste Experiment wurde dabei mit Truthennen durchgeführt. Diese sind gute Mütter und verbringen einen großen Teil ihrer Zeit damit, ihre Jungen unter ihrem Körper zu hüten, zu wärmen, zu putzen und zu liebkosen. Forscher fanden dabei heraus, dass das ganze mütterliche Erziehungsverhalten vorwiegend durch einen einzigen Reiz ausgelöst wird: das „Tschiep-tschiep" der Küken. Andere Merkmale der Küken, etwa wie sie riechen, wie sie sich anfühlen oder wie sie aussehen, spielen anscheinend nur eine untergeordnete Rolle für das Aufzuchtverhalten der Henne. Macht das Küken „tschiep-tschiep", wird es von der Henne bemuttert, wenn nicht, ignoriert sie es. Wie sehr sich die Truthenne auf dieses eine Geräusch verlässt, verdeutlichten Verhaltensforscher in einem bemerkenswerten Experiment mit einer Truthenne und einem ausgestopften Stinktier. Normalerweise ist ein Stinktier ein natürlicher Feind für die Truthenne, auf dessen Gegenwart sie mit wütendem Kreischen, Hacken und Kratzen reagiert. Sogar ein ausgestopftes Stinktier, welches sich, an einem Faden gezogen, auf die Henne zubewegte, wurde in einem Experiment sofort heftig attackiert. Wenn jedoch dieselbe Attrappe über ein eingebautes Tonbandgerät das „Tschiep-tschiep" der Küken produzierte, ließ die Henne das auf sie zukommende Stinktier nicht nur in Ruhe, sondern nahm es sogar unter ihre Fittiche. Sobald die Forscher das Tonband abstellten, wurde die Attrappe erneut Opfer von heftigen Angriffen.

Die Ethologen haben dabei festgestellt, dass ein derartiges Verhalten nicht nur bei Truthennen vorkommt. Sie haben festgestellt, dass Tiere oft durch einzelne Auslösemerkmale (*trigger features*) dazu gebracht werden, ein mechanisches und unbewusstes Verhalten abzuspulen. Diese fixen und automatischen Handlungsmuster (*fixed-action patterns*), haben dabei eine bemerkenswerte Ähnlichkeit mit bestimmten automatischen Reaktionen beim Menschen, welche von Cialdini als *Klick-Surr-Reaktionen* (*automatic responding*) bezeichnet werden. Der Vorteil der Beschränkung auf ein einzelnes Auslösemerkmal erweist sich dabei oft als nützlich, da sie es dem Individuum ermöglicht, sich für die richtige Handlung zu entscheiden, ohne vorher alle weiteren vorhandenen Informationen eingehend analysiert zu haben. Angesichts der zunehmenden Komplexität und Dynamik der Welt um uns herum und des Überflusses an Informationen sowie der oftmals bestehenden Zeitknappheit, sind wir nicht mehr in der Lage, in allen Situationen ausgiebig und gründlich nachzudenken, was die adäquate Strategie und richtige Entscheidung in der jeweiligen Situation ist. Um uns in dieser schnelllebigen Zeit zurechtzufinden, haben wir uns dahingehend angepasst, dass wir rationale Entscheidungen oft durch schnelle Reaktionsmuster, welche wir uns im Laufe des Lebens angeeignet haben, ersetzen. Vor diesem Hintergrund reagiert der Mensch auf Teilinformationen ganz automatisch und unbewusst und leitet daraus Entscheidungen und Handlungen ab: Wir haben somit fest verankerte Reaktionsmuster entwickelt, welche uns helfen, in unserer dynamischen Umwelt richtig zu entscheiden, ohne zuvor alle relevanten Informationen ausgiebig geprüft zu haben. Diese vorgefertigten Verhaltensmuster stellen ein abgekürztes Verfahren (*short cuts*) dar, welches uns hilft, mit unserer komplexen Umwelt zurechtzukommen. Dadurch reduziert sich der Aufwand an Zeit, Energie und mentaler Kapazität. Der Nachteil solchen Reagierens ist, dass wir anfällig werden für folgenschwere Irrtümer: Indem wir unser Verhalten von einem kleinen Teil der verfügbaren Informationen abhängig machen, erhöht sich das Fehlerrisiko in erheblichem Maße.

Wenn wir im Rahmen von Kommunikation und Verhandlungen entscheiden, ob wir ein Angebot annehmen oder einer Aufforderung nachkommen sollen, orientieren wir uns stets unbewusst an den folgenden sechs Faktoren:

1. Reziprozität (Wechselseitigkeit oder Vergeltung / Wunsch nach Ausgleich)
2. Beständigkeit und Konsistenz (Konsequenz oder Beständigkeit im Verhalten)
3. Soziale Bewährtheit (Was andere vormachen, wird wohl richtig sein)
4. Sympathie (Sympathieträger haben es leichter)
5. Autorität (Wer das Sagen hat, der weiß, was richtig ist)
6. Knappheit (Was rar ist, das ist wertvoll)

Diese Faktoren sind insbesondere wirksam, wenn wir weder die Energie noch die nötige Zeit haben, um eine ganzheitliche Analyse der Situation durchzuführen.

Im Folgenden werden die wichtigsten Beeinflussungsprinzipien näher erläutert, bevor jeweils gegensteuernde Möglichkeiten und Schutzmechanismen dargestellt werden.

Reziprozität (Wechselseitigkeit oder Vergeltung / Wunsch nach Ausgleich). Die Regel der Reziprozität beschreibt den Wunsch nach Ausgleich und den Zusammenhang von Geben und Nehmen. Sie besagt, dass Menschen stets bemüht sind, anderen zurückzugeben, was sie von ihnen bekommen haben. Keiner möchte gerne undankbar und selbstsüchtig erscheinen. Wenn uns jemand einen Gefallen erweist, fühlen wir uns verpflichtet, diesen Gefallen in der Zukunft zu erwidern (Rückzahlungsverpflichtung). Dieses Gefühl der Gegenseitigkeit ist dabei ein Gesetz menschlichen Handelns, welches in allen Kulturen gleichermaßen anzutreffen ist.

In Verhandlungen beruht die Reziprozität darauf, dass Sie eine Verpflichtung zur Gegenleistung fühlen, wenn Ihnen Ihr Verhandlungspartner etwas zur Verfügung gestellt hat was einen gewissen Wert für Sie hat. Diese moralische Verpflichtung hat eine große Kraft und wird häufig ausgenutzt, indem sich jemand das Gefühl der Schuldigkeit anderer zu Nutze macht.

> Beachten Sie das Prinzip der Reziprozität in Verhandlungen, indem Sie Ihrem Verhandlungspartner nichts schenken, ohne etwas dafür zu bekommen: Die Kunst im Rahmen der Verhandlungsführung besteht vielmehr darin, Ihrem Gegenüber das Gefühl zu geben, dass er Ihnen etwas schuldet.

In diesem Kontext ist es bemerkenswert, dass das Prinzip der Reziprozität auch dann funktioniert, wenn ein Gefallen ungebeten erfolgt. Denn die Regel erfordert nicht, dass Ihr Verhandlungspartner um das gebeten haben muss, was er bekommt, um sich zu einer entsprechenden Gegenleistung verpflichtet zu fühlen. Dabei zählt auch nicht der objektive Wert Ihres Entgegenkommens, sondern lediglich der Wert, welcher von Ihrem Verhandlungspartner wahrgenommen wird, und dies muss nicht immer deckungsgleich sein. Untersuchungen zeigen, dass sogar kleine Aufmerksamkeiten wie Kaffee und Gebäck, welche zur Verhandlung gereicht werden oder ordentlich aufbereitete Unterlagen, welche ihnen zur Verfügung gestellt werden, diese Wirkung erzielen.

Wie mächtig das Prinzip der Reziprozität ist, zeigt eindrucksvoll das mittlerweile klassische Experiment des US-Psychologen *Professor Dennis Regan*: Eine Versuchsperson sollte im Rahmen einer Untersuchung zum Thema Kunstverständnis zusammen mit einer anderen Person die Qualität einiger Bilder beurteilen. Die zweite Person war dabei in Wirklichkeit ein wissenschaftlicher Mitarbeiter von Regan. Das Experiment fand dabei unter unterschiedlichen Bedingungen statt, von denen zwei von besonderem Interesse sind. In einigen Fällen tat der wissenschaftliche Mitarbeiter der echten Versuchsperson ungebeten einen Gefallen, indem er in einer kurzen Pause für einige Minuten aus dem Raum ging und mit zwei Erfrischungsgetränken für sich sowie die Versuchsperson zurückkehrte. In den anderen Fällen tat der Assistent der Versuchsperson keinen Gefallen, indem er einfach nach einigen Minuten mit leeren Händen zurückkehrte. Ansonsten war sein Verhalten in beiden Bedingungen identisch. Nachdem alle Bilder eingeschätzt waren, bat der Assistent die Versuchsperson, nun *ihm* einen Gefallen zu erweisen. Er sagte, dass er Lose verkaufe, mit denen man ein Auto gewinnen könne, und wenn er mehr als die anderen Verkäufer an den Mann bringen würde, dann würde er eine Prämie in Höhe von 50 Dollar erhalten. Der Assistent bat nun die Versuchsperson, ein paar Lose zum Preis von 25 Cent das Stück zu kaufen. Das zentrale Ergebnis der Untersuchung betraf die Anzahl der Lose, welche die Versuchspersonen dem wissenschaftlichen Mitarbeiter unter den beiden Bedingungen abkauften. In Übereinstimmung mit den Aussagen der Reziprozitätsregel war der wissenschaftliche Assistent bei denjenigen Versuchspersonen erfolgreicher, welchen er zuvor einen Gefallen getan hatte. In dem Gefühl, im etwas schuldig zu sein, kauften diese Versuchspersonen zweimal so viele Lose wie diejenigen, denen der Assistent keinen Gefallen getan hatte.

Im Rahmen von Verhandlungen sollten Sie dabei auch das Prinzip der *„reaktiven Devaluation"* beachten: Darunter versteht man das Phänomen, dass Menschen das Entgegenkommen ihres Gegenübers als weniger wertvoll erachten, als es tatsächlich ist. Die Gründe hierfür sind meist negative Emotionen sowie Misstrauen. Wenn Sie in Verhandlungen zu leicht nachgeben, wird Ihr Gesprächspartner dies zumeist als Schwäche deuten und versuchen, noch mehr aus Ihnen „herauszuholen", statt Ihr Entgegenkommen zu erwidern. Wenn Sie zu schnell nachgeben, kann dies für Ihren Verhandlungspartner außerdem ein Zeichen dafür sein, dass Sie ihn zu Anfang benachteiligen wollten.

Daher gilt: Seien Sie niemals voreilig mit Ihrem Gefallen, sondern kommen Sie Ihrem Verhandlungspartner zunächst nur langsam entgegen. Sie wirken sehr viel glaubwürdiger, wenn Sie zunächst hart in der Sache beginnen und dann langsam Zugeständnisse machen. Sofortiges Entgegenkommen wird zumeist als wertlos betrachtet, und Sie verringern dadurch Ihre wahrgenommene Verhandlungsmacht. Beginnen Sie daher stets bei Ihren unwichtigsten Punkten nachzugeben, aber bleiben Sie auch dabei zurückhaltend. Auch wenn Ihnen ein Aspekt unwichtig ist, sollten Sie nicht zu schnell nachgeben. Was Ihnen wichtig ist, ist für Ihren Verhandlungspartner möglicherweise irrelevant und umgekehrt. Es ist in Verhandlungen dabei höchst effektiv, wenn Sie aus jedem Entgegenkommen stets eine große Sache machen, auch wenn es für Sie vielleicht eigentlich kein wichtiger Punkt ist. Wenn Sie beispielsweise keinerlei Lieferschwierigkeiten mit einem Produkt haben und eine vorgezogene Lieferung keine zusätzlichen Kosten bedeutet, Ihr Verhandlungspartner aber großen Wert auf einen vorzeitigen Liefertermin legt, kann folgende Formulierung sehr effektiv sein: „Auch wenn es nicht leicht ist, werden wir alles tun, um einen früheren Liefertermin für Sie zu ermöglichen." Damit sind Sie verhandlungstaktisch gesehen in einer hervorragenden Position, um Ihren Verhandlungspartner nach etwas zu fragen, was Ihnen wiederum wichtig ist und was aus Ihrer Perspektive ein *wirklich* großes Entgegenkommen darstellt. Wenn Ihnen ein Punkt besonders wichtig ist, dann sollten Sie bei einer Reihe unwichtiger Punkte nachgeben um dann ein entsprechendes Entgegenkommen Ihres Verhandlungspartners einzufordern. Untersuchungen haben ergeben, dass die Reziprozität nicht auftritt, wenn die Zugeständnisse einer Partei so niedrig sind, dass die andere sie als keinen besonderen Wert empfindet. Werten Sie daher Ihre Zugeständnisse an Ihre Verhandlungspartner stets auf, indem Sie deutlich formulieren, was das für beide Parteien bedeutet, zum Beispiel: „Einverstanden, unter diesen Umständen bin ich bereit, Ihnen unsere Dienstleistung zu diesen speziellen Konditionen anzubieten. Ich möchte aber gleichzeitig betonen, dass dies für unser Unternehmen einen hohen Aufwand und zusätzliche Kosten bedeutet, und dass dieses Angebot an Sie eine absolute Ausnahme darstellt." Wenn Sie Ihr Zugeständnis auf diese Art und Weise beschreiben und dadurch verstärken, wird Ihr Verhandlungspartner dem Gefühl der Reziprozität kaum entgehen können. Dies bedeutet, er wird Ihre nächste Forderung, welche Ihnen dann wichtig ist, eher nicht zurückweisen können.

> Machen Sie sich stets bewusst, dass nicht Ihr wahres Zugeständnis zählt, sondern nur die Wahrnehmung Ihres Verhandlungspartners.

Identifizieren Sie daher diejenigen Punkte, Interessen, Befürchtungen und Risiken, welche Ihrer Einschätzung nach für jede Seite am wichtigsten sind. Beginnen Sie dann, die jeweils wichtigsten Punkte nacheinander abzuarbeiten, d. h. abwechselnd pro Verhandlungspartei. Bei dieser Vorgehensweise können Sie gut erkennen, welche Prioritäten Ihr Verhandlungspartner hat. Wenn Sie beispielsweise bei einzelnen Punkten auf großen Widerstand stoßen, wissen Sie sofort, dass Sie auf ein grundsätzliches Interesse Ihres Verhandlungspartners angelangt sind. Dies gibt Ihnen wichtige Orientierung und Aufschluss darüber, wie die Verhandlungsbereitschaft Ihres Gesprächspartners bei einzelnen Punkten aussieht.

Mit der Formulierung „Wenn…, dann…" wenden Sie das Prinzip der Reziprozität wirkungsvoll in der Praxis an:

- „Wenn ich mich auf diesen Vorschlag einlasse, dann müssen Sie garantieren, …"
- „Wenn Sie zustimmen, dann bekommen Sie dafür…"
- „Wenn Sie mir hier entgegenkommen, dann bin ich bereit, …"

Stellen Sie im Rahmen Ihrer Verhandlungen daher sicher, dass Sie Ihre Zugeständnisse immer aufwerten und dies bei Ihrem Verhandlungspartner auch entsprechend ankommt, und achten Sie darauf, auch stets etwas im Gegenzug für einen Gefallen zu erhalten. Beschreiben Sie in diesem Zusammenhang präzise, was Sie erwarten.

Der beste Zeitpunkt, um Zugeständnisse in Verhandlungen zu verlangen, ist psychologisch gesehen jener, nachdem Sie selbst gerade ein Zugeständnis gemacht haben – denn mit der Zeit verflüchtigt sich der Wert eines jeden Zugeständnisses.

Eine große Bedeutung im Rahmen des Prinzips der Reziprozität spielt die Taktik des „*Neuverhandelns nach Zurückweisung*", welche darin besteht, dass Sie mit einer sehr großen Bitte beginnen, welche wahrscheinlich abgelehnt wird, und dann die eigentliche kleinere Bitte formulieren, welche Ihnen dann erfüllt wird. Die bekannteste Arbeit zu diesem Prinzip wurde von *Robert Cialdini* und seinen Kollegen durchgeführt. In dieser klassischen Studie gab sich das Forscherteam als Mitglieder des Bezirksprogramms zur Jugendberatung aus und fragte Studenten, ob sie etwas dagegen hätten, eine Gruppe jugendlicher Straftäter für einen Tag in den Zoo mitzunehmen. Das wenig überraschende Ergebnis war, dass weniger als 20 % der Studenten das Angebot akzeptierten. Daraufhin wandten die Forscher die Taktik des Neuverhandelns nach Zurückweisung an, indem sie eine andere Gruppe von Studenten mit einer viel größeren Bitte konfrontierten und fragten, ob sie etwas dagegen hätten, die nächsten zwei Jahre 2 Stunden wöchentlich dafür aufzubringen, bei der Beratung jugendlicher Straftäter zu helfen. Erneut stieß ihre Bitte auf breite Ablehnung. Als diese Gruppe jedoch einmal abgelehnt hatte, kehrte das Forscherteam mit einer weit bescheideneren Bitte zurück und fragte, wer bereit wäre, die jugendlichen Straftäter an einem Tag in den Zoo mitzunehmen. Das erstaunliche Ergebnis war, dass unter diesen Umständen mehr als die Hälfte der Studenten dazu bereit war.

> Wenn Sie demnach in einer Verhandlungssituation eine hohe Forderung stellen, welche mit Sicherheit abgelehnt wird, haben Sie mit einer nachgeschobenen kleinen Forderung (der ursprünglich beabsichtigten) größere Erfolgsaussichten, weil die zweite Forderung bereits als Zugeständnis wirkt.

Welche hilfreichen Effekte Zugeständnisse an andere haben können, zeigt eine Studie zum Thema Verhandlungsführung an der Universität von Los Angeles. Die Teilnehmer an dieser Studie bekamen einen Verhandlungspartner gegenübergestellt und sollten mit ihm darüber verhandeln, wie eine bestimmte Geldsumme zwischen beiden Parteien aufzuteilen war. Man sagte dabei den Versuchspersonen, dass beide Partner leer ausgingen, falls sie sich innerhalb einer bestimmten Verhandlungszeit nicht einigen konnten. Was die Versuchspersonen nicht wussten, war, dass es sich bei ihrem Verhandlungspartner in Wirklichkeit um einen Assistenten der Versuchsleitung handelte, der angewiesen war, die Verhandlung auf eine von drei Arten zu führen. Bei einem Teil der Versuchspersonen stellte der Assistent eine extreme Ausgangsforderung und bestand die ganze Zeit über fest auf dieser Forderung. Bei einem anderen Teil der Versuchspersonen begann er mit einer Forderung, nach der er nur mäßig bevorzugt wäre, und auch hier weigerte er sich standhaft, etwas anderes zu akzeptieren. Bei der dritten Gruppe schließlich stellte der Assistent zu Beginn seine Extremforderung und machte dann im Verlauf der Verhandlung schrittweise kleine Abstriche, bis er bei der Forderung nach einem nur mäßig höheren Anteil angelangt war. Die Ergebnisse dieses Experimentes verdeutlichen, warum die Neuverhandeln-nach-Zurückweisung-Taktik so effektiv ist: In erster Linie brachte im Vergleich zu den anderen Ansätzen die Strategie, mit einer Extremforderung zu beginnen und dann zu einer gemäßigten Position überzugehen, denjenigen, welche sie verwendeten, das meiste Geld ein. Dabei führte die Taktik nicht nur dazu, dass die Versuchspersonen der Forderung ihres Gegenübers häufiger zustimmten, sondern bewirkte auch, dass sie sich in stärkerem Maße verantwortlich für das Zustandekommen der Vereinbarung fühlten. Auf diese Weise wird das große Potenzial dieser Taktik verständlicher, andere zur Einhaltung ihrer Zusagen zu bewegen: Jemand, welcher sich für einen ausgehandelten Vertrag verantwortlich fühlt, wird sich auch eher an diesen Vertrag halten. Neben diesem Aspekt der *Verantwortung* kommt der Aspekt der *Zufriedenheit* hinzu: Obwohl die Versuchspersonen im Durchschnitt die höchsten Beträge an ihren Verhandlungspartner abgaben, wenn dieser sich der Konzessionsstrategie bediente, waren die „Opfer" dieser Strategie mit dem Endergebnis der Verhandlung zufriedener als die übrigen Versuchsteilnehmer.

Eine aus Krimis bekannte subtile Methode, das Prinzip der Reziprozität zu verwenden, ist die *„Good-guy-bad-guy"-Taktik* (Guter Bulle – böser Bulle): Hier erhebt der „bad guy" eine extreme Forderung, während im zweiten Schritt der sympathische „good guy" die Kompromissbereitschaft zum Ausdruck bringt, was ihm gegenüber zu einem Gefühl der Verpflichtung führt.

Wie können Sie sich nun vor Manipulation durch das Reziprozitätsprinzip schützen? Jemand, der etwas von uns möchte und sich das Reziprozitätsprinzip zu Nutze macht, stellt tendenziell eine Gefahr dar. Wir stehen vor der Alternative, entweder dem Wunsch des anderen zu folgen und damit dem Reziprozitätsprinzip zu entsprechen oder sein Anliegen zurückzuweisen. Dann müssen wir es aushalten, gegen das tief in uns verwurzelte Gefühl für Fairness und Verpflichtung verstoßen zu haben. Spontan werden Sie denken, dass die beste Verteidigungsstrategie gegen Manipulationen darin besteht, gar keine Gefälligkeiten mehr anzunehmen. Tatsächlich würden Sie sich dabei aber unwohl fühlen, und Ihr Verhandlungspartner wäre sicherlich irritiert, wenn Sie kategorisch jedweden Gefallen zurückweisen. Es empfiehlt sich stattdessen, eine Gefälligkeit als das anzunehmen, was sie ist, nämlich entweder ein Entgegenkommen ohne Hintergedanken – dann dürfen Sie sich ruhig verpflichtet fühlen, künftig etwas zurückzugeben – oder Sie erkennen und werten die angebotene

Gefährlichkeit als Trick und werden sich dadurch weniger verpflichtet fühlen, mit einem Zugeständnis Ihrerseits zu reagieren.

Beständigkeit und Konsistenz im Verhalten. Die meisten Menschen haben das starke Bedürfnis, in Worten, Überzeugungen und Taten konsistent, d. h. widerspruchsfrei, zu sein. Sobald wir eine Entscheidung treffen oder eine Position vertreten, entstehen intrapsychische und interpersonelle Kräfte, die uns dazu drängen, uns konsistent mit dieser Festlegung zu verhalten. Diese Kräfte veranlassen uns zu Reaktionen, die unsere frühere Entscheidung rechtfertigen. Wir überzeugen uns einfach selbst davon, die richtige Entscheidung getroffen zu haben, und fühlen uns dadurch wohler mit ihr. In diesem Sinne tendieren einmal getroffene Entscheidungen dazu, sich selbst zu verstärken. Dies gilt sich selbst und auch anderen gegenüber. Denn wir würden vor uns selbst und vor allem auch vor dem Verhandlungspartner das Gesicht verlieren, wenn wir andauernd unsere Meinung änderten.

Konsistenz ist deshalb ein so starkes Motiv, weil sie unter den meisten Umständen sinnvoll und nützlich ist. Inkonsistenz dagegen wird als wenig wünschenswerte Persönlichkeitseigenschaft betrachtet. Ein hoher Grad an Konsistenz wird mit persönlicher und intellektueller Stärke, mit Logik, Vernunft und Ehrlichkeit gleichgesetzt. Meistens fahren wir in der Tat besser, wenn wir auf konsistente Weise an Dinge herangehen. Andernfalls wäre unser Leben bedeutend schwieriger, ein ständiges Hin und Her und ohne jeglichen roten Faden.

Da es in der Regel unserem Interesse dient, konsistent zu sein, neigen wir auch in Situationen, in denen dies nicht das Vernünftigste ist, dazu, automatisch konsistent zu reagieren. Blinde, unüberlegte Konsistenz kann verheerende Folgen haben und hat dennoch ihre Vorzüge: Erstens stellt sie eine Erleichterung beim Umgang mit dem komplexen modernen Leben dar. Haben wir uns einmal eine Meinung über eine Sache gebildet, verschafft uns Konsistenz den Luxus, uns nicht mehr groß Gedanken über sie zu machen. Es bleibt uns erspart, uns mit einer Flut von Informationen zu befassen, welche permanent auf uns einströmt, um die wirklich relevanten Tatsachen herauszufiltern. Wir müssen keine geistige Energie für das Abwägen von Vor- und Nachteilen aufbringen und keine schwierigen Entscheidungen treffen.

Die innere Bindung an etwas bzw. die Festlegung darauf bezeichnet *Cialdini* als *commitment.* Sobald man einmal einen Standpunkt eingenommen hat, besteht eine natürliche und automatische Tendenz, konsistent bei diesem zu bleiben. Wer sich einmal auf etwas festgelegt hat, fühlt sich auch daran gebunden, wie das Experiment des Sozialpsychologen *Steven J. Sherman* zeigt: Im Rahmen einer Umfrage rief er eine Stichprobe von Einwohnern einer amerikanischen

Stadt an und bat sie, vorherzusagen, wie sie darauf reagieren würden, wenn jemand sie fragte, ob sie 3 Stunden lang Spenden für die Krebshilfe sammeln würden. Da viele der Befragten vor dem Wissenschaftler Sherman – und auch vor sich selbst – nicht als unsozial dastehen wollten, sagten sie, dass sie sich dazu bereit erklären würden. Als einige Zeit später tatsächlich ein Vertreter der amerikanischen Krebshilfe anrief und um Teilnahme an einer Spendensammlung bat, zeigte sich, dass der Anteil derjenigen, welche ihre Zusage gaben, bei den von Sherman vorbereiteten Personen siebenmal so hoch war wie bei einer Vergleichsgruppe.

In diesem Zusammenhang ist das aus der Psychologie stammende Prinzip der *kognitiven Dissonanz* von Bedeutung. Der Begriff Kognition ist von dem lateinischen Wort *cognoscere* („erkennen") abgeleitet. Er wird in der Psychologie als Oberbegriff für die mentalen Prozesse und Strukturen eines Individuums verwendet, also Wahrnehmung, Erkennen, Vorstellen, Urteilen, Gedächtnis, Lernen, Denken, oft auch Sprache. Kognitive Dissonanz bezeichnet in der Sozial-Psychologie einen als unangenehm empfundenen Gefühlszustand, der dadurch entsteht, dass ein Mensch mehrere Kognitionen hat – Wahrnehmungen, Gedanken, Meinungen, Einstellungen, Wünsche oder Absichten –, welche nicht miteinander vereinbar sind. Wir streben als Menschen stets eine Übereinstimmung von Denken und Handeln an. Wenn diese nicht vorhanden ist, reagieren Menschen irritiert und versuchen so schnell wie möglich, diese Übereinstimmung wiederherzustellen. Kognitive Dissonanz motiviert Menschen dazu, die entsprechenden Kognitionen miteinander vereinbar zu machen, wobei unterschiedliche Strategien benutzt werden, wie beispielsweise Verhaltens- oder Einstellungsänderungen.

Das Konzept der kognitiven Dissonanz spielt auch im Marketing und insbesondere in der Verkaufspsychologie eine zentrale Rolle: Da kognitive Dissonanzen als unangenehm empfunden werden, versucht man stets den ersten Eindruck von einem Produkt, einer Dienstleistung oder auch einer Person zu verstärken und damit im wortwörtliche Sinne den Eindruck davon zu verstärken und aufrechtzuerhalten. Ist diese Wahrnehmung positiv dann werden daraufhin alle positiven Aspekte eines Produktes verstärkt, während negative Teile infolge der dadurch bedingten selektiven Wahrnehmung verdrängt werden. Dies liegt darin begründet, dass jede Diskrepanz zwischen dem erwarteten und tatsächlichen Nutzen des Produktes eine kognitive Dissonanz beim Konsumenten verursacht, welche dieser reduzieren möchte, was wiederum zu einer selektiven Wahrnehmung führt.

Die Kunst im Rahmen von Verhandlungen besteht darin, Ihren Gesprächspartner dazu zu bringen, erst einmal eine Position einzunehmen, welche dann mit einem Verhalten konsistent ist, welches Sie später von ihm erbeten werden. Ihr Ziel sollte es daher sein, dass sich Ihr Gesprächspartner möglichst früh und intensiv verpflichtet. Einmal eingegangene Verpflichtungen haben einen bedeutenden Einfluss auf das zukünftige Handeln und können darüber hinaus bewirken, dass sich die inneren Einstellungen Ihrer Verhandlungspartner ändern.

Eine Strategie im Rahmen von Verhandlungen, welche sich das Commitment-Prinzip zu Nutze macht, ist die sogenannte *Fuß-in-der-Tür-Taktik*. Bei dieser Taktik beginnen Sie mit einer kleinen Bitte, um schließlich Zustimmung zu einer damit zusammenhängenden viel größeren Bitte zu erreichen. Ein aus dem Jahre 1966 stammendes Experiment der Sozialpsychologen *Jonathan Freedman* und *Scott Fraser* verdeutlicht die Effektivität dieser Taktik: Bei diesem Versuch ging ein Forscher in der Rolle eines engagierten Bürgers in einem kalifornischen Wohngebiet mit einer großen Bitte von Haus zu Haus: Die Bitte an die Hausbesitzer lautete, das Aufstellen einer großen Plakatwand in ihrem Vorgarten zu erlauben. Um Ihnen eine Vorstellung vom Aussehen der Tafel zu vermitteln, bekamen sie ein Foto zu sehen, auf dem ein schönes Haus abgebildet war, welches fast völlig von einer riesigen Plakatwand mit der Aufschrift „Augen auf im Straßenverkehr!" verdeckt war. Erwartungsgemäß lehnten 83 Prozent der Hauseigentümer diese Bitte ab. Allerdings gab es unter den Befragten auch eine Gruppe, welche sehr wohlwollend reagierte. Überraschende 76 Prozent von ihnen wollten ihre Vorgärten für dieses Projekt zur Verfügung stellen. Der wichtigste Grund für ihre Kooperationsbereitschaft besteht darin, dass diese Kontrollgruppe zwei Wochen zuvor einer kleinen Bitte entsprochen hatte, etwas für die allgemeine Straßenverkehrssicherheit zu tun. Ein anderer Versuchsleiter war zu ihnen gekommen und hatte sie gebeten, ein kleines etwa 8 mal 8 cm großes Schild mit der Aufschrift „Fahren Sie vorsichtig!" anzunehmen und irgendwo sichtbar anzubringen. Da dies eine Kleinigkeit gewesen war, hatten fast alle zugestimmt und weil sie sich einige Wochen zuvor bedenkenlos auf diese kleine Sache eingelassen hatten, zeigten diese Hausbesitzer nun eine bemerkenswerte Bereitschaft, eine ähnliche, aber viel weitergehende Bitte zu erfüllen. Freedman und Fraser beließen es aber nicht dabei sondern versuchten es mit einem etwas anderen Vorgehen bei einer anderen Stichprobe von Hausbesitzern: Diese Leute wurden zunächst gebeten, die Forderung „Kalifornien soll noch schöner werden" mit ihrer Unterschrift zu unterstützen. Selbstverständlich unterschrieb fast jeder. Nach zwei Wochen schickten die beiden Wissenschaftler wiederum Mitarbeiter ihres Instituts zu denselben Adressen und baten die Bewohner um die Erlaubnis, die großen Schilder mit der Aufschrift „Augen auf im Straßenverkehr!" aufstellen zu dürfen. Zur Überraschung der Wissenschaftler entsprachen beinahe die Hälfte dieser Hausbesitzer der Bitte, obgleich sich ihr Commitment einige Wochen zuvor gar nicht auf die Verkehrssicherheit bezogen hatte, sondern auf ein ganz anderes Thema. Die Erklärung liegt darin begründet, dass das Unterzeichnen der Verschönerungspetition das Selbstbild der Menschen veränderte. Sie sahen sich nun viel mehr als Bürger mit Gemeinsinn, welche aus staatsbürgerlichem Verantwortungsgefühl heraus handelten. Als sie zwei Wochen später gebeten wurden, der Öffentlichkeit mit dem großen Plakat einen weiteren Dienst zu erweisen, waren sie um der Konsistenz mit ihrem neuen Selbstbilds willen dazu bereit.

Das faszinierende an dieser Fuß-in-der-Tür-Taktik ist, dass man durch relativ kleine Bindungen oder Festlegungen (Commitments) das Selbstbild von Menschen verändern kann. Allerdings haben nicht alle Commitments einen Einfluss auf das Selbstbild: Die Bindung muss aktiv, öffentlich, mit Anstrengung verbunden und freiwillig sein.

Für Ihre Überzeugungsgespräche bzw. Verhandlungen bedeutet dies: Falls Sie ein Verhalten bei Ihrem Verhandlungspartner erkennen, welches Ihren Zielen entgegenkommt, dann erinnern Sie Ihren Verhandlungspartner daran, und verpflichten Sie ihn öffentlich darauf, so dass er bei zukünftigen Entscheidungen nicht im Widerspruch zu seinen früheren handeln sollte.

Ein hervorragendes Beispiel dafür, wie öffentliche Verpflichtungen dazu führen können, dass man weiterhin in Einklang mit ihnen handelt, liefert ein klassisches Experiment der beiden Sozialpsychologen *Morton Deutsch* und *Harold Gerard*: In dem Experiment sollten Studenten die Länge von Strecken einschätzen, welche man ihnen zeigte. Einige von ihnen mussten sich öffentlich zu ihrer Schätzung bekennen, indem sie diese auf einem Blatt Papier notierten, welches sie mit ihrem Namen unterschrieben und dem Versuchsleiter überreichten. Eine zweite Gruppe legte sich ebenfalls fest, tat dies jedoch nur für sich persönlich, indem sie die Zahl auf eine Tafel schrieb und gleich wieder wegwischte, ohne dass sie jemand zu lesen bekam. Der letzte Teil der Studenten legte sich gar nicht fest sondern hatte ihre Schätzungen lediglich im Kopf. Die beiden Wissenschaftler wollten herausfinden, welche der drei Gruppen von Studenten am ehesten geneigt war, bei ihrem ersten Urteil zu bleiben, auch wenn es sich als falsch erweisen sollte. Daher erhielten alle Versuchspersonen neue Informationen, welche nahelegten, dass die ursprünglichen Schätzungen falsch gewesen waren, und hatten die Möglichkeit, sich zu korrigieren. Die Ergebnisse waren eindeutig: Diejenigen Studenten, welche ihre erste Schätzung nicht niedergeschrieben hatten, blieben am wenigsten dabei. Im Vergleich hierzu waren die Studenten, welche ihre Entscheidung nur für einen kurzen Moment auf einer

Tafel notiert hatten, bereits signifikant weniger bereit, ihre Meinung zu ändern. Wie die Wissenschaftler feststellten, waren es erwartungsgemäß die Studenten, welche ihre Meinung öffentlich bekannt gegeben hatten, welche letztendlich mit Abstand am beharrlichsten bei ihrer ersten Schätzung blieben.

Für Verhandlungssituation bedeutet dies: Wenn Sie einen Gesprächspartner im Rahmen einer Verhandlung umstimmen möchten, sollten Sie darauf achten, dass er seine Position zuvor nicht öffentlich – zum Beispiel gegenüber anderen Verhandlungspartnern – kommuniziert. Es gilt nämlich: Jeder ist bereit seine Meinung zu ändern, solange er sie noch nicht geäußert hat. Um Ihren Verhandlungspartner zu überzeugen, müssen Sie neue Argumente liefern. Denn mit neuen Informationen wirkt eine etwaige Meinungsänderung gerechtfertigter, insbesondere vor der Öffentlichkeit. Dabei muss die Information an sich nicht neu sein. Präsentieren Sie Ihre Argumente neu und sagen Sie beispielsweise: „Der Sachverhalt stellt sich nunmehr etwas anders dar, weil…" Eine Begründung muss in diesem Kontext nicht einmal besonders gut sein, wie ein klassisches Experiment der Harvard-Psychologin *Ellen Jane Langer* zeigt. Die u. a. auf das Fachgebiet der Kontrollillusion und Entscheidungsfindung spezialisierte Professorin testete, was man sagen muss, um Wartende in einer Schlange an einem Kopiergerät dazu zu bringen, einen vorzulassen. Dazu schickte sie einen Studenten nach vorne und ließ ihn Folgendes sagen: „Entschuldigen Sie, ich habe nur fünf Seiten zu kopieren. Können Sie mich bitte vorlassen?" Immerhin 60 % der Angesprochenen ließen ihn tatsächlich vor. In einem anderen Fall ließ man den Studenten folgendes sagen: „Entschuldigen Sie, ich habe nur fünf Seiten zu kopieren. Können Sie mich bitte vorlassen, weil ich in Eile bin?" Jetzt stimmten bereits 94 % der Angesprochenen zu. Immerhin hat der Student jetzt einen – wenn auch wenig überzeugenden – Grund geliefert. Noch interessanter wurde es bei der dritten Formulierung: „Entschuldigen Sie, ich habe nur fünf Seiten zu kopieren. Können Sie mich bitte vorlassen, weil ich ein paar Kopien machen muss?" Obwohl dieser Satz überhaupt keinen neuen Grund liefert, ließen ihn immer noch 93 % der Angesprochenen vor. Der Grund selber ist demnach nicht entscheidend sondern das Gefühl, dass es einen Grund gibt, welcher als Rechtfertigung vor sich selbst und vor allem vor anderen gilt.

> Das Begründen von Forderungen und Vorschlägen ist essenziell, um Ihnen eine entsprechende Wirkung zu verleihen. Geben Sie Ihrem Verhandlungspartner dabei stets die Möglichkeit, seine Meinung zu revidieren ohne dabei sein Gesicht zu verlieren.

Sozialwissenschaftler sind zu der Erkenntnis gelangt, dass Commitments, die aktiv, mühevoll und öffentlich sind am effektivsten das Selbstbild einer Person und ihr zukünftiges Verhalten ändern. Es gibt jedoch noch einen weiteren wichtigen Punkt: Wir fühlen uns dann innerlich für ein Verhalten verantwortlich, wenn wir glauben, dass wir es ohne besonderen äußeren Druck ausgeübt haben. Eine hohe Belohnung etwa wäre eine Form äußerlichen Drucks. Sie bringt uns vielleicht dazu, bestimmte Dinge zu tun, aber sie verhindert, dass wir auch innerlich die Verantwortung dafür übernehmen. Das Gleiche gilt für eine starke Bedrohung – dadurch erreicht man keine dauerhafte Bindung an ein ausgeführtes Verhalten.

Commitments, die zu inneren Veränderungen führen, schlagen Wurzeln und verstärken sich durch das Konsistenzprinzip selbst. Nehmen sich Personen erst einmal selbst als sozial eingestellt wahr, überzeugen sie sich selbst davon, dass man so sein muss. Sie haben ein offenes Ohr für Argumente, die für ihr soziales Engagement sprechen, und finden diese Argumente stichhaltiger als zuvor. Sie bestätigen sich selbst immer wieder, dass ihre Entscheidung richtig war, und immer neue Argumente werden geschaffen, die eine getroffene Entscheidung rechtfertigen. Das Wichtige an diesem Prozess, in dessen Verlauf sich zusätzliche Argumente entwickeln, welche die einmal getroffene Entscheidung rechtfertigen, besteht nun darin, dass es sich um *neue* Argumente handelt. Sollte also der ursprüngliche Grund für das sozial eingestellte Verhalten irgendwann entfallen, sind möglicherweise diese neu entdeckten Gründe ausreichend, um den Glauben aufrechtzuerhalten, dass man sich richtig verhält.

Um sich vor Manipulationen durch das Konsistenzprinzip zu schützen, müssen Sie rechtzeitig erkennen wenn Ihr Verhandlungspartner versucht, Sie zu konsistentem Verhalten zu bewegen. Fragen Sie sich in diesem Zusammenhang: „Würde ich mit dem, was ich jetzt weiß, das gleiche wieder tun, wenn ich die Zeit zurückdrehen könnte?" Vertrauen Sie dabei auf Ihre Intuition und die erste Gefühlsregung, welche Sie im Anschluss auf diese Frage verspüren. Dadurch können Sie sich darüber klar werden, ob Sie das Bedürfnis, sich treu zu bleiben, zu etwas drängt, was Sie eigentlich nicht wollen. Unter diesen Umständen ist es das Beste, Ihrem Gesprächspartner zu erklären, dass eine solche Willfährigkeit einen Akt unüberlegten Konsistenzverhaltens darstellen würde und Sie davon Abstand nehmen wollen.

Soziale Bewährtheit. Wenn Menschen unsicher sind oder eine Situation sich als mehrdeutig erweist, so orientieren sich viele stark am Verhalten und den Entscheidungen anderer. Nach dem Prinzip der sozialen Bewährtheit kommt ein Mensch einer Bitte oder Aufforderung nach, weil er erfahren hat, dass viele vor ihm gleich gehandelt haben. Demnach betrachten wir ein Verhalten in einer gegebenen Situation in dem Maß als richtig, indem wir dieses Verhalten bei anderen beobachten.

Wenn also Verhandelnde unsicher sind oder die Situation komplex und mehrdeutig ist, so ist die Wahrscheinlichkeit groß, dass Sie sich an Handlungen anderer ausrichten und deren Verhalten als das Richtige ansehen.

Beispiel

Stellen Sie sich vor, Sie wollen einen neuen Fernseher mit 3-D Technik kaufen. Sie kennen sich zwar ein bisschen mit Fernsehern aus, wissen aber wenig über die neueste Generation mit Ausstattungsmerkmalen wie Internetfähigkeit, PVR-Funktion (Personal Video Recorder) oder erweiterten Smart-TV-Features. Um sich zu informieren gehen Sie in ein großes Elektronikfachgeschäft und werden sprichwörtlich „erschlagen" von dem Angebot an entsprechenden Fernsehern. In der Nähe eines Fernsehers fällt Ihnen dabei ein Aufsteller ins Auge, auf dem in großen Buchstaben steht: „Europas meistgekaufter 3-D Fernseher. Testsieger in zahlreichen Fachmagazinen." Angesichts der komplexen Entscheidungssituation mit dem Überangebot an vergleichbaren Produkten fungiert dies wie eine Orientierungshilfe, da Sie davon ausgehen, dass andere sorgfältig recherchiert und verglichen haben und Sie sich deshalb auf deren Meinung und Expertise verlassen können. Vielleicht handeln Sie daraufhin so, wie viele Menschen und denken sich, was viele kaufen, muss auch gut sein, und entscheiden sich letztlich für dieses Gerät.

Das Prinzip der sozialen Bewährtheit wird zusätzlich verstärkt, wenn die Ähnlichkeit zu den betreffenden Menschen groß ist: Man neigt er eher dazu, es jemandem gleichzutun, welcher einem ähnlich ist. In Verhandlungen ist es deshalb höchst wirksam, wenn Sie Ihren Verhandlungspartner davon überzeugen können, dass das Verhalten, welches Sie von ihm erwarten, bereits vorher von vielen anderen – vergleichbaren – Gesprächspartnern gezeigt wurde.

Um die eigene Kompetenz zu unterstreichen und das Prinzip der sozialen Bewährtheit zu untermauern stehen Ihnen vor allem drei in Verhandlungen bewährte Instrumente zur Verfügung:

- *Referenzen*: Qualifizierende Beurteilungen oder Empfehlungsschreiben von Kunden können zum Aufbau von Vertrauen benutzt werden, zum Beispiel: „Wir sind bereits seit Jahren für folgende Unternehmen tätig…"

- *Erfahrungen*: Im Rahmen der Verhandlungen können selbst erlebte Ereignisse und Erfahrungen herangezogen werden, zum Beispiel: „Ich arbeite seit Jahren erfolgreich mit diesem Produkt."
- *Empirie*: Auf Basis von systematischen Beobachtungen und wissenschaftlichen Experimenten können Aussagen im Rahmen von Verhandlungen objektiviert werden. Es gibt zahlreiche Menschen, die sich z. B. von Fakten überzeugen lassen, da sie scheinbar objektiv und wissenschaftlich sind.

Um die Anfälligkeit gegenüber dem Prinzip der sozialen Bewährtheit zu reduzieren empfiehlt es sich, Referenzen, Erfahrungen, und Empirie auf ihren Wahrheitsgehalt zu hinterfragen und kritisch zu überprüfen. Nur weil der Verhandlungspartner Sie darauf hinweist, dass eine 5-prozentige Provision in seiner Branche der Standard ist, bedeutet dies noch lange nicht, dass Sie diese Zahl vorbehaltlos akzeptieren müssen. Sehen Sie sich diese Punkte gut und kritisch an. Wenn Ihr Verhandlungspartner mit Zahlenmaterial aus bestimmten Statistiken argumentiert, wirkt dies im ersten Moment sehr rational. Sie sollten auch in diesen Fällen gezielt nach den Quellen fragen und die Übertragbarkeit auf den konkreten Fall kritisch prüfen. Um unsere Anfälligkeit für gefälschte soziale Beweise zu reduzieren, empfiehlt es sich, aufmerksam auf eindeutig manipulierte Informationen hinsichtlich dessen zu achten, was andere Personen, welche uns ähnlich sind, angeblich tun und sagen, und sich klarzumachen, dass deren Handlungen nicht die einzige Grundlage für unsere Entscheidungen sein dürfen.

Sympathie. Alle Menschen haben von Natur aus eine höhere Bereitschaft, sich von jemandem überzeugen zu lassen, den sie kennen und sympathisch finden. Wie bereits an anderer Stelle ausgeführt, können Sie mit ehrlichem Lob und Anerkennung in der Regel die Sympathie und damit auch die Bereitschaft anderer Menschen fördern, sich überzeugen zu lassen. Auch erhöhen Sie durch wiederholte Kontakte die Vertrautheit. In diesem Zusammenhang ist es von großer Bedeutung, dass es nicht darum geht, Ihren Verhandlungspartner zu täuschen. Eine gute Beziehung verbessert das Klima der Verhandlung und ist für beide Seiten gleichermaßen angenehm wie vorteilhaft.

Für Ihre Verhandlungen ist es nun von Bedeutung, die Faktoren zu kennen, welche Sympathie und Zuneigung beeinflussen. Cialdini nennt in seinem wegweisen Buch folgende fünf sympathiefördernde Aspekte:

- *Attraktivität*: Körperliche Attraktivität spielt im Zusammenhang mit Sympathie eine wesentliche Rolle. Sehr häufig entscheiden sichtbare

Merkmale von Personen, allen voran ihr Aussehen, ob sie sympathisch eingeschätzt werden oder nicht. Die körperliche Attraktivität eines Menschen zieht einen sogenannten *Halo-Effekt* nach sich. Dieser bezeichnet eine aus der Sozialpsychologie bekannte kognitive Verzerrung, welche darin besteht, von bekannten Eigenschaften einer Person auf unbekannte Eigenschaften zu schließen. Wenn zum Beispiel Person A Sympathie für Person B empfindet und generell Menschen sympathisch findet, die uneigennützig sind, wird Person A annehmen, dass Person B uneigennützig ist, ohne dafür irgendeinen Hinweis zu haben. Der Effekt bedingt somit, dass der positive Eindruck gegenüber einem Menschen auf andere Persönlichkeitseigenschaften übertragen wird. Zahlreiche Forschungen haben gezeigt, dass wir gut aussehenden Menschen instinktiv positive Eigenschaften wie Freundlichkeit, Ehrlichkeit und Intelligenz zuschreiben. Der Halo-Effekt lässt sich auf unser Bestreben zurückführen, uns einen möglichst stimmigen Gesamteindruck von einer Person zu verschaffen. Dieses Vorgehen ist zunächst durchaus sinnvoll: Um in alltäglichen Interaktionen handlungsfähig zu sein, ist es häufig notwendig, dass wir uns schnell einen Eindruck über uns bis dato noch unbekannte Personen bilden. Stellen Sie sich vor, Sie müssten sich entscheiden, neben wem Sie sich in einem Zugabteil setzen sollen. In einem solchen Moment fehlt Ihnen die Zeit, alles über die infrage kommenden Personen in Erfahrung zu bringen. Sie werden sich in einer solchen Situation an einem einzelnen Merkmal (z. B. Attraktivität) orientieren und die Bewertung der weiteren Aspekte dieser Person geschieht dann in Abhängigkeit von dem bereits gebildeten Eindruck. Sich aufgrund eines einzelnen Merkmals ein Urteil über eine Person zu bilden, ist eine schnelle und effiziente Vorgehensweise, aber eine derartige Vorgehensweise ist dementsprechend auch anfällig für Fehlurteile.

- *Ähnlichkeit:* Neben der Attraktivität ist die Ähnlichkeit einer der wichtigsten sympathiefördernden Faktoren: Wir finden Menschen sympathisch, mit denen wir Gemeinsamkeiten haben oder die uns ähnlich sind. Es handelt sich hierbei um den sogenannten *Similar-to-me-Effekt*, der sich im Wesentlichen auf drei Annahmen zurückführen lässt: Zum einen stellen Menschen, die uns ähnlich sind, unsere eigene Person nicht infrage, sondern bestätigen uns und unsere Einstellungen. Zweitens legt die Forschung nahe, dass die auf Ähnlichkeit gegründete Sympathie auf Gegenseitigkeit beruht, d. h. dass ein uns ähnliches Gegenüber uns ebenfalls sympathisch findet. Dies bewirkt wiederum, dass wir unserem Gegenüber wohlwollender und nachgiebiger gegenübertreten. Und schließlich können wir uns drittens leichter in uns ähnliche Personen hineinversetzen und entsprechend einfacher mit ihnen interagieren als mit uns unähnlichen Personen. Um solche ins Positive verzerrten Effekte auszulösen, kann die wahrgenommene Ähnlichkeit in den Einstellungen, in den Wertvorstellungen, Gewohnheiten, Weltanschauungen oder in demografischen Daten wie Geschlecht, Alter, Herkunft oder Berufserfahrung bestehen. Ursache dafür sind die sogenannten Spiegelneuronen. Entdeckt wurden diese erst 1996 von den beiden Forschern *Vittorio Gallese* und *Giacomo Rizzolatti* von der Universität Parma. Damals untersuchten sie die Hirnströme von Makaken (eine Primatengattung aus der Familie der Meerkatzenverwandten), während diese mit Gegenständen hantierten. Dabei stellten sie fest, dass deren Nervenzellen schon Signale abfeuerten, als der Versuchsleiter die Gegenstände in die Hand nahm, um sie ihnen zu geben. Eine Art Vorfreude, wobei das Gehirn genauso aktiv wurde wie beim eigentlichen Spielen. Als sie ihre Untersuchungen ausweiteten, stellte sich heraus, dass das Spielzeug gar nicht nötig war: Es genügte schon der Anblick eines fuhrwerkenden Artgenossen, damit ihre Zellen genauso in Rage gerieten als würden sie selbst spielen. Dasselbe passierte bei Drohgebärden, Wut oder Schmerz. Inzwischen wurde gezeigt, dass es bei Menschen ähnliche Nervenzellen gibt – die besagten Spiegelneuronen –, die zugleich eine Art biologische Basis für Sympathien bilden: Sobald wir jemanden beobachten, der dieselben Verhaltensmuster zeigt, wie sie unser Gehirn für uns gespeichert hat, feuern diese Neuronen. Es entsteht die sprichwörtliche gemeinsame Wellenlänge. Und wir erkennen, ob jemand dieselben Gefühle teilt, uns versteht, ähnlich oder kurzum sympathisch ist. Auch im Wirtschaftskontext wurde der Similar-to-me-Effekt mehrfach belegt. So beurteilen Vorgesetzte Mitarbeiter, die ihnen ähneln, positiver, umgekehrt vertrauen Mitarbeiter ihnen ähnlichen Vorgesetzten mehr. Wissenschaftliche Studien zeigten zudem, dass Bewerber, die den Beurteilern ähnlich sind, in Bewerbungsgesprächen besser bewertet werden. Bemerkenswert ist, dass die Devise „Wer mir ähnlich ist, muss gut sein" auch dann greift, wenn sich die Ähnlichkeit auf eine völlig irrelevante Dimension bezieht. So zeigte eine Studie beispielsweise, dass Fragebögen eher ausgefüllt und zurückgeschickt werden, wenn der Umfragende einen ähnlichen Namen hat wie der befragte Adressat. Ein ähnlicher Name genügt also, damit wir andere Personen mehr mögen und eher bereit sind, diesen zu helfen.

- *Komplimente:* „Ein charmantes Kompliment ist ein geglückter Seiltanz zwischen Wahrheit und Übertreibung", sagte der österreichische Roman-

und Bühnenautor *Hermann Bahr* (1863-1934). Der Begriff „Kompliment" stammt ursprünglich aus dem Spanischen. Das altspanische Wort „complimiento" (heute: cumplimiento) bedeutete Fülle, Überfluss, aber auch Übertreibung. Es fand über das Französische Eingang in die deutsche Sprache, wo das Wort „Kompliment" schon seit Anfang des 17. Jahrhunderts in der Bedeutung „Artigkeit" oder „Höflichkeitsbezeugung" verwendet wird. Allerdings geht der Gebrauch von Komplimenten heute weit über eine bloße Höflichkeitsbezeugung hinaus. Wie im Abschnitt über das Selbstwertgefühl bereits hinreichend dargestellt festigen richtig eingesetzte Komplimente die Beziehung zum Verhandlungspartner. Bei einem Kompliment geht es dabei häufig nicht um eine Sache oder ein Verhalten, sondern um die Beziehung. Doch genau das ist manchmal problematisch: Nicht immer möchte die angesprochene Person Nähe zulassen. Und nicht immer ist ein Kompliment so gut formuliert, dass die verfolgte Absicht erreicht wird. Trotzdem sollte die Angst, nicht den richtigen Ton zu treffen, Sie nicht davon abhalten, ein Kompliment zu machen. Sie sollten dabei keine Angst vor Überdosierung haben. Ein bisschen zu viel ist besser als ein bisschen zu wenig, oder mit den Worten des britischen Staatsmannes und Romanschriftstellers *Benjamin Disraeli* (1804-1881): „Komplimente muss man mit der Maurerkelle auftragen." Machen Sie aber niemals Komplimente, die Sie nicht ernst meinen!

- *Kooperation:* Vertrautheit beeinflusst Sympathie in erheblichem Maße und umgekehrt. In diesem Zusammenhang ist der sogenannte „*Mere-Exposure-Effekt*" bzw. *Effekt des bloßen Kontakts*, der 1968 von *Robert Zajonc* (1923-2008) entdeckt worden ist, von Bedeutung. Dieser Mechanismus besagt, dass allein durch die mehrfache Darbietung von Personen, Situationen oder Dingen, das heißt allein aufgrund von Familiarität, die Einstellung eines Menschen zu diesen Dingen positiv beeinflusst werden kann. Zum Beispiel macht bloße Vertrautheit mit einem Menschen diesen attraktiver und sympathischer. Je häufiger sich Personen begegnen oder miteinander interagieren, umso eher wahrscheinlich ist es, dass sich Sympathie entwickelt. Diese Wechselseitigkeit ist aber immer verbunden mit der Art und Weise der Erfahrung, welche man in der Vergangenheit gemacht hat: Erzielen Sie mit einem Verhandlungspartner positive Ergebnisse, werden Sie ihm von Mal zu Mal mehr vertrauen. Sind Sie dagegen unzufrieden mit dem Verhandlungsergebnis, werden Sie ihn unsympathischer finden und ihm weniger vertrauen.
- *Konditionierung und Assoziationen:* Die bloße Assoziation mit schlechten oder guten Dingen hat einen Einfluss darauf, wie beliebt wir bei anderen

sind. Dieses *Assoziationsprinzip* gilt dabei allgemein, sowohl für negative als auch für positive Zusammenhänge. Produkte werden deshalb oft mit gerade aktuellen Ereignissen (zum Beispiel Olympische Spiele, Fußballweltmeisterschaft etc.) beworben, um eine positive Assoziation entstehen zu lassen. Auch in der Werbung wird dieses Prinzip häufig angewandt, indem Produkte und Prominente miteinander verknüpft werden. So werden beispielsweise Profisportler dafür bezahlt, Artikel anzupreisen, welche mehr oder weniger mit ihrer Berufsrolle zu tun haben. Entscheidend ist einzig und allein das Herstellen einer positiven Assoziation zwischen dem Prominenten und dem Produkt. Das Assoziationsprinzip kann auch genutzt werden, um Produkte preiswerter erscheinen zu lassen und Umsätze zu steigern: Eine wissenschaftliche Studie hat in diesem Kontext beispielsweise gezeigt, dass Werbeschilder mit der Aufschrift „Sale" die Verkaufszahlen erhöhen – auch wenn die Preise für die Produkte gar nicht reduziert sind. Die Kunden schließen daraus: „Hier kann ich Geld sparen". Zusätzlich wird ein Kauf auch deshalb wahrscheinlicher, weil die Kunden bereits häufig erlebt haben, dass solche Werbeschilder mit günstigen Preisen gekoppelt sind. Infolge einer derartigen *Konditionierung* wird daher jedes Produkt, das mit einem entsprechenden Schild in Verbindung steht, automatisch günstiger bewertet. Vor diesem Hintergrund ist es deshalb von zentraler Bedeutung, dass Sie in Verhandlungen sich selbst und Ihre Problemlösung mit Dingen in Verbindung bringen, die eine positive Assoziation bei Ihrem Verhandlungspartner bewirken.

Achten Sie im Rahmen von Verhandlungen darauf, die Verhandlungssituation und Ihre Gefühle genau zu analysieren, um nicht mittels des Prinzips der Sympathie manipuliert zu werden. Wenn Ihnen Ihr Gesprächspartner schneller und intensiver als gewöhnlich sympathisch geworden ist, sollten Sie versuchen, gemäß dem Harvard-Konzept den Verhandlungspartner von dem Verhandlungsgegenstand zu trennen und allein aufgrund der Vorzüge eines Lösungsvorschlages oder Angebotes zu entscheiden, ob Sie es annehmen möchten oder nicht.

Autorität. Wir sind gerne dazu bereit, auf Menschen zu hören, welche wir als legitime und glaubwürdige Autoritäten anerkennen. Dem liegt die Annahme zu Grunde, Autoritäten verfügten über mehr Wissen, Erfahrung und Macht. Menschen schreiben einer Person Autorität zu, wenn sie über einen bestimmten Status oder eine spezifische Expertise verfügt. Da man oft nicht das nötige Wissen hat, diese Expertise zu hinterfragen, verlässt man sich auf äußerliche Merkmale wie Titel (z. B. Dr. oder Dipl.-Ing.) oder auch typische Berufsbekleidung (z. B.

einen Arztkittel, einen Anzug oder eine Uniform). Wie wenig kritisch Menschen sind, wenn sie von Autoritätspersonen angewiesen werden, Dinge zu tun, zeigt das berühmte Milgram-Experiment: Dabei handelt es sich um ein erstmals 1961 an der berühmten Yale-Universität in New Haven durchgeführtes psychologisches Experiment, das von dem Psychologen *Stanley Milgram* (1933-1984) entwickelt wurde, um die Bereitschaft durchschnittlicher Menschen zu testen, autoritären Anweisungen auch dann Folge zu leisten, wenn sie in direktem Widerspruch zu ihrem Gewissen stehen. Der ganze Ablauf des Experiments war wie ein Theaterstück inszeniert, bei dem alle außer dem Probanden eingeweiht waren. Der Versuch bestand darin, dass der Lehrer (die eigentliche Versuchsperson) dem Schüler (ein Schauspieler) bei Fehlern in der Zusammensetzung von Wortpaaren jeweils einen elektrischen Schlag versetzen sollte. Dabei wurde die Spannung nach jedem Fehler um 15 Volt erhöht. Überwacht wurde dieser Versuch von einem Wissenschaftler als Autoritätsperson und Versuchsleiter, welcher aber in Wahrheit ebenfalls durch einen Schauspieler dargestellt wurde. In Wirklichkeit erlebte der Schüler keinerlei elektrische Schläge, sondern reagierte lediglich nach einem zuvor abgesprochenen Schema, in Abhängigkeit von der Stärke der Stromschläge. Das Ergebnis des ersten Experimentes war derart überraschend, dass Milgram über 20 Varianten mit jeweils abweichenden Parametern durchführte. 65 Prozent der Versuchspersonen waren bereit, den Schüler mit einem elektrischen Schlag von maximal 450 Volt zu „bestrafen" – allerdings empfanden viele dabei einen starken Gewissenskonflikt. Solange der Versuchsleiter sie anwies weiterzumachen und die Unbedenklichkeit betonte, half es auch nichts, wenn die vermeintlichen „Opfer" Schmerzensschreie ausstießen und die mutmaßlichen „Lehrer" anflehten, mit dem Experiment aufzuhören. Diese Ergebnisse überraschten jeden, der mit dem Projekt zu tun hatte, Milgram selbst eingeschlossen. Vor Beginn der Studie hatte er verschiedenen Gruppen von Kollegen und Psychologiestudenten eine Beschreibung des Versuchs zu lesen gegeben und sie um ihre Einschätzung gebeten, wie viele Versuchspersonen ihrem „Schüler" alle Schocks bis zum letzten (450 Volt) verabreichen würden. Alle Antworten lagen im Bereich zwischen einem und zwei Prozent. Eine Gruppe von 39 befragten Psychiatern sagte vorher, dass schätzungsweise einer von 1.000 Menschen bis zur höchsten Stufe gehen würde. Laut Milgram liegt der Grund für diese erschreckenden Ergebnisse in einer tief verwurzelten Autoritätshörigkeit und der damit verbundenen Unfähigkeit der Versuchspersonen, sich gegen die Autorität zu stellen.

Im Kontext von Verhandlungen gibt es mehrere Möglichkeiten, um herauszufinden, wie viel Autorität Ihr Verhandlungspartner besitzt, d. h. über welches Verhandlungsmandat er verfügt:

- Fragen Sie direkt nach.
- Finden Sie die Grenzen heraus, bis zu denen das Entscheidungsmandat Ihres Verhandlungspartners geht.
- Versuchen Sie von der Gegenseite zu erfahren, ab wann der nächsthöhere Vorgesetzte die Verantwortung für die Verhandlung übernimmt.

Im Rahmen von Verhandlungen werden Sie häufig mit Gesprächspartnern *ohne Autorität* konfrontiert. Dies sind zumeist Spezialisten, welche Vorverhandlungen führen, ohne dabei Zugeständnisse zu machen. Eine Taktik für Sie könnte darin bestehen, sich ebenfalls auf eine höhere Autorität zu berufen (zum Beispiel Ihren Vorgesetzten), ohne die Sie nichts weiter entscheiden dürfen. Verschwenden Sie keine Zeit damit, mit Menschen zu verhandeln, welche keine Entscheidungsbefugnis haben. Versuchen Sie stattdessen, alle Entscheidungsträger an den Verhandlungstisch zu bekommen. Entsprechend sollten Sie zum Beispiel fragen: „Wäre es nicht sinnvoll, wenn Ihr Vorgesetzter mit dabei wäre? Er trifft ja die finale Entscheidung."

Wenn Sie mit *limitierter Autorität* verhandeln, indem Sie beispielsweise organisatorische, strukturelle, finanzielle oder legale Limitierung anführen, machen Sie es Ihrem Gesprächspartner damit schwieriger, Ihnen Konzessionen abzuringen. Nicht die letzte Instanz zu sein, also nicht die letzte Macht zu haben, das Finale „Einverstanden" zu geben, kann eine sehr effektive Methode in Verhandlungen sein und gibt Ihnen paradoxerweise sogar mehr Macht. Sobald Ihr Verhandlungspartner nämlich denkt, dass Sie nicht das letzte Wort haben, versucht er nicht mehr, nur Sie zu überzeugen. Sie können beispielsweise sagen: „In diesem Punkt kann ich Ihnen nicht entgegenkommen, da es nicht unserer Unternehmenspolitik entspricht." Wenn Sie selbst mit limitierter Autorität im Rahmen von Verhandlungen konfrontiert werden, sollten Sie Verständnis signalisieren und fragen, was passieren muss, damit eine Ausnahme gemacht wird oder wie der Entscheidungsträger mit eingebunden werden kann.

Wenn Sie in Verhandlungssituation dagegen über die *volle Autorität* verfügen, sollten Sie immer auf genügend Bedenkzeit achten.

Schutz gegen die nachteiligen Auswirkungen des Einflusses von Autoritäten bieten vor allem zwei Fragen. Die erste Frage, welche Sie sich stellen sollten, wenn Sie es mit dem Beeinflussungsversuch einer Autorität zu tun haben, lautet: „Ist die Autoritätsperson tatsächlich ein Experte?" Mit dieser Frage lenken Sie die Aufmerksamkeit auf zwei zentrale Punkte: Die Referenzen der Autorität und deren Relevanz für die Verhandlung. Die zweite Frage, welche Sie sich stellen sollen lautet: „Wie ehrlich wird der Experte wohl sein?" Sie müssen sich ein Bild von der Glaubwürdigkeit der Autoritäten in der jeweiligen Verhandlungssituation machen. Was die zweite Frage anbetrifft, sollten Sie sich vor einer vertrauensfördernden Taktik in Acht nehmen, welche darin besteht, dass Ihnen Ihr Gegenüber anfangs etwas leicht Nachteiliges über sich oder sein Produkt anvertraut. Mithilfe dieser Strategie versucht sich derjenige oder diejenige mitunter einen Anschein von Ehrlichkeit zu geben, welche alle nachfolgenden Informationen glaubwürdiger erscheinen lässt.

Knappheit. Das letzte der sechs Beeinflussungsprinzipien von Cialdini besagt, dass Produkte oder Informationen für uns umso begehrenswerter erscheinen, je schwieriger sie zu bekommen sind. Dieses Prinzip basiert auf zwei Umständen: Zum einen sind Dinge, welche schwer zu bekommen sind, auch tatsächlich meist wertvoller, wodurch die Knappheit zum Indikator für Qualität wird. Zum anderen erleben wir die Unerreichbarkeit einer Sache als Einschränkung unserer eigenen Freiheit – und streben Freiheit in der Folge nur umso stärker an. Das damit in der Sozialpsychologie einhergehende Prinzip der *Reaktanz* besagt, dass uns Möglichkeiten stets umso wertvoller erscheinen, je weniger erreichbar Sie sind. Dies trifft auch auf Informationen zu, welche umso begehrter und überzeugender sind, je exklusiver sie erscheinen.

Beim Verhandeln ist das Prinzip der Knappheit vor allem in drei Varianten wirksam:

- *Die künstliche Verknappung*: Die „*Taktik der kleinen Menge*" ist eine gängige Methode im Verkauf, um den Absatz von Produkten zu erhöhen. Allein der Hinweis „Solange der Vorrat reicht" spornt zum Kauf an. Dabei wird unser Interesse an einer bestimmten Sache, die knapp ist, noch größer, wenn wir mit anderen um sie konkurrieren müssen. Große Nachfrage (*social demand*) führt zu einer besseren Bewertung der knappen Sache. Bezeichnen Sie daher Produkte, Informationen oder Zugeständnisse im Rahmen von Verhandlungen als knapp oder vertraulich und machen Sie die begrenzte Verfügbarkeit von Mengen deutlich.
- *Die Taktik der begrenzten Zeit*: Hierbei wird dem Verhandlungspartner signalisiert, dass ein Angebot nur bis zu einem bestimmten Zeitpunkt aufrechterhalten wird, was den Druck auf eine mögliche Einigung erhöht. Wer unter Zeitdruck steht, hat stets weniger Macht. Lassen Sie Ihren Verhandlungspartner daher nichts von Ihrem auch noch so großen Zeitdruck wissen. Versuchen Sie auf der anderen Seite, jegliche zeitlichen Verpflichtungen Ihres Gesprächspartners herauszufinden. Je höher sein Zeitdruck, desto besser für Sie. Und je näher Ihr Gegenüber dem Ende seiner Frist entgegenkommt, desto größer ist die Chance, dass er Ihr Angebot annimmt.

- *Die Taktik des verschärften Wettbewerbs:* Durch diese Taktik zeigt der Verhandelnde seinem Gesprächspartner sehr deutlich seine BATNA. Besonders bei beschränkten – zeitlichen –Ressourcen wird dadurch die Verhandlungsposition des Gegenübers maßgeblich geschwächt. Wird die Verknappung geschickt gespielt, kann sie sehr rasch zu einem Abschluss führen. Das bedeutet, Sie können sie aktiv einsetzen, um Ihrem Gesprächspartner zu zeigen, dass es noch weitere Interessen gibt. Durch diese Verknappung fürchtet die andere Seite, sie käme möglicherweise zu kurz. Und das löst sofort den Reflex aus, zu sagen: „Einverstanden, wir schließen den Vertrag, bevor ein anderer kommt und ich leer ausgehe."

Fragen Sie sich als Schutz vor Manipulationen durch das Knappheitsprinzip stets: „Warum möchte ich diese Sache unbedingt haben?" Außerdem ist hier – wie bereits bei den anderen Prinzipien – eine optimale Vorbereitung der beste Schutz vor Manipulation. Je genauer Sie beispielsweise Elemente wie ZOPA oder BATNA bestimmt haben, desto besser wissen Sie, was Ihnen eine Sache wirklich wert ist, und Sie werden nicht aus Unüberlegtheit heraus eine Entscheidung treffen, welche Sie später bereuen werden.

Tipps für Ihren Erfolg

- Überprüfen Sie Behauptungen auf Fakten und lassen Sie sich diese belegen.
- Fragen Sie nach Details, um mehr Informationen von Ihrem Verhandlungspartner zu bekommen.
- Bestehen Sie auf dem Gleichbehandlungsgrundsatz und fordern Sie gleichwertige Regeln für alle Verhandler ein.
- Machen Sie den „Was ist wenn…"-Test, um den Verhandlungsspielraum Ihres Gesprächspartners zu erfahren, zum Beispiel: „Was wäre Ihr Preis, wenn ich die 30-fache Menge abnehmen würde?
- Führen Sie sich eigene Schwächen selbst vor Augen (zum Beispiel Zeitdruck, Harmoniebedürfnis, eigene Reiz-Reaktionsmuster).
- Lassen Sie unfaire Angriffe emotional abkühlen und auslaufen.
- Fordern Sie sofortige Beweise und Belege ein und lassen sich diese zeigen.
- Stellen Sie taktische Gegenteilsbehauptungen auf, welche Ihr Gesprächspartner dann entkräften muss.
- Arbeiten Sie mit Konkurrenzlösungen.
- Relativieren Sie, und stellen Sie Fakten in einen anderen Rahmen.

Nutzen Sie Feedback-Techniken, um Verhandlungen zu verbessern

Eine professionelle Rückmeldung bzw. *Feedback* zu geben bedeutet in der Verhandlungsführung, dem Gesprächspartner mitzuteilen, wie seine Äußerungen aufgenommen wurden. Feedback heißt so viel wie „Rückmeldung" oder „Rückkopplung". Das Feedback ist damit eine Rückmeldung an eine Person über deren Verhalten und wie dieses von anderen wahrgenommen, verstanden und erlebt wird.

Ein Modell, welches veranschaulicht, worum es beim Feedback geht ist das sogenannte *Johari-Fenster* (vgl. Abbildung 13).

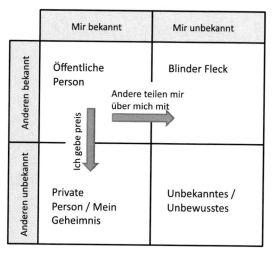

Abbildung 13: Das Johari-Fenster

Das Johari-Fenster wurde 1955 von den amerikanischen Sozialpsychologen *Joseph Luft* und *Harry Ingham* entwickelt. Die Vornamen dieser beiden wurden für die Namensgebung herangezogen. Das Modell unterteilt die Persönlichkeit eines Menschen in vier verschiedene Bereiche:

- *Öffentliche Person:* Öffentlich ist alles, was ein Mensch von sich preis gibt, was also ihm selbst und Dritten bekannt ist. Dieser Teil ist im Vergleich mit den anderen meist eher klein. Es sind aber vor allem die nicht-öffentlichen Bereiche, die Beziehungen ganz wesentlich bestimmen.

- *Private Person*: Geheim ist alles, was der Betroffene weiß, aber Dritten nicht zugänglich macht oder aktiv vor ihnen verbirgt.
- *Blinder Fleck*: Darunter versteht man alles, wovon der Betroffene selbst nichts weiß, Dritte aber sehr wohl.
- *Unbewusstes*: Unbekannt ist alles, das sowohl dem Betroffenen, als auch Dritten nicht bekannt ist.

Der sogenannte *blinde Fleck* ist dabei von besonderer Bedeutung: Je größer dieser ist, desto weniger hat ein Mensch eine realistische Einschätzung seiner Wirkung auf andere. Gerade im Rahmen von Verhandlungen ist es von zentraler Bedeutung, durch Feedback Ihren blinden Fleck zu verkleinern, um daraus zu lernen, sich weiterzuentwickeln um Verhandlungen letztlich erfolgreicher zu gestalten.

Damit hat ein Feedback vor allem folgende Wirkung:

- *Selbstbild überprüfen*: Jeder Mensch hat ein Bild über sich selbst (Selbstbild). Jeder Mensch hat Bilder über andere (Fremdbild). Selbstbild und Fremdbild sind fast nie deckungsgleich. Je offener und ehrlicher Menschen einander mitteilen, wie sie einander wahrnehmen (Fremdbild), desto besser kann jeder sein Selbstbild überprüfen und gegebenenfalls anpassen.
- *Wirkung von Verhalten erkennen*: Hinter jedem Verhalten steht eine (mehr oder weniger klare) Absicht. Jedes Verhalten hat eine Wirkung und wird von anderen unterschiedlich erlebt und beurteilt. Durch offenes Feedback kann der Empfänger erfahren, wie er auf andere wirkt. Er kann nun überlegen, ob er das so will und kann gegebenenfalls sein Verhalten verändern.
- *Beziehungen klären*: In Verhandlungen wird vieles verschwiegen. Durch offenes Feedback wird Verborgenes (oder genauer: die hinter den Positionen liegenden Interessen) erkennbar. Wünsche und Bedürfnisse, Freude und Anerkennung können ausgetauscht, aber auch Ängste und Verletzungen angesprochen werden. Dadurch entsteht Vertrauen und Nähe.
- *Arbeitsfähigkeit verbessern*: In vielen Verhandlungen wird die Beziehungsseite unter den Tisch gekehrt und ignoriert. Dort entfaltet sie oft eine zerstörerische Wirkung. Widersprüchliche Ziele führen oft zu Konflikten. Im offenen Feedback können Gefühle gezeigt und Beweggründe und Bedürfnisse erklärt werden. Dadurch entsteht Klarheit und diese kann zu einer besseren Verhandlung führen.

In diesem Zusammenhang ist es wichtig, dass beim Geben von Feedback grundsätzlich folgende Leitlinien berücksichtigt werden:

- *Die Aussagen sollen die Situation konkret beschreiben und nicht wertend sein:* In der Regel sind Rückmeldungen immer eine Mischung aus Wahrnehmungen eigener Deutung und Bewertung des Wahrgenommenen. Unbedachte Wertungen greifen das Selbstwertgefühl Ihres Gesprächspartners an und verhindern eine erfolgreiche Verhandlung. Durch ein Unterlassen von Wertungen verringern Sie bei Ihrem Verhandlungspartner das Bedürfnis, sich zu verteidigen. Nur ein Gesprächspartner, der sich nicht in einer Defensivposition befindet, wird sich mit Ihrem Feedback und den von Ihnen angebotenen Vorschlägen ernsthaft auseinandersetzen.

- *Ich-Aussagen anstatt Du-/Sie-Botschaften senden:* Du-/Sie-Botschaften stellen eher das Fehlverhalten des anderen heraus. Eine solche Botschaft ist wie ein ausgestreckter Zeigefinger, zum Beispiel: „Sie sollten sich diese Statistiken einmal genauer ansehen!" Solche Botschaften lösen in der Regel Widerwillen und Widerspruch aus. Der Gesprächspartner rechtfertigt sich, da ihm die Schuld zugeschoben wird. Verletzung und Ärger sind weitere typische Reaktionen auf diese Art von Botschaften. Ich-Aussagen dagegen erleichtern Ihren Verhandlungspartnern die Akzeptanz Ihrer Aussagen. Sie bieten die Möglichkeit zu einer Erklärung oder Korrektur, ohne sich sofort rechtfertigen zu müssen. Sie geben Auskunft über Ihre Meinungen und Einschätzungen als Feedback-Geber und werden eher als selbstbeschreibend objektiv eingeschätzt, zum Beispiel: „Mir ist aufgefallen, dass Sie sich die Statistik noch nicht angesehen haben." Solche Botschaften lösen in der Regel Betroffenheit aus. Der Gesprächspartner wird nachdenklich und ist eher zu einer Klärung bereit.

- *Rückmeldungen sollten konkret und klar formuliert sein:* Ein Feedback sollte auch der Überprüfung durch die Beteiligten zugänglich gemacht werden und muss dabei immer konkret und nicht verallgemeinernd sein. Sie sollten beschreiben, was Sie wahrgenommen haben und wie dies auf Sie gewirkt hat. Dabei ist es wichtig, nicht nur auf das Negative sondern auch auf das Positive zu schauen. Feedback sollte idealerweise ein Geschenk sein, welches der andere gut annehmen kann.

Auch das Annehmen eines Feedbacks erfordert eine professionelle Disziplin, denn auch die Rückmeldungen müssen von Ihnen in geeigneter Form aufgenommen werden. Dabei ist auf folgende Punkte zu achten:

- Machen Sie selbst eine Sprechpause und hören Sie aufmerksam zu.
- Vermeiden Sie unmittelbare Rechtfertigungen oder sofortige Erklärungen zum eigenen Verhalten oder Standpunkt.

- Fragen Sie bei inhaltlichen Unklarheiten zum besseren Verständnis nach und lassen Sie sich Beispiele für alternative Verhaltensweisen aufzeigen. Stellen Sie daraufhin Ihre Sichtweise noch einmal deutlich klar.

> In Verhandlungen gilt: Wenn Sie den anderen dort abholen wo er steht, dann können Sie ihn auch dorthin führen, wo Sie ihn haben möchten!

Argumentieren Sie überzeugend und bauen Sie in Ihrer Verhandlungsargumentation die Vorstellungen und Erwartungen Ihrer Gesprächspartner ein. Das geeignete Vorgehen besteht auch hierbei darin, Ihre eigenen Ziele festzulegen und dann die Erwartungen und Erfahrungen der Verhandlungspartner zu erfragen. Gemeinsam sind mögliche Wege für ein gutes Verhandlungsergebnis zu überlegen und positive sowie negative Konsequenzen der verschiedenen Optionen aufzuzeigen. Der Abschluss findet dann durch das Festlegen konkreter Maßnahmen statt.

Helfen Sie Ihrem Verhandlungspartner, sich selbst zu überzeugen

Die meisten Menschen interessieren sich hauptsächlich für sich und das, was sie haben möchten: Neben materiellen Dingen suchen die Menschen vor allem nach Anerkennung und Bestätigung. Sie interessieren sich vorwiegend für ihre eigenen Probleme und wie sie sie lösen können. Fast alles, was sie tun, unternehmen sie, um ihre eigenen Interessen zu fördern.

Vor diesem Hintergrund müssen Sie, wie bereits weiter oben im Kapitel dargestellt, Ihrem Verhandlungspartner aufzeigen, was er davon hat und wie es seinen Interessen nützt, wenn er Ihnen zustimmt. Bei jedem Versuch, jemanden zu überzeugen, müssen stets seine Interessen in den Mittelpunkt aller Überlegungen gestellt werden. In der Argumentationsphase des Gespräches sollten dabei immer die Vorteile herausgestellt werden, die der Gesprächspartner hat, wenn er Ihrem Lösungskonzept zustimmt. Die große Stärke der Argumentation mit Blick auf den Nutzen des Gesprächspartners liegt darin, dass er die Argumente praktisch selbst an die Hand gibt. Indem er die offenen Fragen beantwortet, nennt Ihr Gesprächspartner selbst Gründe, die für den propagierten Vorschlag sprechen: „Die Menschen lassen sich viel eher durch Argumente überzeugen, die sie selbst entdecken, als durch solche, auf die andere kommen", schrieb der französische Mathematiker, Physiker, Literat und Philosoph *Blaise Pascal* (1623-1662) bereits im 17. Jahrhundert. Es gilt also, die Argumente mit den Zielsetzungen des Gesprächspartners zu verbinden, um eine Win-Win-Situation zu generieren. Versetzen Sie sich daher in die Situation Ihres Gesprächspartners hinein. Finden Sie genau heraus, was ihm wichtig ist und was nicht. Ermitteln Sie die hinter den Positionen liegenden Interessen. Sie müssen ihm dabei Ihre Ziele auf eine Weise näher bringen, welche ihn erkennen lässt, dass seine eigenen Ziele dabei unterstützt werden.

> Die große Kunst in der Gesprächs- und Verhandlungsführung ist es, die Merkmale und Eigenschaften Ihres Angebotes (d. h. Ihre Argumente) so darzustellen und anzusprechen, dass die Interessen Ihres Verhandlungspartners ebenfalls direkt angesprochen werden.

Je mehr Übereinstimmung hier herrscht, desto wichtiger ist das Angebot für Ihren Gesprächspartner und desto eher ist er bereit, dafür die geforderte Gegenleistung zu erbringen. Wie bereits gezeigt wurde geht es darum, im Rahmen des nutzen- und bedarfsgerechten Verhandelns den Nutzen Ihres Angebotes für die Bedürfnisbefriedigung Ihres Verhandlungspartners herauszuarbeiten. Nur auf diese Weise gelangen Sie zu einem für beide Seiten tragbarem und nachhaltigen Verhandlungserfolg.

Das Wichtigste in Kürze

- Der Schlüssel zum Erfolg liegt in der sogenannten *adressatenbezogenen Kommunikation*: Wenn Sie Ihren Verhandlungspartner überzeugen wollen, muss Ihre Argumentation vor allem adressatenbezogen sein, d. h. für Ihren Gesprächspartner von Interesse, plausibel und nachvollziehbar sein und das Denken, Fühlen, die Interessen und die Erfahrungen des *anderen* berücksichtigen. Der Verhandlungserfolg beruht damit zu einem wesentlichen Teil auf dem Verständnis für den Standpunkt Ihres Verhandlungspartners. Den Standpunkt der Gegenseite zu verstehen, heißt noch lange nicht, dass Sie damit einverstanden sind.
- Im Rahmen von Verhandlungen sollten Sie zwischen *Vorteilen* und *Nutzen* unterscheiden. Ein Vorteil ist etwas allgemein Gültiges, ein Nutzen jedoch zeigt Ihrem Gesprächspartner, wie Ihre Problemlösung seine *individuellen Bedürfnisse und Bedarfe* erfüllt. Vereinfacht ausgedrückt: Immer dann, wenn Ihr Gesprächspartner eine schlüssige Antwort auf die Frage erhält: „Was habe ich ganz persönlich davon?" handelt es sich um einen Nutzen. Ein Vorteil erläutert ganz allgemein eine mögliche Dinglichkeit, ein Nutzen

erfüllt die konkreten, subjektiven Bedürfnisse des Gesprächspartners, mit dem Sie gerade verhandeln.

- Optimal in Verhandlungen zu kommunizieren bedeutet stets, das Selbstwertgefühl Ihres Verhandlungspartners zu achten. Bestärken Sie Ihren Verhandlungspartner daher in aufrichtiger Weise in seinem Selbstbewusstsein.

- Das Kommunikationsquadrat beruht auf der Annahme, dass jede Äußerung nach vier Seiten hin interpretiert werden kann – vom Sender der Nachricht wie auch vom Empfänger.

- Der ungeschickteste Weg, den Sie einschlagen können, wenn Sie jemand von Ihrer Meinung überzeugen wollen, ist eine Konfrontation.

- Beachten Sie das Prinzip der Reziprozität in Verhandlungen, indem Sie Ihrem Verhandlungspartner nichts schenken, ohne etwas dafür zu bekommen: Die Kunst im Rahmen der Verhandlungsführung besteht vielmehr darin, Ihrem Gegenüber das Gefühl zu geben, dass er Ihnen etwas schuldet.

- Machen Sie sich stets bewusst, dass nicht Ihr wahres Zugeständnis zählt, sondern nur die Wahrnehmung Ihres Verhandlungspartners.

- Wenn Sie demnach in einer Verhandlungssituation eine hohe Forderung stellen, welche mit Sicherheit abgelehnt wird, haben Sie mit einer nachgeschobenen kleinen Forderung (der ursprünglich beabsichtigten) größere Erfolgsaussichten, weil die zweite Forderung bereits als Zugeständnis wirkt.

- Das Begründen von Forderungen und Vorschlägen ist essenziell, um Ihnen eine entsprechende Wirkung zu verleihen. Geben Sie Ihrem Verhandlungspartner dabei stets die Möglichkeit, seine Meinung zu revidieren ohne dabei sein Gesicht zu verlieren.

- In Verhandlungen gilt: Wenn Sie den anderen dort abholen wo er steht, dann können Sie ihn auch dorthin führen, wo Sie ihn haben möchten!

- Die große Kunst in der Gesprächs- und Verhandlungsführung ist es, die Merkmale und Eigenschaften Ihres Angebotes (d. h. Ihre Argumente) so darzustellen und anzusprechen, dass die Interessen Ihres Verhandlungspartners ebenfalls direkt angesprochen werden.

7. Wie Sie auf Einwände reagieren und was Sie tun müssen, wenn es schwierig wird

Sehen Sie jeden Einwand als gemeinsamen Weg zum erfolgreichen Abschluss

Im Rahmen von Verhandlungen treten Widerstände an den unterschiedlichsten Stellen auf. Wenn Ihr Gesprächspartner Zweifel oder Bedenken äußert oder einen anderen Standpunkt einnimmt, müssen Sie seinen Einwänden geschickt begegnen. Dabei sollten Sie eine Grundregel stets im Hinterkopf behalten: Vermeiden Sie alles, was die positive Gesprächsatmosphäre stört, die bis zu diesem Zeitpunkt aufgebaut worden ist. Wenn Sie angegriffen werden schreiten Sie nicht zum Gegenangriff, da Sie auf diese Weise nur beim Feilschen um Positionen enden. Weisen Sie die Positionen Ihres Verhandlungspartners zurück, dann schließen Sie ihn darin ein. Verteidigen Sie Ihren eigenen Vorschlag, gerät die Verhandlung schnell auf das Nebengleis persönlicher Angriffe. Sie werden sich schnell in einem Teufelskreis von Angriff und Verteidigung wiederfinden, was einen Verhandlungserfolg unwahrscheinlich macht. Lassen Sie sich deshalb niemals auf ein Streitgespräch ein. Im Streit können Sie niemanden überzeugen. Signalisieren Sie in diesem Zusammenhang niemals, dass Ihr Gesprächspartner sich irrt – weder ausdrücklich, noch indirekt durch nonverbale Kommunikation.

> Sehen Sie Einwände stets aus einem anderen Blickwinkel: Ihr Verhandlungspartner braucht noch ein wenig Zeit, weitere Informationen, zusätzliche Beratung und Unterstützung.

Haben Sie also keine Angst vor Einwänden! Sie sind etwas völlig Natürliches in Verhandlungen. Sie bedeuten lediglich, dass bei Ihrem Verhandlungspartner noch Fragen offen sind, dass er noch nicht zum Abschuss bereit ist. Sehen Sie es demnach positiv, wenn Ihr Gesprächspartner rechtzeitig seinen Einwand nennt, da er Ihnen damit die Chance gibt, dazu Stellung zu nehmen. Der Physik-Nobelpreisträger *Albert Einstein* (1879-1955) formulierte treffend: „Inmitten der Schwierigkeiten liegt die Möglichkeit."

Einwände sind keine Auseinandersetzung mit dem Verhandlungspartner sondern vielmehr der gemeinsame Weg zu einem erfolgreichen Abschluss.

So begegnen Sie Einwänden wirkungsvoll

Wie sollten Sie nun konkret mit Einwänden umgehen? Grundsätzlich sollten Sie versuchen, jedem Einwand eine positive Seite abzugewinnen. Regieren Sie niemals abweisend. Widersprechen Sie Ihrem Verhandlungspartner nicht, und versuchen Sie nicht, ihn von oben herab zu belehren oder gar als inkompetent oder unwissend hinzustellen. Ihr Gesprächspartner signalisiert Ihnen mit seinem Einwand immer, dass er an dem Thema bzw. an der Lösung des anstehenden Problems interessiert ist.

In der Praxis hat sich nachstehende systematische Vorgehensweise der Einwandklärung und Einwandbehandlung bewährt.

Nehmen Sie den Einwand zur Kenntnis und lassen Sie Ihren Gesprächspartner ausreden: Lassen Sie den Einwand zu und zeigen Sie mit positiver Mimik und entsprechender Körpersprache, dass Sie an einer Klärung interessiert sind und der Einwand bei Ihnen angekommen ist. Beherzigen Sie die bereits aufgeführten Regeln des aktiven Zuhörens und verstehen Sie den Einwand als sachlichen Einwand. Sehen Sie jede Position, welche Ihr Gesprächspartner vertritt, als Versuch, die Bedürfnisse beider Seiten in Betracht zu ziehen. Behandeln Sie daher die Position Ihres Gesprächspartners als *eine* mögliche Option und untersuchen Sie daraufhin, wie weit sie den Interessen beider Seiten gerecht wird.

Greifen Sie niemals die Position der anderen an, sondern werfen Sie lieber einen Blick dahinter. Analysieren Sie die hinter den Positionen verborgenen Interessen Ihres Gesprächspartners.

Finden Sie durch aktives Zuhören die Prinzipien heraus, welche der Position Ihres Gesprächspartners zugrunde liegen und überlegen Sie, wie Sie sich diese zu Nutze machen können.

Gewinnen Sie Zeit zum Nachdenken und nutzen Sie die Macht des Schweigens: Wiederholen Sie das Argument oder den Einwand Ihres Verhandlungspartners langsam und stellen Sie Rückfragen, um Zeit zum Nachdenken zu gewinnen, welche Sie brauchen, um sich sorgfältig zu überlegen, wie Sie dem Einwand bestmöglich begegnen wollen. Sagen Sie beispielsweise: „Könnten Sie mir das bitte näher erläutern?" Legen Sie eine Pause ein, indem Sie für einen Augenblick einfach nichts sagen. Sie zeigen durch Ihr Nachdenken, dass Sie sich intensiv mit dem Argument Ihres Verhandlungspartners auseinandersetzen. Dies wirkt auf der Beziehungsebene viel positiver, als wenn Sie auf einen Einwand hin unmittelbar ein Gegenargument bringen.

Zeigen Sie Verständnis und werten Sie Ihren Gesprächspartner als Person auf: Bevor Sie auf die Argumente Ihres Verhandlungspartners im Einzelnen eingehen, sollten Sie signalisieren, dass Sie ihn und seine Situation verstehen. Wie an anderer Stelle gesagt bedeutet dies keineswegs, dass Sie ihm zustimmen. Es bedeutet lediglich, dass Sie sich in seine Lage versetzt haben und die Sache aus seiner Sicht betrachten. Erkennen Sie die Sachkompetenz Ihres Verhandlungspartners an, indem Sie beispielsweise sagen: „Dies ist eine gute Frage...". Sie zeigen damit, dass Sie den Argumenten Ihres Gesprächspartners mit einem gewissen Wohlwollen begegnen.

Begegnen Sie dem Einwand wirkungsvoll: Binden Sie Ihren Verhandlungspartner in die Lösungsfindung ein und erfragen Sie zusätzliche Informationen. Klären Sie seinen Einwand angemessen als Sachproblemen. Auf die Einwände selbst gibt es verschiedene Möglichkeiten der Reaktion und entsprechende Taktiken, welche auch miteinander kombiniert werden können. Welche Sie wählen, hängt von der jeweiligen Situation ab:

• *Laden Sie Ihren Gesprächspartner zu Kritik und Ratschlag ein anstatt Ihre Vorstellungen unmittelbar zu verteidigen:* Im Rahmen der Einwandbehandlung wird allzu häufig viel zu viel Zeit auf das Kritisieren verwendet. Anstatt sich dem zu widersetzen können Sie Ihren Verhandlungspartner aktiv dazu einladen: Fragen Sie konkret nach, warum Ihr Vertriebspartner Ihre Vorstellung nicht teilt bzw. kritisiert, beispielsweise: „Was genau stört Sie an meinem Vorschlag, dass Sie ihn nicht in Betracht ziehen?" Hören Sie aktiv zu und untersuchen Sie die ablehnenden Anmerkungen Ihres Verhandlungspartners und finden Sie dabei seine dahinterliegenden Interessen heraus. Verbessern Sie daraufhin Ihre Vorstellungen vom gegnerischen Standpunkt aus gesehen, indem Sie konkret Ihren Lösungsvorschlag dahingehend überarbeiten, dass er die von Ihrem Verhandlungspartner genannten Aspekte berücksichtigt. Sie können Kritik auch in eine konstruktive Richtung lenken, indem Sie Ihren Verhandlungspartner um Rat fragen. Fragen Sie konkret, was Ihr Gesprächspartner tun würde, wenn er in Ihrer Position wäre. Dadurch zeigen Sie nicht nur, dass Sie seine Expertise und sein Urteil respektieren, sondern geben ihm darüber hinaus die Möglichkeit, das Problem aus Ihrer Sicht zu sehen.

- *Versuchen Sie Ihren Vorschlag als Erweiterung oder Ergänzung des Standpunktes Ihres Handelspartners darzustellen:* Diese Taktik kann als Ergänzung zu der oben genannten verstanden werden. Sie betonen dabei zunächst die Gemeinsamkeiten Ihrer beiden Standpunkte. Dann verdeutlichen Sie, inwieweit Ihr Vorschlag die Sichtweise Ihres Gegenübers aufgreift, ergänzt oder erweitert.

- *Stimmen Sie der Argumentationsführung Ihres Gesprächspartners bedingt zu:* Hierbei stimmen Sie Ihrem Verhandlungspartners zunächst teilweise zu – allerdings nur dort, wo Sie es vertreten können. Im Anschluss daran verdeutlichen Sie nochmals Ihre Argumente, indem Sie beispielsweise sagen: „Ich stimme Ihnen zu, wenn Sie sagen, dass...., *und* wir sollten außerdem berücksichtigen, dass...". Wie im Abschnitt über die Kraft der Magie der Sprache beschrieben, sollten Sie hierbei auf die richtige Wortwahl achten, indem Sie an dieser Stelle das Wort „aber" durch das Wort „und" ersetzen.

- *Geben Sie dort einen Nachteil zu, wo Ihr Verhandlungspartner offensichtlich Recht hat:* Das Prinzip dieser sogenannten „Vorteile-Nachteile-Methode" besteht darin, dass Sie zwar einen Nachteil dort zugeben, wo der andere offensichtlich Recht hat, dann jedoch diesem Nachteil die vielen Vorteile Ihres Vorschlages gegenüberstellen. Bei der Abwägung der Vor- und Nachteile sollten Sie dann verdeutlichen, dass die Vorteile Ihres Vorschlages – immer aus Sicht Ihres Verhandlungspartners – unter dem Strich deutlich höher wiegen als die Nachteile. Eine effektive Taktik in diesem Zusammenhang besteht darin, die Untrennbarkeit von Vor- und Nachteilen zu betonen, indem Sie die Nachteile als nicht zu vermeidende „Nebenwirkungen" der Vorteile darstellen, quasi als „Kehrseite der Medaille".

Wie bereits an anderer Stelle betont, sollten Sie im Rahmen einer adäquaten Vorbereitung schon vor dem Verhandlungsgespräch mögliche Einwände antizipieren und entsprechende Reaktion vorbereiten. Überlegen Sie daher rechtzeitig, wie Sie auf mögliche Gegenargumente reagieren wollen. So gewinnen Sie Selbstsicherheit, bevor Sie das Überzeugungsgespräch einleiten. Es kann sich in diesem Zusammenhang auch als vorteilhaft erweisen, in Ihrer Argumentation bereits den einen oder anderen Einwand vorwegzunehmen.

Klären Sie das Ergebnis und prüfen Sie, ob der Einwand ausreichend geklärt wurde: Stellen Sie sicher, dass das Gegenargument vollständig ausgeräumt wurde. Sichern Sie das Ergebnis durch Kontrollfragen ab: „Ist damit der Punkt für Sie geklärt?"

Auch wenn Sie bereits mit Ihrem Gesprächspartner Einwände durchgegangen sind und diese ausgeräumt haben, kann es immer wieder vorkommen, dass es weitere Einwände gibt. Wenn Sie das Gefühl haben, dass Ihren Gesprächspartner noch etwas beschäftigt, sollten Sie stets nachfragen: „Haben Sie noch weitere Fragen?", „Gibt es Punkte, welche Sie noch beschäftigen?" Nur ein vollständig überzeugter Verhandlungspartner wird auch langfristig gut mit Ihnen zusammenarbeiten. Hat der Verhandlungspartner im Nachhinein das Gefühl, dass die Verhandlung nicht optimal für ihn verlaufen ist, kann dies einer langfristigen positiven Beziehung abträglich sein.

Was tun, wenn der Partner unfair wird?

Sachgerechtes Verhandeln ist eine effiziente und effektive Angelegenheit. In Verhandlungen müssen Sie aber leider auch immer damit rechnen, dass es Situation gibt, in denen der Verhandlungspartner unfair wird. Was aber sollten und können Sie tun, wenn Ihr Verhandlungspartner Sie betrügt, aggressiv ist oder Sie aus dem Gleichgewicht bringen will? Eine mangelnde Fairness kann sich dabei in verschiedensten Formen zeigen, wie beispielsweise persönliche Angriffe, Provokationen, Killerphrasen, Drohungen u. a. Im Folgenden werden diese Formen kurz dargestellt und gezeigt, wie eine adäquate Reaktion aussehen kann.

Persönliche Angriffe und Provokationen abwehren: Bei persönlichen Angriffen geht Ihr Verhandlungspartner nicht auf die Sache ein, sondern greift Sie als Person an. Mögliche Beispiele sind:

- „Wie schön, dass auch Sie das mal erkannt haben."
- „Bei Ihrem fachlichen Hintergrund würde ich mich mit einer Wertung eher zurückhaltend."
- „Ihre ganze Argumentationsweise zeigt, dass Sie keine Ahnung haben, wovon wir hier eigentlich reden."

Persönliche Angriffe und Provokationen setzen einen Verhandlungspartner immer unter Zugzwang. Unser Gehirn empfängt dabei ein starkes Stresssignal und sorgt dafür, dass unsere Fähigkeit, differenzierte Überlegungen anzustellen, aussetzt.

Eignen Sie sich entsprechende Abwehrstrategien an, um in Konfliktsituationen schnell und souverän reagieren zu können.

Hierzu zählen die folgenden in der Praxis bewährten Methoden:

- *Machen Sie den unfairen Angriff transparent:* Wenn Sie jemand auf unfaire Art und Weise angreift, können Sie allen Beteiligten klarmachen, was gerade passiert, indem Sie es deutlich artikulieren. Damit nehmen Sie einem unfairen Angriff die Wirkung. Sie können beispielsweise formulieren: „Was Sie gerade machen ist, dass Sie mich auf der persönlichen Ebene angreifen. Bleiben wir doch bitte bei der Sache. Was genau stört Sie an meinem Lösungskonzept?" Bei dieser Technik, welche sich auf jeden persönlichen Angriff anwenden lässt, bleiben Sie selbst fair und professionell.

- *Benutzen Sie Brückensätze:* Bei dieser fortgeschrittenen Methode machen Sie es wie einige Politiker, die fast nie direkt auf die ihnen gestellten Fragen antworten, sondern einen Brückensatz nutzen, um zu dem überzuleiten, was sie gerne sagen wollen. Auf einen entsprechenden Angriff könnten Sie dann wie folgt reagieren: „Was Sie sagen, kann ich nicht nachvollziehen (Brückensatz). Gerade unsere Firma zeichnet sich seit Jahren dadurch aus, dass wir…".

- *Interpretieren Sie den Angriff zu Ihrem Vorteil um:* Bei dieser Taktik nehmen Sie eine gegen Sie gerichtete Aussage und interpretieren sie positiv um. Beispielsweise könnten Sie auf den Angriff „Dies ist typisch für Sie, Sie Statistiker" wie folgt interpretieren: „Wenn Sie mit Statistiker jemanden meinen, der Wert darauf legt, dass betriebliche Entscheidungen auf überprüfbaren Fakten basieren, dann sind wir einer Meinung."

- *Verlangen Sie eine Entschuldigung:* Wenn ein Angriff unter der Gürtellinie erfolgt, sollten Sie eine Entschuldigung verlangen. Damit setzen Sie eine klare Grenze und kommunizieren, dass Sie so nicht mit sich reden lassen.

Killerphrasen neutralisieren: Killerphrasen greifen nicht Sie als Person an, sondern Ihre gesamte Argumentationskette wird in der Regel pauschal durch das Argument zerstört. Dadurch wird bewirkt, dass die in der Verhandlung angegriffene Person eingeschüchtert wird und darauf verzichtet, weitere Argumente vorzutragen. Typische Killerphrasen sind:

- „Das hat sich bewährt, und deshalb machen wir das immer so."
- „So etwas kann bei uns nicht funktionieren."
- „Dafür haben wir keine Zeit."
- „Dafür haben wir kein Budget."
- „Dafür ist die Zeit noch nicht reif."

Wenn Sie mit einer Killerphrase konfrontiert werden, sollten Sie sich nicht einschüchtern lassen und die Diskussion weiterführen. Fragen Sie nach, welche tatsächlichen Argumente Ihr Gesprächspartner zu bieten hat. Um das herauszuarbeiten, müssen Sie in der Regel mehrere Fragen stellen, wie etwa im nachfolgenden Beispiel:

- Person A: „So etwas kann bei uns nicht funktionieren."
- Person B: „Wo genau sehen Sie denn das Problem?"
- Person A: „Das hat sich bewährt, und deshalb machen wir das immer so."
- Person B: „Das Neue wird sich sicherlich ebenfalls bewähren. Wie lauten jetzt Ihre konkreten Argumente gegen diesen innovativen Lösungsvorschlag?"

Die Kunst besteht darin, wie in obigem Beispiel aufgezeigt, immer wieder sogenannte Konkretisierungsfragen zu stellen.

Reaktion auf Drohungen: Wenn Ihnen Ihr Verhandlungspartner in irgendeiner Form droht kann eine mögliche Taktik darin bestehen so zu tun, als ob Sie die Drohung gar nicht gehört hätten und das Thema zu wechseln. Nicht darauf einzugehen, verhindert zunächst einmal, dass sich Gefühle hochschaukeln. Eine Drohung ist zumeist immer eine emotionale Reaktion Ihres Gegenübers, welche ihm ein wenig später vielleicht sogar leid tut. Sie geben dem anderen damit die Gelegenheit, sein Gesicht zu wahren und die Drohung einfach zu vergessen.

Eine weitere Möglichkeit, auf eine Drohung zu reagieren, ist, sie durch Umdeutung zu neutralisieren. Wenn Ihr Verhandlungspartner beispielsweise sagt: „Entweder Sie reduzieren den Preis auf 100.000 €, oder wir lassen es bleiben", können Sie den Rahmen ändern, indem Sie statt der Drohung das gemeinsame Ziel in den Mittelpunkt stellen: „Wir sind uns einig, dass wir alles versuchen sollten, um den Preis so niedrig wie möglich zu veranschlagen."

Die häufigste Drohung im Rahmen von Verhandlungen ist die, aufzustehen und den Verhandlungstisch zu verlassen. Damit bringt Ihr Verhandlungspartner nichts anderes zum Ausdruck, als dass ein Abschluss nicht zu Stande kommt, falls Sie nicht auf seine Forderung entsprechend eingehen. Dieser sogenannte *Walkout* kann in Verhandlungen eine sehr effektive Methode sein. Wenn Sie Ihrem Verhandlungspartner zeigen, dass Sie bereit sind, die Verhandlung gegebenenfalls abzubrechen, stärkt das Ihre wahrgenommene Macht. Gleichzeitig testen Sie damit die ZOPA: Ist Ihr Verhandlungspartner ebenfalls bereit, die Verhandlung abzubrechen oder versucht er, Sie mit allen Mitteln zurück an den Verhandlungstisch zu bekommen? Falls Letzteres nicht der Fall ist, kann er Ihnen vermutlich nicht weiter entgegenkommen. Wenn Sie selbst die Taktik des *Walkouts* anwenden, setzen Sie damit alles auf eine Karte: Wenn Sie nämlich drohen, die Verhandlung zu verlassen, Ihr Verhandlungspartner Sie aber nicht versucht zurückzuhalten, können Sie kaum wieder zurückkommen, ohne Ihr Gesicht zu verlieren.

Tipps für Ihren Erfolg

- Lassen Sie sich durch Einwände und Angriffe nicht persönlich treffen.
- Gehen Sie inhaltlich auf die Meta-Ebene, indem Sie sich die Verhandlung aus der Distanz ansehen. Analysieren Sie die Situation und alle anderen Ebenen der Kommunikation neben der Beziehungsebene, d. h. die Selbstoffenbarungs-Ebene (Warum verhält sich Ihr Gesprächspartner so?; Was sagt er über sich damit aus?), die Sach-Ebene (Was ging inhaltlich voraus?) und die Appell-Ebene (Was möchte Ihr Gesprächspartner erreichen?).
- Versuchen Sie, die Interessen und Motive hinter der Position und dem Verhalten Ihres Verhandlungspartners zu erkennen. Haben Sie ihn vielleicht aus Versehen beleidigt, ohne es zu merken? Gehen ihm die Argumente aus? Möchte er vom Thema ablenken? Möchte er Sie einschüchtern? Ist er vielleicht einfach nur unbedacht und weiß nicht über die eigene Wirkung?
- Behalten Sie Ihr Verhandlungsziel im Auge. Wenn jemand unsachlich wird und Sie angreift, ist die Gefahr groß, dass Sie sich auf ein Streitgespräch einlassen. Dies bringt Sie Ihrem Verhandlungsziel jedoch nicht näher, im Gegenteil. Lassen Sie sich also nicht provozieren und überprüfen stattdessen: Welche Reaktion nutzt Ihrer Sache?

Eine weitere bewährte Methode, Konfliktsituationen souverän zu bewältigen ist die sogenannte „*Gewaltfreie Kommunikation (GFK)*". Wenn uns jemand in einer Konfliktsituation mit Worten angreift, neigen wir oftmals dazu, uns zu verteidigen, zu rechtfertigen oder sogar mit Worten „zurückzuschlagen". Erfahrungsgemäß bringt das daraus entstehende Wortgefecht keine Seite ihrem Ziel näher, sondern belastet oder zerstört sogar die Beziehung der Gesprächspartner, die nun plötzlich zu „Gesprächsgegnern" geworden sind. Bei der Gewaltfreien Kommunikation verzichtet man auf verbale Angriffe und konzentriert sich auf die Gefühle und Bedürfnisse, die den oft unbedachten Äußerungen Ihres Verhandlungspartners zugrunde liegen.

Der Begriff der Gewaltfreien Kommunikation wurde von dem US-Psychologen *Dr. Marshall B. Rosenberg* geprägt. Die von ihm entwickelte Methode hat sich als wertvolles Werkzeug herausgestellt, um Konflikte auf persönlichem, beruflichem und politischem Gebiet zu lösen. Die Gewaltfreie Kommunikation gibt dabei Antworten auf die Fragen:

- wie man auch bei unterschiedlichen Vorstellungen und Meinungen in wertschätzendem Kontakt bleiben kann
- wie man in Konfliktsituationen aufrichtig und echt und gleichzeitig verbindend agieren kann, so dass wieder eine Verständigung entsteht
- wie man in herausfordernden Lebenslagen in sich selbst die Potenziale finden kann, die neue Wege möglich machen

Die Gewaltfreie Kommunikation ist eine Kommunikations- und Konfliktlösungsmethode, welche die tieferliegenden Bedürfnisse aller am Konflikt Beteiligten aufzuspüren und zu berücksichtigen versucht, um auf diese Weise eine effektive Auflösung der Konflikte herbeizuführen. *Rosenberg* bezeichnet die Gewaltfreie Kommunikation auch als *„language of the heart"* oder *„Giraffensprache"*, da die Giraffe das Landtier mit dem größten Herzen ist. Wer gelernt hat, auf diese Weise zu kommunizieren, erlebt im Laufe eines Konfliktgesprächs viele positive Veränderungen, z. B. ein verbessertes Verständnis auf beiden Seiten, Transparenz von Bedürfnissen, Absichten und Motiven, so dass eine Abwehrreaktion oder gar Aufbau von Aggression vermieden wird.

Grundvoraussetzung für verbindende Kommunikation ist nach *Rosenberg* die *Empathie*. Um Empathie sowohl für uns selbst als auch für andere entwickeln zu können, brauchen wir eine andere Sprache als die *„Wolfsprache"*, wie er sie nennt. Diese führt oftmals zu Trennung, Rückzug, Abbruch von Verbindungen, Abgetrenntsein von den eigenen Gefühlen und Bedürfnissen. Die Gewaltfreie Kommunikation hilft, sich ehrlich auszudrücken sowie empathisch zuzuhören (vgl. Kapitel 5), und dient dem Aufbau von gesunden und ehrlichen Beziehungen.

Der größte Fehler in einer Konfliktsituation ist häufig, dass die Verhandlungspartner in ihrer Kommunikation die Aufmerksamkeit darauf richten, was andere falsch machen bzw. was „nicht richtig" an ihnen ist. Ausgangspunkt dieser Verhaltensweisen ist häufig eine negative Bewertung der anderen Person oder ihres Verhaltens. Menschen sehen den Grund für ihre aufkommenden Gefühle daher in den Handlungen der Anderen, woraus im negativen Fall Ärger, Frustration oder Hilflosigkeit entstehen, welche dann oftmals reflexartig mit Vorwürfen, Kritik, Drohungen etc. abgewehrt werden. Die üblichen Reaktionen der sind wiederum Rechtfertigung, Gegenangriff und Rückzug. Dadurch entsteht eine Art Spirale, welche Konflikte bedingt und öfters auch einen

Verhandlungsabbruch zur Folge hat. Laut *Rosenberg* verursacht diese Art der Kommunikation gegenseitige Aggression und ist gekennzeichnet durch:

- *Analyse*: „Wenn Sie dies beachtet hätten, wäre ...“
- *Kritik*: „So ist das aber nicht richtig, das macht immer so, dass ...“
- *Interpretationen*: „Sie machen dies, weil ...“
- *Urteile und Wertungen*: „Sie liegen richtig, ...“
- *Drohungen*: „Wenn Sie nicht sofort damit aufhören, ..., dann ...“
- *Sich im Recht fühlen*

In der Gewaltfreien Kommunikation richtet man daher die Aufmerksamkeit darauf, was einem wichtig ist und vermeidet alles, was der Verhandlungspartner als Bewertung, Beschuldigung, Kritik oder Angriff auffassen könnte – daher die Bezeichnung „Gewaltfreie Kommunikation“. *Rosenberg* legt dabei sehr viel Wert darauf, genau zwischen neutraler Wahrnehmung und eigener Interpretation zu unterscheiden: Was können wir in einem Gespräch, in einem Konfliktverlauf oder einfach in einer Begegnung zwischen Menschen genau beobachten und welche Schlüsse, welche Bewertungen folgen daraus? Meistens vermischen wir Beobachtung und eigene Beurteilung sehr schnell und leisten damit einer Gewalt-Sprache unbewusst Vorschub.

Jedes Gespräch der Gewaltfreien Kommunikation ist daher aus vier Komponenten aufgebaut:

1. *Beobachtung*: wertfreies wahrnehmen/beobachten: Zahlen, Daten, Fakten
2. *Gefühle*: Gefühle wahrnehmen und benennen
3. *Bedürfnisse*: Bedürfnisse wahrnehmen und benennen
4. *Bitten*: Bitte zur Erfüllung des Bedürfnisses äußern

Diese Schritte verwenden wir entweder als *Selbstmitteilung* oder als *empathisches Hineinversetzen* in den Verhandlungspartner (wie geht es ihm, was ist ihm wichtig?). Mit der Selbstmitteilung äußern wir die eigene Wahrnehmung, wie es in uns selbst gerade aussieht und was wir gerne hätten. Mit dem Hineinversetzen in Ihren Verhandlungspartner versuchen Sie, Gefühle und Bedürfnisse Ihres Gesprächspartners zu benennen. Ziel ist es zu verstehen, was seine Bedürfnisse und Beweggründe sind und wie seine Welt gerade aussieht. Beides kann im Stillen gemacht werden und führt dennoch zu Veränderungen.

Beispiel für eine *Selbstmitteilung*:

1. *Beobachtung:* „Ich sehe, dass Sie sich abwenden und aus dem Fenster sehen, wenn ich mit Ihnen über das Thema … sprechen möchte …".
2. *Gefühl:* „Ich fühle mich besorgt und auch etwas ratlos, wenn Sie sich so verhalten."
3. *Bedürfnis:* „Mein Bedürfnis ist, dass wir fair und offen miteinander umgehen …"
4. *Bitte:* „Bitte sagen Sie mir, was Sie benötigen, um mit mir darüber in Ruhe reden zu können."

Beispiel für *empathisches Zuhören*:

1. *Beobachtung:* „Sie stehen auf und sehen aus dem Fenster, wenn ich mit Ihnen über das Thema … sprechen möchte."
2. *Gefühl:* „Kann es sein, dass Sie im Moment ziemlich verärgert sind?"
3. *Bedürfnis:* „Brauchen Sie im Moment einfach etwas Ruhe und Zeit, um über meinen Vorschlag nachzudenken?"
4. *Bitte:* „Möchten Sie, dass wir zu einem späteren Zeitpunkt darüber reden?"

In vielen Verhandlungen kann die Berücksichtigung des Modells der Gewaltfreien Kommunikation nach *Rosenberg* zu einer effektiveren, effizienteren Kommunikation führen und Konfliktpotential vermeiden oder abbauen helfen.

Wenden Sie das Modell der Gewaltfreien Kommunikation (GFK) im Rahmen von Verhandlungen an – nicht nur in Konfliktsituationen – indem Sie die eigenen Motiven und Beweggründen in sich erforschen und gleichzeitig stets auch bei Ihrem Verhandlungspartner die eigentliche Botschaft hinter den Worten hören. Finden Sie auf diese Weise die Bedürfnisse heraus, um die es Ihrem Verhandlungspartner tatsächlich geht, um Verhandlungen – beruflich wie privat – erfolgreicher und nachhaltiger zu gestalten.

Das Wichtigste in Kürze

- Sehen Sie Einwände stets aus einem anderen Blickwinkel: Ihr Verhandlungspartner braucht noch ein wenig Zeit, weitere Informationen, zusätzliche Beratung und Unterstützung.
- Einwände sind keine Auseinandersetzung mit dem Verhandlungspartner sondern vielmehr der gemeinsame Weg zu einem erfolgreichen Abschluss.

- Greifen Sie niemals die Position der anderen an, sondern werfen Sie lieber einen Blick dahinter. Analysieren Sie die hinter den Positionen verborgenen Interessen Ihres Gesprächspartners.
- Eignen Sie sich entsprechende Abwehrstrategien an, um in Konfliktsituationen schnell und souverän reagieren zu können.
- Wenden Sie das Modell der Gewaltfreien Kommunikation (GFK) im Rahmen von Verhandlungen an – nicht nur in Konfliktsituationen – indem Sie die eigenen Motive und Beweggründen in sich erforschen und gleichzeitig stets auch bei Ihrem Verhandlungspartner die eigentliche Botschaft hinter den Worten hören. Finden Sie auf diese Weise die Bedürfnisse heraus, um die es Ihrem Verhandlungspartner tatsächlich geht, um Verhandlungen – beruflich wie privat – erfolgreicher und nachhaltiger zu gestalten.

8. Besonderheiten im Rahmen von Preisverhandlungen

Alle Ratschläge, Hinweise, Taktiken, Strategien etc., welche in den voranstehenden Kapiteln aufgeführt sind, gelten selbstverständlich auch für Preisverhandlungen. Verhandlungen, in denen zentral Preise und Konditionen verhandelt werden, bringen jedoch einige Besonderheiten mit, auf die in diesem Kapitel deshalb separat und kompakt eingegangen wird.

Warum es sich lohnt, Preise durchzusetzen

Als Folge des immer dynamischeren Verdrängungswettbewerbs in vielen Branchen wird vielfach über den Preis verkauft, was beispielhaft die folgenden Aussagen von Verkäufern widerspiegeln:

- „Hätte ich den geforderten Preis nicht akzeptiert, wäre der Kunde weg gewesen."
- „Der Wettbewerb macht den Markt kaputt und Besserung ist nicht in Sicht."
- „Heutzutage kann man nur noch über den Preis verkaufen."

Es wird immer öfter allein über den Preis verkauft. Das zentrale Problem dabei ist, dass damit auch die Unternehmensgewinne drastisch sinken. Dadurch gerät man in eine Art Teufelskreis bzw. eine „Preisspirale nach unten", aus der es kein Entrinnen gibt: Zum einen wird durch einen Preisnachlass bzw. Rabatt der Eindruck erweckt, der ursprüngliche Preis war überzogen, was dazu führt, dass in Zukunft kein Kunde mehr den regulären Preis akzeptieren wird. Zum anderen werden die Kunden stets versuchen, bei ihrem nächsten Kauf noch mehr Rabatt herauszuholen und dabei den ursprünglich gewährten Preisnachlass als Ausgangsbasis nehmen.

Es besteht kein Zweifel: Verkaufsverhandlungen sind heute so schwierig wie nie zuvor, da der Preisdruck kontinuierlich zunimmt. Dies liegt an folgenden Faktoren:

- *Homogenität und damit Austauschbarkeit der Produkte*: Es wird zunehmend schwieriger für Unternehmen gleich welcher Branche, einen Wettbewerbsvorteil durch Innovationen aufrechtzuerhalten. Dies liegt vor allem daran, dass erfolgreiche Produktinnovationen innerhalb immer kurzfristiger Zeitabstände vom Wettbewerb kopiert, verbessert bzw. weiterentwickelt und zusätzlich zu einem meist günstigeren Preis angeboten werden. Deshalb werden Produkte und Dienstleistungen austauschbarer und gleichen sich immer mehr an – sie werden zu sogenannten *Commodities*. Je stärker dieser Effekt, desto mehr rückt der Preis als primäres Differenzierungsmerkmal in den Mittelpunkt der Kaufentscheidung der Konsumenten.

- *Konkurrenten mit aggressiver Preisstrategie*: Viele Unternehmen verfolgen eine aggressive Verkaufsstrategie, indem sie im Kampf um Marktanteile gezielt über den Preis verkaufen. Die geringeren Erlöse sollen dabei durch steigende Absatzzahlen überkompensiert werden. Dies trifft insbesondere auf neue Wettbewerber zu, welche mit dieser Niedrigpreisstrategie versuchen, in Märkte einzutreten.
- *Verschärfter Kostendruck in Unternehmen*: Vor dem Hintergrund des weltweiten Wettbewerbes verfolgen immer mehr Unternehmen ein konsequentes Kostenmanagement. Dies schlägt sich auch in ihrem Einkaufsverhalten nieder: Durch aggressive Preisverhandlungen wird versucht, die jeweiligen Einkaufspreise zu minimieren. Außerdem werden die Einkäufer in den Unternehmen durch variable Gehaltsanteile dazu motiviert, Preisreduktionen bei ihren Lieferanten herbeizuführen.
- *Gestiegene Preissensibilität der Kunden*: Konsumenten werden immer preis- und selbstbewusster. Dies liegt vor allem daran, dass in Zeiten des Internets die *Preistransparenz* für den Kunden enorm gestiegen ist: Angebots- und Preisvergleiche sind für jeden Kunden über entsprechende Portale im Internet jederzeit auf Knopfdruck möglich.

Vor diesem Hintergrund wird deutlich, dass der Preisdruck auf die Unternehmen weiter zunehmen wird, da industrielle wie private Kunden im Rahmen von Verhandlungen immer häufiger Preisnachlässe fordern, welche zumeist nicht realisierbar sind, da damit drastische Gewinneinbußen verbunden sind.

Beispiel

Stellen Sie sich vor, Sie wollen auf einem Flohmarkt selbst gemachten Holunderbeersekt verkaufen. Sie streben dabei einen Verkaufspreis von 10 Euro je 0,75 l Flasche an. Die variablen (d. h. produktionsabhängigen) Kosten für die Herstellung und Materialien (Holunderbeeren, Glasflaschen, Etikett etc.) betragen 6 Euro je Flasche. Für die Miete eines entsprechenden Standes auf dem Flohmarkt sowie An- und Abtransport der Flaschen fallen 300 EUR fixe (d. h. produktionsunabhängige) Kosten an. Am Ende haben Sie 100 Flaschen verkauft. Ihr Gewinn berechnet beträgt dabei 100 Euro und berechnet sich nach folgender Formel:

Gewinn = Umsatz − Kosten = Menge x Verkaufspreis − Kosten

Im Beispiel: Gewinn = 100 x 10 − (100 x 6 + 300) = 100

Ihr Ergebnis veranschaulichen Sie zusätzlich in einer entsprechenden Grafik (vgl. Abbildung 14).

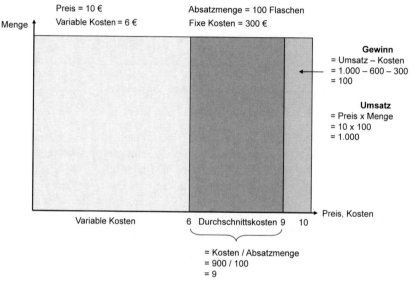

Abbildung 14: Beispielhafte Gewinnkalkulation

Sie planen, auch auf dem nächsten größeren Flohmarkt Ihr Produkt zu verkaufen und erwägen in diesem Zusammenhang neben einer Kostenreduktion auch eine Veränderung des Verkaufspreises. Für Ihre Kalkulation möchten Sie nun gerne wissen, was sich – bei sonst gleichen Bedingungen – am stärksten auf den Gewinn auswirkt:

- Eine Erhöhung des Absatzes um 10%
- Eine Preiserhöhung um 10%
- Eine Senkung der variablen Kosten um 10%
- Eine Reduktion der Fixkosten um 10%?

Sie stellen entsprechende Kalkulation an und halten die Ergebnisse in nachstehender Tabelle fest (vgl. Abbildung 15).

Eine Verbesserung um 10% von...	Alt		Neu		... erhöht den Gewinn um...
	Gewinn-treiber	Gewinn	Gewinn-treiber	Gewinn	
Preis	10		11	200	100%
Variable Kosten	6		5.4	160	60%
Absatzmenge	100	100	110	140	40%
Fixe Kosten	300		270	130	30%

Abbildung 15: Die Wirkung der verschiedenen Gewinntreiber

Überrascht stellen Sie fest, dass eine geringfügige Erhöhung Ihres Verkaufspreises um 10 % auf 11 Euro je 0,75 l Flasche Ihren Gewinn um ganze 100 % auf 200 Euro verdoppelt. Der Preis ist damit der mit Abstand größte Gewinntreiber. Im Umkehrschluss ergibt sich aber auch, dass ein entsprechender Preisnachlass sich dramatisch auf den Gewinn auswirken würde: Sie errechnen, dass Sie bei einem Deckungsbeitrag von 40 % des Umsatzes wie im Beispiel (10 Euro Verkaufspreis je Flasche minus 6 Euro variablen Kosten je Flasche ergibt 4 Euro Deckungsbeitrag je Flasche bzw. eine Bruttomarge von 40 %) bei einer Preissenkung um 20 % auf dann 8 Euro je 0,75 l Flasche Ihren Absatz verdoppeln müssen, um den gleichen Bruttogewinn von 400 Euro (4 Euro Deckungsbeitrag je Flasche x 100 verkaufte Flaschen) zu erzielen.

Ihr Ergebnis visualisieren Sie wiederum in einer entsprechenden Abbildung (vgl. Abbildung 16).

Zusätzlich erstellen Sie auch bezüglich dieser Kalkulation wiederum eine Tabelle, aus welcher hervorgeht, um wieviel Prozent Sie bei einer bestimmten Preisreduktion jeweils Ihren Absatz steigern müssen, um dasselbe Bruttoergebnis zu erzielen (vgl. Abbildung 17).

Doch etwas überrascht von diesem Ergebnis nehmen Sie sich vor, Ihre Produkte nicht günstiger zu verkaufen, sondern über eine bedarfs- und nutzengerechte Argumentation vielmehr einen höheren Verkaufspreis durchzusetzen.

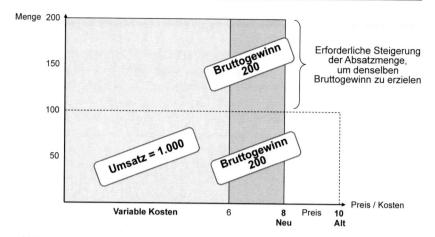

Abbildung 16: Auswirkung einer Preissenkung um 20%

Preissenkung: Notwendige Absatzsteigerung für konstanten Bruttogewinn (%)					
	Deckungsbeitrag [% vom alten Preis]				
Preissenkung [%]	20%	30%	40%	50%	60%
-1%	5.3	3.4	2.6	2.0	1.7
-2.5%	14.3	9.1	6.7	5.3	4
-5%	33.3	20	14	11	9
-10%	100	50	33	25	20
-20%		200	100	67	50
-30%			300	150	100

Abbildung 17: Rabatte und deren erforderlicher Mehrumsatz

Dieses Beispiel zeigt anschaulich, dass sich Preisnachlässe unmittelbar und dramatisch auf den Gewinn eines Unternehmens auswirken. Wenn Sie bei einem Deckungsbeitrag von 10 % des Umsatzes den Preis lediglich um 5 % senken, verlieren Sie die Hälfte Ihres Gewinnes! Dies lässt sich auch durch einen in der Regel damit verbundenen Mehrumsatz kaum kompensieren: Wie Sie gesehen haben, müssten Sie durch diese Preisreduktion doppelt so viel verkaufen, um den Verlust wieder wettzumachen.

Ihr Ziel sollte es daher sein, einen möglichst hohen Deckungsbeitrag zu erwirtschaften und den Umsatz zu bestmöglichen Konditionen zu erzielen.

Schließlich ist Gewinnmaximierung das primäre Unternehmensziel der meisten Firmen. In der Praxis ist es jedoch leider so, dass viele Verkäufer mehr Zeit und Energie einsetzen, ihren Vorgesetzten zu den Zahlungskonditionen, welche der Kunde fordert, zu überreden, als umgekehrt den Kunden von den Vorstellungen des Unternehmens zu überzeugen.

Vor diesem Hintergrund sollten Sie im Rahmen von Preisverhandlungen stets versuchen, Ihre Preise durchsetzen! Einige Strategien werden dabei im folgenden Abschnitt – in Ergänzung zu den im 6. Kapitel angeführten Ansatzpunkten – dargestellt.

Nutzenorientiertes Verkaufen und Mehr-Preise durch Mehr-Werte

Wie für Verhandlungen im Allgemeinen gilt auch für Preisverhandlungen, dass eine adäquate Vorbereitung *der* zentrale Erfolgsfaktor ist. Im Rahmen der Vorbereitung auf eine Preisverhandlung sollten Sie sich konkret mit folgenden Fragen beschäftigen:

- *Welchen Preis wollen bzw. müssen Sie erzielen?* In diesem Kontext ist ein eindeutiges, SMARTES Ziel von großer Bedeutung. Legen Sie daher Ihren Zielpreis sowie BATNA und ZOPA genau fest.
- *Wie sieht Ihre Strategie aus, falls Sie Ihren Zielpreis nicht durchsetzen können?* Überlegen Sie sich in diesem Zusammenhang, unter welchen Voraussetzungen Sie welche Art von Zugeständnissen machen können. Definieren Sie dabei klare Grenzen und Punkte, welche für Sie nicht verhandelbar sind.
- *Mit welchem Preis als „Anker" steigen Sie in das Gespräch ein?* Viele Verhandlungsexperten fordern im Rahmen der ZOPA einen Preis, der über ihrem eigentlichen Zielpreis liegt, um sich eine Reserve für die Verhandlung zu verschaffen (vergleichen Sie hierzu auch die Ausführungen zu dem sogenannten Ankereffekt weiter unten).
- *Mit welcher Strategie wollen Sie vorgehen?* Legen Sie sich eine Strategie zurecht, wie Sie Ihren Kunden vom Preis überzeugen wollen.
- *Wie sieht die Verkaufshistorie mit den Kunden aus?* Verschaffen Sie sich einen Überblick über die letzten Verhandlungen mit dem Kunden und recherchieren Sie in diesem Zusammenhang, welche Rabatte und Konditionen ihm bei welchen Produkten eingeräumt wurden. Dadurch verhindern Sie, dass Sie der Kunde mit selbstbewussten Behauptungen („Wir bekommen bei Ihrem Unternehmen immer 5% Nachlass") verunsichert.

Im Rahmen der eigentlichen Preisverhandlung ist es für den erfolgreichen Abschluss entscheidend, den Preis für Ihr Produkt oder Ihre Dienstleistung im richtigen Moment zu nennen. In diesem Zusammenhang ist der aus der Kognitionspsychologie bekannte *Ankereffekt* von besonderer Bedeutung. Dieser besagt, dass unter Urteilsunsicherheit, wie sie in Verhandlungen zumeist gegeben ist, ein (vorgegebener oder selbst generierter) Ausgangswert (ein sogenannter Anker) das Urteil in Richtung auf diesen Anker verzerrt. Dieser Ankereffekt wurde erstmals von *Amos Tversky* und *Daniel Kahneman* 1974 beschrieben. In einer mittlerweile klassischen Untersuchung baten die Wissenschaftler die Teilnehmer, den prozentualen Anteil afrikanischer Staaten in den Vereinten Nationen zu schätzen. Zuvor sollten sie aber noch schätzen, ob dieser Anteil größer oder kleiner ist als eine Zahl, die im Beisein der Teilnehmer durch Drehen eines (manipulierten) Glücksrads ermittelt wurde. Es zeigte sich, dass die Teilnehmer, bei denen das Glücksrad – vermeintlich – zufällig bei der Zahl 10 hielt, den Anteil afrikanischer Staaten in den Vereinten Nationen auf 25 Prozent schätzten, während die Versuchsteilnehmer, bei denen das Glücksrad die Zahl 65 anzeigte, im Mittel einen Anteil von 45 Prozent angaben. Der Ankereffekt führt dazu, dass Menschen bei bewusst gewählten Zahlenwerten von momentan vorhandenen Umgebungsinformationen beeinflusst werden, ohne dass ihnen dieser Einfluss bewusst wird.

Für Verhandlungen bedeutet dies, dass ein Verhandlungsergebnis häufig in Richtung des ersten Gebots hin verzerrt wird. Wissenschaftliche Studien zeigen, dass aus einem hohen ersten Gebot häufig ein höherer Preis bzw. ein höheres Verhandlungsergebnis für denjenigen resultiert, der das erste Gebot entsprechend abgegeben hat. Dieser Zusammenhang zwischen der Höhe einer Eingangsforderung und dem Ergebnis einer Verhandlung legt folgende Strategie nahe: Da das Endergebnis an das erste Gebot angeglichen zu werden scheint, sollten Sie in einer Verhandlung versuchen, das erste Gebot zu unterbreiten und damit den Boden für den weiteren Verhandlungsverlauf zu bereiten. Nicht nur bestimmt das erste Gebot, welche Informationen in der nachfolgenden Verhandlung primär zum Tragen kommen, es beeinflusst auch direkt das Gegengebot des Verhandlungspartners. Wenn Ihr Verhandlungspartner versucht, durch Nennung des Preises mittels dieses Ankers eine Richtung vorzugeben, dann empfiehlt es sich zur Abschwächung des Einflusses eines ersten Gebotes gezielt nach Informationen zu suchen, deren Implikationen dem ersten Gebot widersprechen.

Auch wenn die soeben dargestellten psychologischen Zusammenhänge für eine schnelle Preisnennung sprechen, um einen entsprechenden taktischen Vorteil zu generieren, sollten Sie auf alle Fälle aber auch beachten, dass Ihr

Kunde den Preis erst dann einschätzen kann, nachdem er erkannt hat, welche individuellen Vorzüge und Nutzen Ihr Angebot für ihn beinhaltet.

Sprechen Sie erst dann über den Preis, wenn der Kunde – aufgrund Ihrer nutzenorientierten Verhandlungsführung – bereits ein entsprechendes Nutzenempfinden für das Produkt aufgebaut hat.

Deshalb sollten Sie gemäß des Prinzips des nutzenorientierten Verhandelns auf die Frage nach dem Preis nicht einfach nur eine Summe nennen, sondern immer zunächst den kundenindividuellen Nutzen voranstellen. Ob das Produkt teuer oder preiswert erscheint, hängt einzig und allein davon ab, welchen Nutzen Ihr Kunde in Ihrem Angebot erkennt. Ein Kunde wird immer nur dann kaufen, wenn er seinen persönlichen Nutzen aus dem Angebot als mindestens so hoch bewertet wie den Preis des Produktes. In diesem Fall erscheint ihm das Produkt sprichwörtlich seinen Preis wert, also „preis-wert".

Ist der Preis höher als der wahrgenommene individuelle Nutzen für den Kunden, wird dieser das Produkt als zu teuer empfinden. Sie haben dann nur zwei Möglichkeiten: Den Preis zu senken oder den persönlichen Nutzen durch nutzen- und bedarfsgerechte Verhandlungsführung für den Kunden zu erhöhen.

Es kann gar nicht oft genug betont werden, dass sich die Kunden nicht für den Anbieter entscheiden, welcher objektiv den größten Nutzen bietet, sondern für den, dessen Nutzen als subjektiv größer wahrgenommen wird. Dies bedeutet: Sie müssen nicht zwangsläufig besser sein als Ihre Konkurrenten, Sie müssen Ihre Vorteile nur besser kommunizieren. Denn Produktvorteile finden im Kopf des Kunden statt.

Wie Sie im vorangegangenen Abschnitt gesehen haben, lohnt es sich auf jeden Fall, Preise zu verteidigen. Dies hat sowohl ökonomische als auch psychologische Gründe. Letztere sollen im nachstehenden Beispiel kurz näher beleuchtet werden.

Beispiel

Stellen Sie sich vor, Sie möchten bei einem Fachhändler eine neue Digitalkamera kaufen. Den empfohlenen Verkaufspreis wollen Sie dabei nicht bezahlen und fordern einen Preisnachlass von 50 Euro. Wie würden Sie sich fühlen, wenn der Verkäufer unmittelbar zustimmt, und Ihnen den Rabatt gewährt? Sicherlich würden Sie denken: „Hätte ich nicht gefragt, dann hätte ich zu viel bezahlt!" oder „In diesem Fachgeschäft sind die Preise überteuert, da hier bereitwillig und ohne weitere Verhandlungen und Diskussionen ein Preisnachlass gewährt wird." Wenn Sie bei diesem Fachgeschäft häufiger eingekauft haben und somit als Stammkunde gelten, könnten Sie aus Verkäufersicht sogar schlimmstenfalls denken: „Sicherlich habe ich in der Vergangenheit, wenn ich nicht einen Nachlass gefordert habe, immer zu viel bezahlt. Die haben mich also über den Tisch gezogen. Hier kaufe ich nicht mehr!"

Dieses Beispiel zeigt, dass Sie mit Preisnachlässen nicht nur Marge verlieren, sondern unter Umständen auch Glaubwürdigkeit. Dies bedeutet, dass Sie auch bei einem entsprechenden Preisspielraum Ihre Preise stets verteidigen und es dem Kunden nicht zu einfach machen sollten. Eine weitere psychologische Komponente ist in diesem Kontext das Zusammenspiel von Preis und Qualität bzw. Wert: Der Kunde schließt über den Preis, ob bewusst oder unbewusst, stets auf den Wert des Produktes bzw. der Dienstleistung. Wenn Sie also im Preis nachgeben, führt dies auch zu entsprechenden Rückschlüssen in Bezug auf den Wert Ihres Produktes.

Was sollten Sie aber nun tun, wenn Ihr Produkt aus Sicht des Kunden – ungeachtet Ihrer nutzen- und bedarfsorientierten Verhandlungsführung – seinen Preis nicht wert ist? Da eine Preisreduktion aus besagten Gründen nur die „ultima ratio" (d. h. der letzte Ausweg) sein sollte, bleibt Ihnen nur noch eine Möglichkeit: Sie müssen den wahrgenommenen Nutzen Ihres Angebotes erhöhen. Hierzu müssen Sie dem Kunden einen zusätzlichen Nutzen bieten, der bislang nicht Bestandteil Ihres Angebotes war oder über den Sie bislang im Rahmen der Verhandlung noch nicht gesprochen haben.

Entsprechende Mehr-Werte bzw. Zusatznutzen können folgende Aspekte sein:

- Kostenlose Erstinspektion/Wartung (beispielsweise beim Autokauf).
- Werbeartikel für den Einzelhandel (beispielsweise Kugelschreiber).
- Kostenloses Zubehör (beispielsweise zusätzliche Automatten aus Gummi für den Winter).
- 24-Stunden-Hilfe im Notfall (beispielsweise kostenlose Ersatzwagen im Reparaturfall).
- Verlängerte oder erweiterte Garantieleistungen (beispielsweise kostenlose Anschlussgarantie nach Ablauf der gesetzlichen Gewährleistungspflicht).
- Kostenlose Einweisungen bzw. Schulungen (beispielsweise Softwaretrainings).

- Kostenlose Installation (beispielsweise Einrichtung eines Computernetzwerkes).
- Besondere Lieferbedingungen (beispielsweise versandkostenfreie Lieferung).
- Sonstige Serviceleistungen (beispielsweise eine kostenlose Änderung eines Anzugs).
- Besondere Zahlungsbedingungen (beispielsweise Ratenzahlung).

Bei diesen Zugaben muss es sich nicht unbedingt um einen Wettbewerbsvorteil handeln. Im Rahmen dieser sogenannten *Naturalrabattstrategie* bieten Sie dem Kunden ein bestimmtes „Extra" als zusätzlichen Nutzen an, statt einen Nachlass zu gewähren. Diese Strategie bietet eine Reihe von Vorzügen:

- Sie halten nach außen hin Ihren Preis und zeigen Standhaftigkeit.
- Sie gewähren keinen Rabatt sondern erhöhen Ihre Leistungen.
- Wenn der Kunde keinen Rabatt erhält, kann die gefürchtete Preisspirale („Einmal Rabatt immer Rabatt") nicht in Gang kommen.
- Es gibt keine Prozentzahl, welche sich der Kunde für Folgeaufträge merken könnte.

Sie werden mit dieser Strategie der Mehr-Preise durch Mehr-Werte umso erfolgreicher sein, je mehr es Ihnen gelingt, Zusatznutzen zu bieten, welche der Wettbewerb nicht hat und nicht einfach und schnell kopieren kann.

Wie können Sie nun solche Werte-Treiber und Zusatznutzen identifizieren? Die beste Möglichkeit, diese zu generieren besteht darin, sich intensiv mit Ihren Kunden und deren Motiven sowie Problemen zu beschäftigen. Durch den Kundenkontakt selber und aufmerksames Zuhören sowie offene Fragen können Sie auf viele wertvolle Verbesserungsideen stoßen, welche wiederum potenzielle Zusatznutzen darstellen.

Schaffen Sie Alternativen, und erstellen Sie eine Konzessionsliste

In der Praxis hat es sich bewährt, verschiedene Angebotsvarianten anzubieten. Dabei kann sich der Kunde mit Ihrer Hilfe für die Variante entscheiden, welche seinem individuellen Bedarf, seinen Preisvorstellungen und sonstigen Motiven am besten entspricht. Dies bringt für Sie den Vorteil mit sich, dass Sie auf diese Weise von einer reinen Preisdiskussion wegkommen. In diesem Zusammenhang können Sie sich auch das aus der Psychologie bekannte *Kontrastprinzip* zunutze machen, welches die Weise beeinflusst, in der wir den Unterschied zwischen mehreren Reizen erleben, welche uns unmittelbar nacheinander dargeboten werden. Vereinfacht ausgedrückt, besagt dieses Prinzip: Wenn die zweite Sache, die wir sehen, sich wesentlich von der ersten unterscheidet, dann tendieren wir dazu, die beiden Dinge als *noch* viel unterschiedlicher wahrzunehmen, als sie gemeinhin sind. Machen Sie hierzu ein kleines Experiment: Bei diesem Versuch setzen Sie sich vor drei Schüsseln mit Wasser. Dabei ist – jeweils von Ihnen aus betrachtet – die Schüssel links außen mit kaltem, die mittlere mit lauwarmen und die Schüssel rechts außen mit heißem Wasser gefüllt. Zuerst halten Sie die linke Hand in das kalte und die rechte Hand in das heiße Wasser. Anschließend halten Sie beide Hände gleichzeitig in die mittlere Schüssel mit dem lauwarmen Wasser. Wenn Sie diesen kleinen Selbstversuch noch nie unternommen haben, wird Sie dieser Effekt überraschen: Obwohl sich beide Hände in derselben Schüssel befinden, hat die Hand, welche zuvor in kaltes Wasser gehalten wurde, das Gefühl, das Wasser wäre weiß, während die Hand, welche im heißen Wasser war, dasselbe Wasser als kalt empfindet. Entscheidend dabei ist, dass ein und dieselbe Sache – in diesem Fall das lauwarme Wasser – sehr verschieden wahrgenommen werden kann, je nachdem, was ihr als Vergleichsgrundlage vorausging.

Der große Vorteil bei diesem Prinzip ist, dass es praktisch nicht nachzuweisen ist. Wer damit arbeitet, kann dies tun, ohne den Anschein zu erwecken, er hätte die Situation zu seinen Gunsten strukturiert. Betrachten wir zur Verdeutlichung nachstehendes Beispiel aus dem Bereich des Einzelhandels.

Beispiel

Stellen Sie sich vor, Sie möchten sich eine Jacke kaufen und haben im Geschäft bereits mehrere Exemplare anprobiert. Die Verkäuferin merkt, dass Sie zwei Jacken (A und B) in die engere Wahl genommen haben und die Preisschilder betrachten. Sie sagen, dass Ihnen zwar B etwas besser gefällt, dass Sie aber eigentlich nicht so viel ausgeben wollten. Bevor Sie sich entscheiden können, reicht die Verkäuferin Ihnen noch eine weitere Jacke (C) in die Umkleide. Sie probieren die dritte Jacke an und sie passt wirklich wie angegossen und kleidet Sie ausnehmend gut. Als Sie auf das Preisschild schauen, sehen Sie, dass C wesentlich mehr kostet als die beiden anderen Jacken. Sie geben der Verkäuferin die dritte Jacke zurück und entscheiden sich für Jacke B.

Im Beispiel hat sich die Verkäuferin das Kontrastprinzip zunutze gemacht. Die letztlich gewählte Jacke (B) war für sich genommen recht teuer und teurer als Jacke A. Indem die Verkäuferin Ihnen jedoch noch eine weitere Jacke (C) zur Auswahl gestellt hat, sehen Sie die Jacke B jetzt in einem anderen Kontext und sie erscheint Ihnen nicht mehr so teuer. Dies zeigt, dass derselbe Reiz, beispielsweise ein Gegenstand, eine Person oder ein Ereignis, sehr unterschiedlich wahrgenommen und eingeschätzt werden kann, je nachdem, in welchem Rahmen er präsentiert wird oder was ihm als Vergleichsgrundlage vorausging.

Diesen Effekt können Sie sich durch das gezielte Anbieten mehrerer Alternativen zunutze machen.

Das Prinzip kann auf diese Weise effektiv zur Gewinnmaximierung eingesetzt werden. In diesem Kontext ist es von Bedeutung, welche Alternative Sie dem Kunden zuerst anbieten: Es ist viel einträglicher für Sie, einen teureren Artikel zuerst anzubieten. Zuerst ein preiswertes Produkt vorzuführen und dann ein teures, würde das teure noch teurer erscheinen lassen. Wie man ein und dieselbe Schüssel Wasser – wie im obigen Experiment dargelegt – also heißer oder kälter erscheinen lassen kann, je nach der Temperatur des vorher dargebotenen Wassers, ist es auch möglich, den Preis ein und desselben Artikels in Abhängigkeit vom zuvor präsentierten höher oder niedriger wirken zu lassen.

Beispiel

Stellen Sie sich vor, Sie möchten sich einen hochwertigen Anzug bzw. ein Kostüm für eine Festveranstaltung kaufen sowie eine neue Jeans für die Freizeit. Sie betreten ein exklusives Fachgeschäft und äußern gegenüber der Sie freundlich ansprechenden Verkäuferin, was für Artikel Sie kaufen möchten. Aus Sicht der Verkäuferin ist es jetzt ratsam, Ihnen nach Maßgabe des Kontrastprinzips zuerst den teureren Artikel anzubieten: Sie mögen vielleicht in der Regel nicht 180 € für eine Jeans ausgeben, aber wenn Sie soeben 750 € für einen Anzug bzw. Kostüm ausgegeben haben, erscheint Ihnen der Preis für die hochwertige Designerjeans, welche Ihnen die Verkäuferin nach Auswahl des Anzugs bzw. Kostüms anbietet, eher angemessen.

Ein weiterer zentraler Aspekt einer jeden Verhandlung ist der bereits behandelte Grundsatz, niemals nachzugeben, ohne gleichzeitig eine Gegenleistung zu verlangen. Wenn der Kunde weder geneigt ist, sich für eine Ihrer Angebotsvarianten zu entscheiden noch auf die nutzen- und bedarfsgerechte Argumentation (Mehr-Preise durch Mehr-Werte) anspringt, können Sie auch den umgekehrten Weg gehen, indem Sie sich überlegen, welche Konzessionen Sie im Gegenzug von Ihren Kunden verlangen können. In diesem Sinne könnten neben der Aufwertung des Angebots zur Durchsetzung höherer Preise oder als Alternative beispielsweise folgende Konzessionen verlangt werden:

- Statt frei Haus zu liefern, holt der Kunde die Ware ab bzw. bezahlt den Transport.

- Der Kunde stellt eigene Techniker für die Installation einer Anlage zur Verfügung.
- Der Kunde akzeptiert kürzere Zahlungsziele.
- Der Kunde verzichtet auf Garantien.
- Der Kunde sagt Kuppelaufträge zu.

Sie erleichtern sich Verhandlungen und insbesondere Preisverhandlungen erheblich, wenn Sie schon im Rahmen Ihrer Vorbereitung überlegen, welche Zugeständnisse Sie unter welchen Voraussetzungen machen wollen und können. Es hat sich in der Praxis bewährt, diesbezüglich eine *Konzessionsliste* zu erstellen, in der Sie allen möglichen Zugeständnissen alternative Gegenleistungen des Kunden gegenüberstellen (vgl. Abbildung 18).

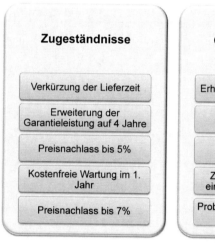
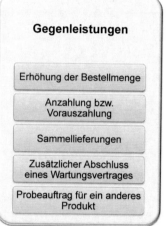

Quelle: in Anlehnung an Thieme et al., 2010

Abbildung 18: Beispiel einer Konzessionsliste

Achten Sie darauf für Zugeständnisse gleich welcher Art stets eine Gegenleistung zu verlangen. In diesem Zusammenhang ist ein einfaches Ranking der Verhandlungsgegenstände sehr hilfreich. Dabei sollten Konzessionen zunächst bei solchen Verhandlungsgegenständen gemacht werden, deren Zielerreichung für Sie nicht so entscheidend ist. Außerdem sollte beim Ranking auch die – vermutliche – Zielgewichtung Ihres Verhandlungspartners Berücksichtigung finden. Durch Abgleich dieser Rankings lässt sich dann ermitteln, bei welchen Verhandlungsgegenständen eher später Konzessionen gemacht werden sollten. Das in nachstehender Abbildung angeführte Beispiel verdeutlicht, dass „Schulung" ein Thema ist, bei dem beide Verhandlungsparteien am Beginn zu Konzessionen bereit sein dürften (vgl. Abbildung 19). Im Gegensatz hierzu stellt der Preis für beide Verhandlungsseiten den Vertragsgegenstand dar, bei dem nur ungern Konzessionen gemacht werden. Das Beispiel verdeutlicht aber auch, dass bei „Montage" und „Garantie" sehr unterschiedliche Vorstellungen auf Seiten der Parteien vorhanden sind. Während bei der „Montage" die eigene Verhandlungspartei erst spät zu Konzessionen bereit sein dürfte, stellt dieser Verhandlungsgegenstand für den Verhandlungspartner keinen kritischen Aspekt dar. Bei diesem ist zu erwarten, dass relativ einfach Konzessionen herbeizuführen sind. Zu eigenen Konzessionen wäre die betrachtete Verhandlungspartei im Beispiel hingegen beim Verhandlungsgegenstand „Garantien" bereit. Da dieser Verhandlungsgegenstand jedoch für den Verhandlungspartner eher zu den kritischen Verhandlungsgegenständen zu rechnen ist, bietet sich dieser Verhandlungsgegenstand als „Gegenpart" zur Konzession beim Verhandlungsgegenstand „Montage" an.

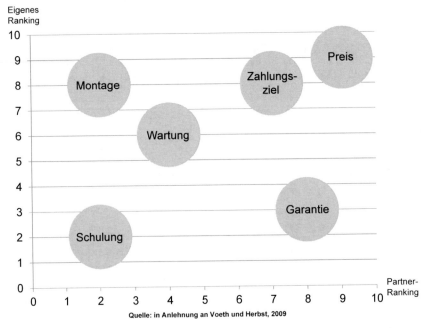

Quelle: in Anlehnung an Voeth und Herbst, 2009

Abbildung 19: Ranking von Verhandlungsgegenständen als Teil der Konzessionsplanung

Letztlich führen derartige Ranking-Abgleiche zum Identifizieren von Verhandlungspotential. Durch Identifikation von Verhandlungsgegenständen, bei denen sehr unterschiedliche Bereitschaft zu Konzessionen bestehen, wird das Potential zur „Vergrößerung der Verhandlungsmasse" ermittelt.

Mit einer Konzessionsmatrix und einem entsprechenden Ranking von Verhandlungsgegenständen sind Sie damit im Rahme von Preisverhandlungen bestens gerüstet.

Tipps für Ihren Erfolg

- Erhöhen Sie den Wert Ihres Angebotes, statt einen Rabatt zu gewähren.
- Verteidigen Sie Ihre Preise, denn darüber bestimmt sich auch der Wert Ihres Produktes und Ihrer Dienstleistung.
- Ein wirklicher Nutzen zeigt dem Kunden, wie das Produkt seine persönlichen Bedürfnisse und Bedarfe erfüllt.
- Übersetzen Sie Ihre Nutzenargumente stets in die Vorstellungswelt Ihres Kunden.
- Nennen Sie Preise immer nur in Verbindung mit Leistungen.
- Suchen Sie nach Zusatznutzen, mit denen Sie Ihr Angebot aufwerten können.
- Bieten Sie mehrere Varianten zu unterschiedlichen Preisen.

Das Wichtigste in Kürze

- Sprechen Sie erst dann über den Preis, wenn der Kunde – aufgrund Ihrer nutzenorientierten Verhandlungsführung – bereits ein entsprechendes Nutzenempfinden für das Produkt aufgebaut hat.
- Ist der Preis höher als der wahrgenommene individuelle Nutzen für den Kunden, wird dieser das Produkt als zu teuer empfinden. Sie haben dann nur zwei Möglichkeiten: den Preis zu senken oder den persönlichen Nutzen durch nutzen- und bedarfsgerechte Verhandlungsführung für den Kunden zu erhöhen.

9. So kommen Sie zu einem guten Abschluss

So sichern Sie den Verhandlungserfolg

Sie sind nun nah am Ziel und haben zusammen mit Ihrem Verhandlungspartner eine für beide Seiten zufriedenstellende und nachhaltige Lösungskonzeption erreicht. Jetzt gilt es, den Verhandlungserfolg zu sichern, indem beispielsweise eine entsprechende Vereinbarung oder ein Vertrag unterzeichnet wird. In diesem Zusammenhang ist es wichtig, dass Sie nicht Ihren eigenen Verhandlungserfolg in den Mittelpunkt stellen, sondern den Ihres Verhandlungspartners. Es ist von zentraler Bedeutung, dass er über den Vertragsabschluss hinaus das Gefühl hat, zu einem guten und nachhaltigen Ergebnis gekommen zu sein.

Darüber hinaus sollten Sie beachten, dass es in dieser Phase der Verhandlung nicht mehr der richtige Zeitpunkt ist, Ihrem Verhandlungspartner noch einmal alle Vorzüge der Übereinkunft darzulegen. Eine erfolgreiche Verhandlung bedarf nach *Christoph Keese*, dem bereits zitierten ehemaligen Chefredakteur der „Welt am Sonntag" sowie erfolgreichen Buchautor, einer präzisen Zusammenfassung, bei der alle Beteiligten das Gefühl haben, dass man vorangekommen und erfolgreich gewesen ist. Einer der in der Praxis häufigsten Fehler in dieser Situation besteht darin, weiter zu argumentieren. Wenn Sie fortfahren, die Vorteile Ihres Vorschlages aufzuzählen, riskieren Sie, alles wieder zunichte zu machen. Achten Sie darauf, dieses sogenannte *„Overselling"* auf alle Fälle zu vermeiden. Sie verunsichern Ihren Gesprächspartner damit nämlich sehr, da er sich fragen wird, warum Sie sich bemühen, ihn weiter zu überzeugen, obwohl er Ihnen doch bereits zugestimmt hat.

Zerreden Sie den Verhandlungsabschluss nicht, da Sie andernfalls Gefahr laufen, dass der Verhandlungspartner doch noch einmal anfängt zu zweifeln und der sicher geglaubte Verhandlungsabschluss letztlich nicht zu Stande kommt.

Auf dem Weg zu einem nachhaltigen und erfolgreichen Verhandlungsabschluss brauchen Sie Geduld.

> Üben Sie keinen Druck auf Ihren Verhandlungspartner aus, wenn es um die Unterzeichnung eines Vertrages oder einer Vereinbarung geht.

Verhandlungspartner fühlen sich nur dann nachhaltig an eine Vereinbarung gebunden, wenn Sie das Gefühl haben, dass sie das Ergebnis maßgeblich mitbestimmt haben. Deshalb dürfen Sie in dieser Phase keinen Druck ausüben, sondern müssen mit Geduld auf die Entscheidung Ihres Verhandlungspartners warten. Ihr Gesprächspartner braucht jetzt Zeit, um seine Gedanken nochmals zu ordnen. Geben Sie ihm diese Zeit.

Sie werden es immer wieder erleben, dass es eine nicht zu unterschätzende Hürde ist, am Ende tatsächlich die Unterschrift Ihres Verhandlungspartners zu bekommen. Dies liegt dabei zumeist weder am Preis noch an anderen Bedingungen, welche Sie gemeinsam ausgehandelt haben, sondern hat vorwiegend psychologische Gründe: Ihr Verhandlungspartner braucht einen letztendlichen Impuls für seine Unterschrift und einen sichtbaren Beweis dafür, erfolgreich verhandelt zu haben. Gerade in dieser Situation kommt es in der Praxis häufig vor, dass Verhandlungspartner mit einer geringfügigen Forderung kommen. Sie leiten diese mit den Worten ein „Ich stimme zu, wenn…". Dies kann als Zeichen interpretiert werden, dass sie ihr Gesicht wahren wollen und deshalb noch etwas erreichen wollen, um mit einem guten Gefühl aus der Verhandlung zu gehen.

> Ein sehr effektives Mittel, um Ihrem Verhandlungspartner das Gefühl zu geben, erfolgreich verhandelt zu haben, ist ein für Sie kleines Zugeständnis im letzten Moment.

Dabei kann es taktisch klug sein, dieses zu machen, bevor der Gesprächspartner etwas für den Abschluss einfordert. Dabei ist nicht der Umfang dieses Zugeständnis entscheidend für seine Wirksamkeit, sondern alleine der Zeitpunkt, zu dem es gemacht wird. An dieser Stelle bieten sich die bereits oben aufgezählten Zusatznutzen an. Auf diese Weise geben Sie Ihrem Verhandlungspartner das Gefühl, er hätte am Ende noch gepunktet, was bei ihm wiederum ein Gefühl des Erfolges evoziert. Dadurch können Sie die letzten psychologischen Barrieren abbauen und die Vertragsunterzeichnung sicherstellen. Lassen Sie Ihren Verhandlungspartner bei der Vertragsunterzeichnung wie einen Gewinner aussehen und loben Sie ihn für seine – harte –Verhandlungsführung.

Wenn Sie einen endgültigen Abschluss erzielt haben, sollten Sie diesen in allen Punkten und mit allen Absprachen schriftlich festhalten und ihn unterschreiben lassen. Achten Sie darauf, die Unterzeichnung der entsprechenden Dokumente in einer angemessenen Atmosphäre stattfinden zu lassen, d. h. unterzeichnen Sie mit Füllfederhalter und nicht etwa einem Plastik-Kugelschreiber und halten Sie Dokumentenmappen bereit. Auch solche vermeintlichen „Kleinigkeiten" hinterlassen einen bleibenden Eindruck und zeugen von Professionalität.

Nicht immer ändert eine Verhandlung mit einem schriftlichen Vertrag. Aber auch in diesem Fall sollten Sie die Ergebnisse schriftlich in einem Verhandlungsprotokoll dokumentieren und als Gesprächsnachbereitung Ihrem Verhandlungspartner zukommen lassen.

Was tun, wenn der Verhandlungspartner noch zögert?

Auch Verhandlungsprofis gelingt es nicht, bei einer Verhandlung immer zu einer Einigung und einem entsprechenden Vertragsabschluss zu kommen. Manchmal klaffen die Ziele der involvierten Parteien einfach zu weit auseinander. Dabei zeigt sich meist erst im Rahmen der Verhandlung, dass ein Verhandlungspartner zu große Zugeständnisse machen müsste, als dass es zu einem für beide Seiten positiven Abschluss kommen könnte.

Andererseits gibt es auch Situationen, in denen der Verhandlungspartner nicht unterschreibt, obgleich Sie die vorgenannten Strategien und Methoden entsprechend angebracht haben. Versuchen Sie in einem solchen Fall herauszubekommen, welches die versteckten Gründe für das zögerliche Verhalten Ihres Verhandlungspartners sind:

- Impliziert der Vertrag zu große Konsequenzen, als dass Ihr Verhandlungspartner ihn gleich unterschreiben könnte? Braucht er vielleicht noch Bedenkzeit?
- Muss Ihr Gesprächspartner eventuell noch Rücksprache mit einer Person halten, welche nicht an der Verhandlung beteiligt war, beispielsweise mit einem Vorgesetzten, Geschäftspartner, Freund oder Lebenspartner?
- Ist ein wichtiger Punkt aus Sicht Ihres Gesprächspartners nicht oder nur unzureichend behandelt worden?
- Gibt es einen bestimmten Passus im Vertrag, hinter welchem Ihr Gesprächspartner nicht steht?

Je nachdem, welches die Gründe für das Zögern Ihres Verhandlungspartner sind, haben Sie folgende Optionen:

- *Den Vertrag nachbessern*: Dies ist sinnvoll, wenn die etwaigen Zugeständnisse, welche Sie hiermit machen, für Sie hinnehmbar sind, und das Ergebnis besser als Ihre BATNA ist.
- *Die Verhandlung vertagen*: Eine weitere Möglichkeit besteht darin, sich zu einem anderen Zeitpunkt noch einmal zu treffen und weiter zu verhandeln. Dies kann sinnvoll sein, wenn der Vertragsabschluss von irgendetwas abhängt, was nicht unmittelbar geklärt werden kann. In diesem Fall können und sollten Sie aber einen *vorläufigen Abschluss* anstreben, welcher alle Vereinbarungen festhält und Ihren Gesprächspartner zu einer gewissen Verbindlichkeit seiner Zusage bringt. Definieren und begrenzen Sie dabei die Voraussetzungen, welche erfüllt sein müssen, damit das Zustandekommen des Abschlusses endgültig wird.
- *Die Verhandlung abbrechen*: Die letzte Möglichkeit besteht selbstverständlich darin, die Verhandlung abzubrechen und als gescheitert zu betrachten. Dies ist immer dann geboten, wenn kein für beide Seiten zufriedenstellendes und nachhaltiges Verhandlungsergebnis erzielt werden kann, wenn es beispielsweise keine ZOPA gibt oder eine Verhandlungsseite zu große Zugeständnisse machen muss, dass ein vermeintlicher Abschluss schlechter als deren BATNA wäre.

Von der Verhandlung zur Beziehung

Nachdem der Vertrag unterzeichnet ist, folgt die Phase der Entscheidungsrechtfertigung. Ihr Verhandlungspartner beginnt seine Entscheidung vor sich selbst und vor anderen zu rechtfertigen. Ob er will oder nicht, in seinem Kopf taucht bewusst oder unbewusst stets die Frage auf, ob die Entscheidung richtig war oder falsch. Deshalb gilt es auch *nach* der Vertragsunterzeichnung, das positive Gefühl, welches zu dem Vertragsabschluss geführt hat, auch im Nachhinein erneut zu verstärken. Bestätigen Sie Ihren Verhandlungspartner bei der *Verabschiedung* nochmals in seiner Entscheidung, zum Beispiel mit dem Satz: „Sie werden sehen, dass Ihre Entscheidung genau die richtige war." Zusätzlich ist es ungemein wirksam, ihm eine Bestätigung für sein soziales Umfeld mitzugeben, beispielsweise in dem Sie sagen: „Ich bin mir sicher, dass Ihre Vorstandskollegen von dieser Vereinbarung begeistert sein werden." Ihr Verhandlungspartner wird dadurch effektiv in seiner Entscheidung bestärkt und bestätigt, was ihm wiederum erlaubt, diese auch vor anderen besser vertreten zu können.

In der Praxis sind ausgewogene Ergebnisse, welche einen Mehrwert für alle Verhandlungspartner schaffen und zusätzlich eine nachhaltige Beziehung begründen oder verlängern, nicht immer einfach zu erreichen. Es ist zumeist der Wettbewerbsgedanke oder ein übertriebener sportlicher Ehrgeiz, der dies verhindert. Wie zu Beginn dieses Ratgebers dargelegt, führt ein derart kompetitiver und aggressiver Verhandlungsstil in der Regel dazu, dass gute Beziehungen auf der Strecke bleiben. Langfristig gesehen sind die damit verbundenen Einmal-Transaktionen kontraproduktiv. Wenn Sie von Ihren Verhandlungspartnern nicht einfach nur als jemand gesehen werden wollen, der nur auf seinen eigenen Vorteil bedacht ist, sondern vielmehr als Partner, dann macht nicht das Produkt den Unterschied sondern Sie! Dadurch steht im Rahmen entsprechender Verhandlungen auch nicht mehr der Preis im Fokus.

Nutzen Sie daher jede Verhandlung und die Verabschiedung Ihres Gesprächspartners, um auf eine langfristig erfolgreiche Zusammenarbeit hinzuwirken und sprechen Sie in diesem Kontext ausdrücklich von einer zukünftigen, für beide Seiten sicherlich erfolgreichen Geschäftsbeziehung. Festigen Sie das positive Klima, welches Sie aufgebaut haben. Im Rahmen der Verabschiedung ist es leicht möglich, Sympathie und Vertrauen zu stärken. Lassen Sie das Gespräch ruhig mit ein bisschen Smalltalk, der wiederum eine angenehme Atmosphäre schafft, ausklingen. Schließlich wird ein Verhandlungspartner, welche mit dem Verhandlungsergebnis zufrieden oder sogar begeistert ist, auch anderen davon erzählen und Sie womöglich ausdrücklich weiter empfehlen. Ihr Verhandlungspartner verbindet dann mit Ihrer Person, Ihrem Unternehmen und schließlich Ihren Produkten und Dienstleistungen etwas Positives.

Tipps für Ihren Erfolg

- Halten Sie alle Vereinbarungen detailliert fest, damit es keinen Raum für Interpretationen gibt.
- Loben Sie Ihren Verhandlungspartner für dessen professionellen Verhandlungsstil.
- Bestätigen Sie Ihren Verhandlungspartner vor *und* nach Vertragsunterzeichnung in der Richtigkeit seiner Entscheidung.
- Motivieren Sie Ihren Fahndungspartner zu einer weiteren Kooperation!
- Führen Sie Smalltalk im Rahmen der Verabschiedung!
- Nutzen Sie die Verabschiedung, um eine nachhaltige Beziehung zu Ihrem Verhandlungspartner aufzubauen.

Das Wichtigste in Kürze

- Zerreden Sie den Verhandlungsabschluss nicht, da Sie andernfalls Gefahr laufen, dass der Verhandlungspartner doch noch einmal anfängt zu zweifeln und der sicher geglaubte Verhandlungsabschluss letztlich nicht zu Stande kommt.
- Üben Sie keinen Druck auf Ihren Verhandlungspartner aus, wenn es um die Unterzeichnung eines Vertrages oder einer Vereinbarung geht.
- Ein sehr effektives Mittel, um Ihrem Verhandlungspartner das Gefühl zu geben, erfolgreich verhandelt zu haben, ist ein für Sie kleines Zugeständnis im letzten Moment.

10. Nach der Verhandlung ist vor der Verhandlung

Analysieren Sie die Zufriedenheit Ihres Verhandlungspartners

Im ersten Kapitel wurde bereits darauf hingewiesen, dass ein Erfolgsfaktor im Rahmen der Verhandlungsführung darin besteht, sich der Prozesshaftigkeit von Verhandlungen bewusst zu sein. In diesem Sinne sollten Sie auch der Nachbereitung von Verhandlungen einen angemessenen Stellenwert einräumen. Es geht in dieser Phase vor allem darum, die Beziehung zu Ihrem Verhandlungspartner zu festigen und eine dauerhafte Geschäftsverbindung anzustreben. In diesem Zusammenhang ist es hilfreich, Ihrem Verhandlungspartner eine kurze Nachricht zu senden, in der Sie sich für die professionelle, anregende, freundliche und faire Verhandlung bedanken. Dies macht stets einen guten und professionellen Eindruck. Auch wenn Ihr Verhandlungspartner darauf nicht reagiert, wird er es gemeinhin wohlwollend zur Kenntnis nehmen.

Im Rahmen der Analyse der Zufriedenheit Ihres Verhandlungspartners sollten Sie sich darüber hinaus einige Zeit nach dem Vertragsabschluss wieder mit Ihrem Verhandlungspartner in Verbindung setzen, um sich zu erkundigen ob Ihr Verhandlungspartner mit dem Vertragsabschluss nach wie vor zufrieden ist oder ob irgendwo Fragen oder Probleme aufgetaucht sind.

Danken Sie Ihrem Gesprächspartner dabei nochmals für die Verhandlung und betonen Sie, wie wichtig Ihnen seine Zufriedenheit ist. Falls es Probleme gibt, sollten Sie ihm entsprechende Unterstützung anbieten. Damit signalisieren Sie Ihrem Gesprächspartner aufrichtiges Interesse und zeigen ihm, dass er nicht vergessen wird und dass Sie an einer dauerhaften Beziehung interessiert sind.

Reflektieren Sie die Verhandlung, und dokumentieren Sie die Ergebnisse

Um laufend dazuzulernen und zu überprüfen, ob Ihre Verhandlungsführung funktioniert und sich auch verbessert, sollten Sie sich nach *jeder* Verhandlung die Zeit nehmen, diese entsprechend zu reflektieren sowie die Ergebnisse daraus zu dokumentieren.

Stellen Sie sich dabei die folgenden Fragen:

- Haben Sie Ihr Ziel erreicht? Warum ja/nein?
- Entspricht der Verhandlungsabschluss Ihren Erwartungen?
- Konnten Sie Ihre Strategie umsetzen? An welcher Stelle sind Sie aus welchen Gründen von dieser abgewichen?
- Was waren die eigentlichen Verhandlungsergebnisse, welche beide Seiten voranbringen?
- Was hat in der Verhandlung gut funktioniert und weshalb?
- Was hat in der Verhandlung schlecht funktioniert und was waren die Gründe?
- Welche zusätzlichen Spielregeln können Sie aufstellen und vereinbaren, damit die Kooperation zukünftig noch effektiver und effizienter wird?
- Was würden Sie mit dem Wissen, welche Sie jetzt haben, in der nächsten Verhandlung anders machen?

Dokumentieren Sie die Verhandlungsergebnisse und auch die Antworten auf die oben genannten Fragen.

Bauen Sie eine Datenbank auf mit den jeweils wichtigsten Informationen über Ihre Verhandlungspartner.

Dadurch erleichtern Sie sich die Vorbereitung auf zukünftige Verhandlungen mit diesem Gesprächspartner und erhöhen Ihre Erfolgsaussichten.

Pflegen und nutzen Sie die Beziehung

Pflegen und nutzen Sie die Beziehung zu Ihren Verhandlungspartnern. Jeder Gesprächspartner kennt potenziell neue Kunden bzw. kann Kontakte zu anderen Menschen herstellen.

Haben Sie keine Angst, Ihren Verhandlungspartner um eine Weiterempfehlung zu bitten oder darum, einen bestimmten Kontakt herzustellen.

Nutzen Sie in diesem Zusammenhang die Chancen des *Networking*. Dies bedeutet zunächst einmal, ohne unmittelbare Absicht ein Beziehungsgeflecht zu unterschiedlichen Menschen aufzubauen, zu pflegen und wachsen zu lassen. Networking basiert auf folgenden Grundregeln, welche Sie kennen und beherzigen sollten:

- *Alles beruht auf Gegenseitigkeit*: Networking bedeutet Austausch von Informationen und Gefälligkeiten. Dabei müssen Sie genauso bereit sein zu geben wie zu nehmen. Networking kann Ihnen viele Vorteile bringen, aber Ihre Netzwerkpartner wollen genauso von ihrer Beziehung zu Ihnen profitieren wie umgekehrt.
- *Quantität zählt*: Je größer Ihr Netzwerk ist, desto eher besteht die Chance, dass Sie bei speziellen Problem genau die Hilfe bekommen, welche Sie benötigen, und desto mehr Informationsquellen stehen Ihnen letztlich zur Verfügung.
- *Qualität ist ebenso wichtig*: Je intensiver Ihre Beziehung zu jemandem ist, desto mehr Informationen und Unterstützung können Sie erwarten.
- *Nutzen Sie die Dynamik des Netzwerks*: Da jeder Mensch ein anderes Netzwerk hat, gerade in Zeiten der durch das Internet weit verbreiteten sogenannten „*Social Networks*", eröffnet Ihnen jede einzelne Beziehung in Ihrem Netzwerk die Möglichkeit, weitere Kontakte zu knüpfen. Wenn Sie diese Möglichkeit intensiv nutzen, werden Sie Ihr Netzwerk in kürzester Zeit deutlich vergrößern können.
- *Pflegen Sie Ihr Netzwerk*: Wie groß Ihr Netzwerk ist und wie gut die einzelnen Beziehungen darin sind, entscheiden Sie allein. Sie müssen aktiv werden und nicht darauf warten, dass man auf Sie zugeht. Pflegen Sie Ihr Netzwerk und erwarten Sie nicht, dass eine Beziehung von sich allein intensiviert bzw. persönlicher wird.

Ihre Beziehungen wollen gepflegt sein, wenn Sie Ihnen dauerhaft zur Verfügung stehen sollen. Dies erfordert regelmäßige Kontakte und zwar nicht nur, wenn es um neue Verhandlungen geht. Je nach Intensität der Beziehung sollten Sie versuchen, sich gelegentlich zu treffen, um die Beziehung zu vertiefen. Versuchen Sie sich Gelegenheiten für persönliche Gespräche zu verschaffen. Dies klingt zwar trivial ist aber in der Praxis leider weniger selbstverständlich.

Pflegen und nutzen Sie daher die Beziehungen zu Ihren Verhandlungspartnern und Ihrem Netzwerk.

In unserer dynamischen Wirtschaftswelt, in welcher Produkte und Dienstleistungen immer austauschbarer werden, ist neben der Marke vor allem auch die *Beziehung* oft das Einzige, mit dem Unternehmen eine Alleinstellung erreichen können.

Pflegen und nutzen Sie die Beziehung zu Ihren Verhandlungspartnern. Auf diese Weise schaffen Sie die Grundlage für zukünftige kooperative Verhandlungen, komparative Wettbewerbsvorteile und letztlich auch nachhaltiges Unternehmenswachstum.

Tipps für Ihren Erfolg

- Nehmen Sie die Beziehung zu Ihrem Verhandlungspartner auch nach dem Abschluss wichtig. Nach der Verhandlung ist vor der Verhandlung!
- Fragen Sie Ihren Verhandlungspartner einige Zeit nach dem Abschluss, ob er mit dem Ergebnis immer noch zufrieden ist.
- Notieren Sie alle wichtigen Informationen zu einem Verhandlungspartner in einer entsprechenden Datenbank.
- Nutzen Sie die Chancen des Networking!

Das Wichtigste in Kürze

In unserer dynamischen Wirtschaftswelt, in welcher Produkte und Dienstleistungen immer austauschbarer werden, ist neben der Marke vor allem auch die *Beziehung* oft das Einzige, mit dem Unternehmen eine Alleinstellung erreichen können.

Schlusswort – Übung macht den Meister

Erfolgreich zu verhandeln ist eine Kunst, welche geübt werden muss. Je mehr Übung Sie dabei haben, desto selbstsicherer und gewandter und letztlich erfolgreicher werden Sie bei Ihren Verhandlungen sein. „Wer aufhört, besser werden zu wollen, hört auf, gut zu sein" schrieb die österreichische Schriftstellerin *Marie Freifrau Ebner von Eschenbach*, eine der bedeutendsten deutschsprachigen Erzählerinnen des 19. Jahrhunderts. Nutzen Sie daher jede Möglichkeit, Ihr Verhandlungsgeschick zu trainieren, indem Sie bei jeder Gelegenheit – auch in Alltagssituationen – bewusst und zielgerichtet die in diesem Ratgeber angesprochenen Strategien anwenden.

Selbstverständlich werden Sie auch nach der Lektüre dieses Buches noch nicht gleich ein Meister in der Verhandlungsführung sein, jedoch werden Sie mit einer größeren Auswahl an Strategien und einer zunehmenden Sicherheit an schwierige Verhandlungen herangehen. Nutzen Sie die Ideen und Konzepte in diesem Ratgeber! Die meisten davon sind universell einsetzbar. Mit dem entsprechenden Wissen über die wirtschaftlichen, psychologischen und sozialen Aspekte von Verhandlungen werden Sie manche Entscheidung besser einschätzen und nachvollziehen können. Sie werden sich kontinuierlich verbessern, andere Sichtweisen einnehmen und vollkommen neue Möglichkeiten realisieren. Mit dem erlernten und erarbeiteten Wissen haben Sie dafür die Grundlage geschaffen. Übung macht den Meister, in diesem Fall einen exzellenten Verhandler, und durch gewissenhafte, situationsspezifische und zielgerichtete Anwendung der Prinzipien dieses Buches werden Sie zuverlässige Erfolge verzeichnen. Diese werden Sie wiederum bestätigen und motivieren, Ihren persönlichen Weg zu einem Verhandlungsexperten immer weiter zu gehen. Wie in der Einleitung geschrieben ist dieses Buch als eine Art Reiseführer auf diesem Weg zu sehen. Nehmen Sie ihn daher „unterwegs" immer mal wieder zur Hand, um Ihre Kenntnisse über die Strategien, Konzepte und Geheimnisse erfolgreicher Verhandlungsführung aufzufrischen, zu ergänzen und zu vertiefen. Hören Sie in diesem Sinne sprichwörtlich niemals auf, zu reisen und Ihren Weg weiterzugehen.

Für diese Reise und alle Ihre Verhandlungen auf Ihrem Weg wünsche ich Ihnen alles Gute und viel Erfolg!

Ihr Marc Oliver Opresnik

Danksagung

Zunächst einmal möchte ich mich bei Ihnen bedanken, dass Sie mir ein Stück Ihrer Lebenszeit geschenkt haben, indem Sie diesen Ratgeber bis zum Ende gelesen haben.

Als nächstes danke ich allen meinen Interview- und Gesprächspartnern, deren herausragende Erfahrungen zu dem Thema Verhandlungsführung in besagtes Buch eingeflossen sind und welche mir wertvolle Ratschläge gaben: *Winfried Brüggmann* (Managing Director der Igepa group GmbH & Co. KG), *Carsten Cramer* (Direktor für Marketing sowie Prokurist bei der Borussia Dortmund GmbH & Co. KGaA), *Stefan Dräger* (Vorstandsvorsitzender der Drägerwerk Verwaltungs AG), *Ralf Drews* (Vorsitzender der Geschäftsführung FARO Europe GmbH & Co.KG), *Pit Gottschalk* (Journalist und Medienmanager bei der Axel Springer AG), *Nicola Harder* (Beraterin für Kommunikation und Geschäftsführerin der Firma „Sprachsinn"), *Christoph Keese* (Manager und Journalist bei der Axel Springer AG), *Dr. Sandra Maria Gronewald* (Moderatorin und Journalistin), *Dr. Dietmar Otti* (Managing Director Marketing bei Axel Springer Media Impact), *Prof. Dr. Dr. h.c. Bert Rürup* (ehem. Vorsitzender der „Wirtschaftsweisen"), *Heinz Schelwat* (Geschäftsführer Sea & Sun Technology GmbH), *Prof. Dr. Ibrahim Sirkeci* (Professor für Marketing an der European Business School in London), *Dr. Arne Wieben* (leitender Regierungsdirektor) und *Jörg Wienke* (Vice President Downstream Operational Excellence bei der Shell International Petroleum Company Limited).

Bedanken möchte ich mich außerdem bei Frau *Ulrike Bleicher-Rapp*, welche mir wertvolle Anregungen in Bezug auf die 2. Auflage des Buches gegeben und die Abschnitte zu „Spiral Dynamics" sowie „Gewaltfreie Kommunikation" inspiriert hat.

Weiterhin danke ich dem Springer-Verlag und Herrn *Michael Bursik* für die großartige Betreuung und kompetente Beratung. Sie haben mir mit Rat und Tat zur Seite gestanden und die gesamte Entstehung der 2. Auflage des Buches professionell begleitet.

Ferner möchte ich allen Autoren danken, welche ich in diesem Buch zitiere bzw. deren Ideen in dieses Buch eingeflossen sind. Deren kluge Gedanken und großartige Bücher haben mich bereichert und inspiriert.

Die Inhalte dieses Ratgebers habe ich in vielen Trainings und Coachings und Seminaren an diversen Hochschulen und in zahlreichen Unternehmen und Institutionen im In- und Ausland erfolgreich angewandt. Durch das Feedback meiner Teilnehmer und Studenten war es mir möglich, die in diesem Buch dargelegten Strategien, Konzepte und Ideen immer wieder auf deren Praxistauglichkeit und Verständlichkeit zu testen. Ich danke deshalb allen Teilnehmern und Studenten für ihr offenes und detailliertes Feedback.

Zu guter Letzt bedanke ich mich ausdrücklich bei meiner Familie, welche mich bei diesem Projekt wiederum großartig unterstützt hat. Sie hat mich in den vergangenen Monaten sehr liebevoll und mit viel Nachsicht unterstützt. Ohne sie wäre das Schreiben dieses Buches nicht möglich gewesen. Ich weiß, was ich ihr verdanke!

Marc Oliver Opresnik
St. Gallen, im September 2014

Geben Sie mir Ihr Feedback!

Vielleicht haben Sie beim Lesen an der einen oder anderen Stelle gedacht: „Ja, genauso habe ich es selbst oder bei anderen Personen erlebt" oder aber: „Nein, in meinen Verhandlungen läuft das ganz anders". Wie dem auch sei: Ich bin für Kommentare aller Art dankbar, besonders wenn sie mit konkreten Fallbeispielen untermauert sind.

Ein solches Feedback würde mir helfen, die nächste Auflage dieses Buches weiter auszubauen und zu verbessern. Ihre Meinung und Ihre Fallbeschreibungen werden selbstverständlich streng vertraulich behandelt. Sie können sie mir aber auch anonymisiert zusenden.

Vielleicht haben Sie auch Interesse an einem individuellen Seminarkonzept zur Verhandlungsführung für Sie persönlich oder Ihr Unternehmen? Gerne erstelle ich hier ein maßgeschneidertes Konzept für Sie!

In jedem Falle danke ich Ihnen im Voraus für Ihre Kontaktaufnahme und wünsche Ihnen allzeit viel Erfolg bei Ihren Verhandlungen!

Prof. Dr. Marc Oliver Opresnik
Luebeck University of Applied Sciences
Körperschaft des öffentlichen Rechts
Mönkhofer Weg 239
D-23562 Lübeck
https://twitter.com/MarcOpresnik
opresnik@fh-luebeck.de
www.opresnik-management-consulting.de

Literatur

Asgodom, S.: *Eigenlob stimmt. Erfolg durch Selbst-PR.* Düsseldorf 2003.

Beck, D. und Cowan, C.: *Spiral Dynamics – Leadership, Werte und Wandel: Eine Landkarte für das Business, Politik und Gesellschaft im 21. Jahrhundert.* 2. Aufl. Bielefeld 2008

Birkenbihl, V. F.: *Kommunikationstraining.* 27. Aufl. Heidelberg 2006.

Bleicher-Rapp, U. und Bleicher-Rapp, R.: *Der türkise Unternehmer: Genialität anstatt Komplexität – Bewusstsein | Führung | Strategie.* New York 2013.

Bruno, T. und Adamczyk, G.: *Körpersprache.* 2. Aufl. Freiburg 2012.

Carnegie, D. & Associates: *Der Erfolg ist in Dir.* Frankfurt am Main 2003.

Carnegie, D.: *Sorge dich nicht – lebe.* Gütersloh 1984.

Carnegie, D.: *Wie man Freunde gewinnt.* München 2004.

Carnegie, D.: *Besser miteinander reden.* München 1996.

Cialdini, R.: *Die Psychologie des Überzeugens: Wie Sie sich selbst und Ihren Mitmenschen auf die Schliche kommen.* 7. Aufl. Bern 2013

Covey, S. R.: *Die 7 Wege zur Effektivität.* 17. Aufl. Offenbach 2010

Dall, M.: *Der Verhandlungsprofi. Besser verhandeln – mehr erreichen.* Wien 2011.

Fexeus, H.: *Die Kunst des Gedankenlesens. Andere durchschauen, verstehen und gewinnen.* 5. Aufl., München, 2009

Fisher, R. und Ury, W.: *Das Harvard-Konzept.* 10. Aufl. Frankfurt/New York 1991.

Fisher, R. und Shapiro, D.: *Beyond Reason.* London 2006.

Gamm, F.: *Verhandlungen gewinnt man im Kopf.* München 2009.

Goffee, R. und Jones, G.: »Why should anyone led by you«. In: *Harvard Business Review*, September-Oktober 2000, S. 62-70.

Greene, Robert: *Power. Die 48 Gesetze der Macht.* München 2001.

Groth, A.: *Führungsstark in alle Richtungen.* Frankfurt am Main/New York 2008.

Havener, T.: *Ich Weiss, Was Du Denkst.* 17. Aufl. Reinbek bei Hamburg 2010.

Huber, V. L. und Neale, M. A.: *Effects of cognitive heuristics and goals on negotiator performance and subsequent goal setting, in: Organizational behavior and Human Decision Processes,* 38. Jg., Nr. 3, 1986, S. 342-365.

Kanitz, A. v. und Scharlau, C.: *Gesprächstechniken.* 2. Aufl. Freiburg 2012.

Kittel, F.: *Sich durchsetzen. Verhandlungen gestalten, Manipulationen abwehren.* München 2008.

Kotter, J. P.: *Überzeugen und Durchsetzen: Macht und Einfluss in Organisationen.* Frankfurt am Main 1987.

Kotter, J. P.: *Wie Manager richtig führen.* München/Wien 1999.

Küpper, W. und Ortmann, G. (Hrsg.): *Mikropolitik. Rationalität, Macht und Spiele in Organisationen.* 2. Aufl. Opladen 1992.

Lax, D. A. und Sebenius, J. K.: *3D Negotiation. Powerful Tools To Change The Game In Your Most Important Deals.* Boston 2006.

Lay, R.: *Führen durch das Wort*. Berlin 2006.

Lay, R.: *Dialektik für Manager*. Berlin 2003.

Lürssen, J. und Opresnik, M.: *Die heimlichen Spielregeln der Karriere*. 4. Aufl. Frankfurt am Main/New York 2014.

Mackey, H.: *Networking. Das Buch über die Kunst, Beziehungen aufzubauen und zu nutzen*. 2. Aufl. Düsseldorf/München 1998.

Nasher, J.: *Deal!* Frankfurt am Main 2013.

Navarro, J.: *Menschen verstehen und lenken*. 3. Aufl. München 2012.

Neuberger, O.: *Mikropolitik. Der alltägliche Aufbau und Einsatz von Macht in Organisationen*. Stuttgart 1995.

Neuberger, O.: *Mikropolitik und Moral in Organisationen. Herausforderung der Ordnung*. Stuttgart 2006.

Noll, P. und Bachmann, H. R.: *Der kleine Machiavelli. Handbuch der Macht für den alltäglichen Gebrauch*. München 2005.

Owen, J.: *How to lead*. Harlow 2005.

Owen, J.: *How to influence*. Harlow 2010.

Owen, J.: *Effektiv Führen*. Harlow 2006.

Portner, J.: *Besser verhandeln*. 2. Aufl. Offenbach 2010.

Rosenberg, Marshall B.: *Gewaltfreie Kommunikation: Eine Sprache des Lebens*. Paderborn 2010.

Schäfer, L.: *Emotionales Verkaufen*. 2. Aufl. Offenbach 2012.

Scherer, H.: *Ganz einfach verkaufen*. 4. Aufl. Offenbach 2010.

Schmidt, T.: *Kommunikationstrainings erfolgreich leiten*. 2. Aufl. Bonn 2007.

Schott, B. und Troczynski, P.: *Verhandeln*. Freiburg 2012.

Schranner, M.: *Verhandeln im Grenzbereich*. 3. Aufl. München 2003.

Schulz von Thun, F.: *Miteinander reden 1: Störungen und Klärungen. Allgemeine Psychologie der Kommunikation*. 48. Aufl. Hamburg, 2010

Schulz von Thun, F.: *Miteinander reden 2: Stile, Werte und Persönlichkeitsentwicklung; Differentielle Psychologie der Kommunikation*. 33. Aufl. Hamburg, 2010

Schulz von Thun, F.: *Miteinander reden, Band 3: Das „Innere Team" und situationsgerechte Kommunikation*. 21. Aufl. Hamburg, 2010

Seiwert, L. J.: *Mehr Zeit für das Wesentliche. Zeitmanagement neu entdecken*. München 2009.

Stahl, S. und Alt, M.: *So bin ich eben! Erkenne Dich selbst und andere*. Hamburg 2008.

Thieme, K. H., Fischer, R. und Sostmann, M.: *Preisdruck? Na und!* 4. Aufl. Uffing am Staffelsee 2010.

Tipler, J.: *Verhandlungen professionell führen*. Landsberg am Lech 2000.

Ulsamer, B.: *Karriere mit Gefühl. So nutzen Sie Ihre emotionale Intelligenz*. Frankfurt am Main/New York 1996.

Voeth, M. und Herbst, U.: *Verhandlungsmanagement. Planung, Steuerung und Analyse*. Stuttgart 2009.

Wiseman, R.: *Wie Sie in 60 Sekunden Ihr Leben verändern*. 8. Aufl. Frankfurt am Main 2012.

Wilkening, O. S.: *Das High-Speed-Verhandlungssystem*. Wiesbaden 2010.

Über den Autor

Marc Oliver Opresnik ist Professor für Marketing und Management sowie Mitglied des Direktoriums beim SGMI Management Institut St. Gallen, eine renommierte international tätige Business School sowie Professor für Allgemeine Betriebswirtschaftslehre an der Luebeck University of Applied Sciences. Darüber hinaus ist er Gastprofessor an internationalen Hochschulen wie der European Business School in London und der East China University of Science and Technology in Shanghai. Dr. Opresnik war zehn Jahre lang erfolgreich im Management eines internationalen Weltkonzerns tätig und ist Autor zahlreicher Artikel und Fachbücher, u. a. des internationalen Marketing-Lehrbuches „Marketing – A Relationship Perspective". Zusammen mit Kevin Keller und Phil Kotler, dem bekanntesten Marketing-Professor der Welt, arbeitet er als Co-Autor an der deutschen Ausgabe von „Marketing Management", der „Bibel des Marketings", welche 2014 erscheinen wird. Darüber hinaus ist er als „Senior Executive Vice President" und „Chief Research Officer" bei Kotler Impact Inc., dem global agierendem Unternehmen von Phil Kotler, für die weltweite

Entwicklung, Einführung und Durchführung von Studiengängen, Executive Trainings sowie Forschung verantwortlich.

Herr Dr. Opresnik arbeitet als Trainer, Keynote-Speaker und Berater (www. opresnik-management-consulting.de) für zahlreiche Institutionen, Regierungen und internationale Konzerne. Über 10.000 Menschen haben ihn als Referenten auf Kongressen und Symposien und als Trainer in Seminaren zu Marketing, Vertrieb und Verhandlungsführung im In- und Ausland, u. a. in St. Gallen, Berlin, Houston, Moskau, London, Mailand, Dubai und Tokio erlebt und von seinen Impulsen beruflich wie persönlich profitiert.

Printed by Books on Demand, Germany